· 本教材由南昌大学中国中部经济社会发展研究中心及经济管理学院资助

证券投资基金投资管理学

INVESTMENT MANAGEMENT OF SECURITIES INVESTMENT FUNDS

洪 卉◎主编 王 慧 万弋芳◎副主编

中国经济出版社
CHINA ECONOMIC PUBLISHING HOUSE
北 京

图书在版编目（CIP）数据

证券投资基金投资管理学 / 洪卉主编 .

-- 北京：中国经济出版社，2019.12（2023.7 重印）

ISBN 978-7-5136-5860-7

Ⅰ . ①证… Ⅱ . ①洪… Ⅲ . ①证券投资 – 投资基金 – 投资管理 – 教材 Ⅳ . ① F830.91

中国版本图书馆 CIP 数据核字（2019）第 187121 号

责任编辑　耿　园

责任印制　巢新强

封面设计　华子设计

出版发行　中国经济出版社

印 刷 者　北京中石油彩色印刷有限责任公司

经 销 者　各地新华书店

开　　本　710mm × 1000mm　1/16

印　　张　22.25

字　　数　319 千字

版　　次　2019 年 12 月第 1 版

印　　次　2023 年 7 月第 2 次

定　　价　88.00 元

广告经营许可证　京西工商广字第 8179 号

中国经济出版社 **网址** www.economyph.com **社址** 北京市东城区安定门外大街 58 号 **邮编** 100011

本版图书如存在印装质量问题，请与本社销售中心联系调换（联系电话：010-57512564）

前 言

作为一类面向中小投资者设计的资产管理组织，证券投资基金把众多投资者的小额资金汇集起来进行组合投资，由专业投资机构进行管理和运作，为投资者提供了参与证券市场的有效渠道，已成为广大民众普遍接受的一种理财方式。事实证明，证券投资基金已成为我国普惠金融的典型代表，为数以亿计的消费者创造了巨大收益和金融便利。问题的关键是，作为资产管理机构，证券投资基金是如何进行投资、管理与运作资金的？它与其他资产管理机构如私募股权基金、私募风险投资基金等在上述方面有何区别？为什么它能成为颇受普通民众欢迎的投资渠道？

为解答这些问题，同时为满足高等院校经济管理和金融专业的教学需要及证券从业人员的培训需要，在证券经济理论和教学实践的基础上，我们编写了《证券投资基金投资管理学》教材。本书坚持了知识体系的完整性、内容的连续性、案例的新颖性，同时增加了专业内容的实用性。本书共分为十章：第一章~第二章主要介绍证券投资基金的概况；第三章~第九章主要介绍证券投资基金的投资管理、交易管理及风险管理知识；第十章主要关注证券投资基金业绩的评价。

本书由洪卉主编，具体编写分工如下：第一章、第二章、第四章、第九章、第十章由洪卉教授完成；第五章~第七章由王慧博士完成；第三章、

第八章及各章的课后习题由万弋芳副教授完成。校稿和统编工作由董诚业同学负责。洪卉教授负责总纂和定稿工作。

本书在写作过程中得到了南昌大学中国中部经济社会发展研究中心、南昌大学经济管理学院和中国经济出版社的大力支持，在此表示衷心的感谢！

洪卉

2019年9月

目 录

扫码获取
本章课件

第一章 绪论

学习目标

- 掌握证券投资基金的概念与特点
- 了解证券投资基金的运作关系
- 掌握证券投资基金的地位和作用
- 了解全球证券投资基金的发展历程
- 了解中国证券投资基金的发展历程

第一节　证券投资基金的概念与特点

一、证券投资基金的概念

目前理论界与实业界对于证券投资基金存在两种解释：一种认为证券投资基金是一类与股票、债券等相似的投资工具；另一种则把它看成一种资产管理组织。

两种理解皆有合理之处。但从法律的角度而言，证券投资基金属于实行独立核算的资产管理组织，只有把它理解成一种受人之托、代人理财的机构，才能将证券投资基金与金融学其他课程区分开来，单独对它的管理和运作进行研究。因此，本书定义证券投资基金为，基于共担投资风险、共享投资收益的基本原则，以现代信托关系为纽带，通过发售基金份额，将投资者的闲散资金汇集起来投资于有价证券以实现预期目标的一种资产管理组织。具体而言，该定义可细分为以下五层含义。

含义一：证券投资基金的投资对象主要为传统金融资产，包括股票、债券、金融衍生工具等。

含义二：证券投资基金设立时的基本原则是共担风险、共享收益。由于证券投资基金是一种集众多偏好相同的投资者进行共同投资的组织，投资者必须为此承担同样的风险和收益。

含义三：证券投资基金运行的基础是现代信托关系。证券投资基金以通过发售基金份额筹集的资金形成独立财产，委托基金管理人进行投资管理、基金托管人进行财产托管。此类信托关系是投资基金运行的重要保障。

含义四：证券投资基金通过发售基金份额募集资金。证券投资基金发售的基金份额本质上是一类有所属权的有价证券，类似于股票，具有可交易的特点。投资者通过认购发售的基金份额享有相应的参与权、收益权、剩余财产分配权等基金持有者的权益。

含义五：证券投资基金是一种独立核算的资产管理组织。与其他金融机构不同，证券投资基金的资金虽由基金管理人运作，但基金管理人必须单列账户，不能将募集得来的资金与自有资产相混，也不得以这些资金为抵押来获得自身资产运作所需的资金。

二、证券投资基金的特点

证券投资基金具有以下特点：

第一，集合投资、分散风险。中小投资者可用于证券投资的资金较少，难以购买到合适数量和品种的证券，因此也难以抵抗市场的狂风巨浪。证券投资基金将众多投资者的资金集中起来，有利于发挥资金的规模优势，降低投资成本。同时，大规模的资金可用于投资多种有价证券，分散风险。通常情况下，证券投资基金设定的最低投资额不高，可以满足中小投资者“资金少、入市难”的问题。

第二，专业管理、严格规范。基金管理人一般拥有专业的证券分析人士、专业的操作人员和强大的信息网络，通过科学的管理和投资决策机制，可以更好地对证券市场进行全面的动态跟踪和深入分析，弥补投资者在信息处理能力、操作技能等方面的不足，为投资者带来更好的回报。此外，证券投资基金的运作管理严格，基金管理人负责基金的投资操作，基金财产保管则由基金托管人负责。这种相互制约、相互监督的机制有利于保证投资者的利益。

第三，利益共享、风险共担。基金投资者是基金的所有者，基金获得的投资收益扣除相应费用后的盈余全部归基金投资者所有。除某些特殊基金[①]如分级基金外，证券投资基金的盈余按投资者持有的基金份额比例进行分配。基金管理人、基金托管人不参与基金收益的分配，而是按基金合

① 这些特殊基金按合同的规定而非按持有的基金份额比例分配收益。

同的规定从基金资产中收取一定比例的管理费、托管费。[①]

当然，证券投资基金也存在局限性。

首先，系统性风险不可避免。证券投资的风险可分为系统性风险（Systematic Risk）和非系统性风险（Unsystematic Risk）。前者是指市场环境如宏观经济形势、行业发展状况、政府政策等发生变化导致所有证券价格波动的风险，而后者是指由特殊原因如企业的经营业绩和重大事件等引发特定证券价格波动的风险。证券投资基金将募集来的资金进行分散投资仅可降低非系统性风险，对系统性风险则无能为力。例如，2015年，在政府定向调控、引导金融机构盘活存量、金融“去杠杆”之时，中国股市暴跌，熊市开启。在此期间，历来以专业投资者自居的证券投资公募基金也难以幸免。据Wind资讯统计，2015年6月15日至2016年6月14日，81家基金管理人旗下913只偏股型基金平均亏损达34%，115只基金单位净值跌幅超过50%。

其次，投资者利益无法得到充分保障。证券投资基金建立在委托代理关系基础之上，即委托基金管理人运作基金资产，由基金托管人监督基金管理人的行为。这种相互制衡的制度原则上可以解决基金治理问题，然而关键问题在于现实中基金管理人与投资者的利益往往不完全一致。基金管理人不参与基金投资收益的分配，而是按投资基金净资产的一定比例收费。换言之，基金管理人追求的是所管理基金净资产的最大化，而并非基金收益的最大化。在该原则的指导下，基金管理人可以通过某些特殊方式将基金净值长期维持在高位，满足自身利益的最大化，但同时也增加了基金资产的风险，使投资者的利益受损。

除上述问题外，在我国证券投资基金的发起人往往是基金管理人，如证券公司旗下的基金管理子公司等，这有可能导致以下两类有损投资者利益的现象：首先，基金的发起人，即基金管理人选择的基金托管人为收取

① 也有一些基金根据合同规定对基金的投资收益提取浮动比例的费用或提取业绩报酬费。

托管费而不行使监督权。其次，基金管理人的主要股东出于自身利益考虑，要求证券投资基金在二级市场上进行利益输送。因此，虽然证券投资基金是建立在现代信托管理关系基础上的，但制度安排上的问题使其在治理方面存在诸多难题。

第二节 证券投资基金的运作

一、证券投资基金的运作概述

证券投资基金的运作可分为基金的市场营销、基金的投资管理与基金的后台管理三大部分。其中，基金的市场营销主要包括基金份额的募集与客户服务，基金的投资管理体现了基金管理人的服务价值，基金的后台管理则涉及基金份额的登记交易、基金的估值与会计核算、基金的信息披露等对保障基金安全起重要作用的管理服务。

二、证券投资基金的参与主体

根据所承担职责的不同，可以将基金市场的参与主体分为基金当事人、基金市场服务机构、基金监管机构及自律组织三大类。

（一）基金当事人

基金当事人为根据基金合同设立的基金中涉及的基金管理人、基金托管人与基金份额持有者。

1. 基金管理人

基金管理人是管理和运作基金资产的机构。基金投资者能否有较好的回报，完全取决于基金管理人的投资运作能力。根据我国《证券投资基金法》的规定，基金管理人的主要职责包括按照基金合同的约定运用并管理基金资产、向投资者支付基金投资收益、保存投资基金的会计账册、编制投资基金财务报告、计算并公告投资基金资产净值及单位资产净值。在我国，基金管理人只能由依法设立的基金管理公司担任。

2. 基金托管人

基金托管人是依照“管理与保管分开”的原则保管投资基金资产、监督基金管理人的机构，其主要职责包括保管基金资产、清算基金资金、进行会计复核及监督基金投资运作等事宜。在我国，基金托管人只能由依法设立并取得基金托管资格的商业银行或其他金融机构担任。

3. 基金份额持有者

基金份额持有者是指购买并持有基金份额的个人或机构投资者。根据我国《证券投资基金法》的规定，基金份额持有者拥有的权益包括分享基金财产收益，参与基金清算后剩余财产的分配，依法转让或申请赎回基金份额，按规定参加基金份额持有者大会，查阅或复印公开披露的基金信息资料，对基金管理人、基金托管人等基金参与主体损害其合法权益的行为依法提起诉讼，等等。

（二）基金市场服务机构

基金管理人、基金托管人既是基金当事人又是基金市场的主要服务机构。此外，基金市场服务机构还包括基金销售机构、基金销售支付机构、基金份额登记机构、基金估值核算机构、基金投资顾问机构、基金评价机构、基金信息技术系统服务机构、律师事务所和会计师事务所等。

1. 基金销售机构

基金销售机构是指负责基金宣传推广、基金份额申购和赎回，并收取以基金交易为基础的佣金的机构。在我国，基金销售机构包括基金管理人及经中国证监会认定的可从事基金销售的其他机构，如商业银行、证券公司、保险公司、证券投资咨询机构、独立基金销售机构等。

2. 基金销售支付机构

基金销售支付机构是指负责基金销售活动中基金销售机构与基金投资人之间货币资金转移活动的商业银行或支付机构。基金销售支付机构从事销售支付活动的应当取得中国人民银行颁发的“支付业务许可证”（商业银行除外），从事公募基金销售支付业务的，还应当按照中国证监会的规定进行备案。

3. 基金份额登记机构

基金份额登记机构是指负责基金份额的登记过户、存管和结算等业务的机构，其主要职责为建立、管理投资人的基金账户，负责基金份额登记及基金交易确认，代发红利，建立、保管基金份额持有者名册，法律法规或份额登记服务协议规定的其他职责。基金份额登记业务由基金管理人或其委托的基金份额登记机构负责。公募基金份额登记机构除需受基金管理人委托外还必须经中国证监会认定。

4. 基金估值核算机构

基金估值核算机构是指负责基金会计核算、基金价值估计及相关信息披露等活动的机构。基金管理人可自行办理基金估值核算业务，也可委托基金估值核算机构代办基金估值核算业务。从事公募基金估值核算业务的基金估值核算机构还应当经由中国证监会注册。

5. 基金投资顾问机构

基金投资顾问机构是指负责按约定向基金管理人、基金投资者等对象提供基金及其他中国证监会认可的投资产品的投资建议，帮助客户作出投资决策，并获取经济利益的机构。基金投资顾问机构提供公募基金投资顾问业务的，应当向工商登记注册地中国证监会派出机构申请注册。

6. 基金评价机构

基金评价机构是指负责对基金投资收益、风险或基金管理人管理能力进行评级、评奖或中国证监会认定的其他评价活动的机构。基金评价机构从事公募基金评价业务并以公开形式发布评价结果的，应当向基金协会申请注册。

7. 基金信息技术系统服务机构

基金信息技术系统服务机构是指负责为基金管理人、基金托管人及基金服务机构提供基金业务核心应用软件开发、信息系统运营维护、信息系统安全保障及基金交易平台等业务的机构。从事基金信息技术系统服务的机构应当具备国家有关部门规定的资质条件，其信息技术系统服务应当符合法律法规、中国证监会及行业自律组织等的业务规范要求。

8. 律师事务所和会计师事务所

律师事务所和会计师事务所是负责为基金提供法律、会计服务的专业、独立的中介服务机构。

（三）基金监管机构及自律组织

1. 基金监管机构

基金监管机构的主要职责是依法行使审批或核准权，依法办理基金备案，对基金管理人、基金托管人及基金市场服务机构进行监督管理，对违法违规行为进行查处。在我国，基金监管机构为中国证监会。

2. 基金自律组织

基金自律组织是指基金行业为协调内部成员关系而成立的自我约束的“公约性”组织，一般包括基金自律管理机构和基金行业自律机构。前者的典型代表为证券交易所。在我国，证券交易所是依法成立、不以营利为目的、为证券（包括封闭式基金、上市开放式基金、交易型开放式指数基金等）的集中和有组织交易提供场所和设施、实行自律管理的法人。后者是由基金管理人、基金托管人及基金市场服务机构共同成立的同业协会，主要目的在于促进同业交流及行业规范、加强行业管理等。我国的基金行业自律组织是中国证券投资基金业协会。

三、证券投资基金运作关系

图1–1反映了我国证券投资基金的整体运作情况。从中可以看出，基金管理人、基金托管人、基金投资人是基金合同的当事人，基金市场的各类中介机构通过自身的专业服务参与市场，监管机构则对基金市场上的各类参与者实施监管。

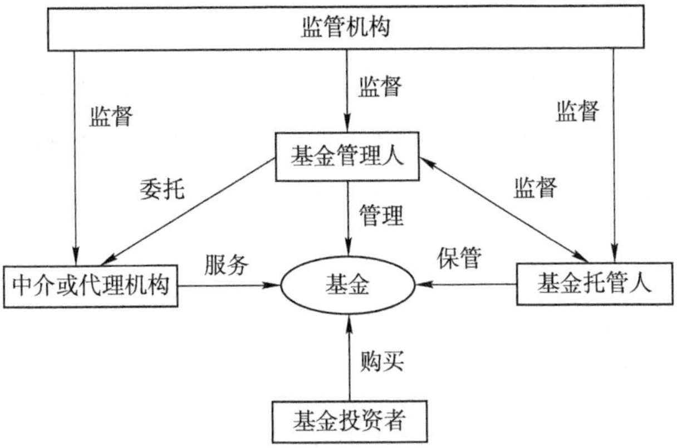

图 1-1 我国证券投资基金运作关系

四、证券投资基金的费用与资产估算

(一)证券投资基金的费用

通常情况下，证券投资基金从设立到终止所需支付的费用如下。

1. 基金管理费

基金管理费是指基金管理人为运作和管理基金而收取的费用，通常按照每个估值日基金资产净值的一定比率逐日计提，累计至每月底，按月支付。基金管理费通常与基金规模成反比，与风险成正比。由于管理费从基金资产中提取，因此会因基金种类不同而异。在我国，目前，股票基金大部分按照基金净值产的1.5%计提管理费，债券基金一般低于1%，货币市场基金约为0.33%。基金管理费通常从基金的股息、利息收益或基金资产中扣除，不另向投资者收取。

2. 基金托管费

基金托管费是指基金托管人为保管和处置基金而收取的费用。与基金管理费一样，基金托管费也是按照基金资产净值的一定比率提取，逐日计算并累计，按月支付，因基金种类的不同而异。在我国，证券投资基金的年托管费最初为基金资产净值的0.25%，随着基金规模的扩大和竞争的加剧，目前有下调趋势。

3. 其他费用

其他费用主要包括基金发起、销售、赎回的费用，证券交易费，基金信息披露费，基金持有者大会费用，与基金相关的中介机构服务费用，基金分红手续费，基金清算费用，法律法规及基金契约规定可列入的其他费用。上述费用按实际支出金额支付。

（二）证券投资基金的资产估算

1. 基金资产净值

基金资产净值是指某一时点上基金资产总值减去负债后剩余的价值。基金单位资产净值是指基金资产净值除以已售出的基金总份额，代表的是某一时点上某一投资基金的每份基金份额实际代表的价值。

$$\text{基金单位资产净值} = \frac{\text{基金总资产} - \text{基金总负债}}{\text{已售出的基金总份额}} \tag{1-1}$$

基金资产净值代表基金的内在价值。通常情况下，基金的交易价格围绕基金资产净值上下波动。尤其是对于开放式基金而言，其基金的申购价格和赎回价格都按基金资产净值来计算。确定基金资产净值的方法主要有两种：事前价计算法和事后价计算法。前者是根据上一交易日投资标的证券的收盘价计算基金的资产净值，而后者则是根据当天投资标的证券的收盘价计算基金的资产净值。

2. 基金资产的估值

按规定，基金管理人必须在每个交易日当日对基金净资产进行估值。在我国，目前对于不同类型基金资产的估值可以采用以下方法：

① 上市流通的有价证券：开放式基金以估值日证券交易所公布的投资标的证券收盘价估值；封闭式基金以估值日证券交易所公布的投资标的证券平均价估值。估值日如无交易，则取最近一日的价格估值。

② 未上市流通的股票：开放式基金（封闭式基金）的投资标的股涉及送股、转赠股、配股和增发新股的，按估值日证券交易所公布的股票收盘价（平均市价）估值；首次公开发行的股票按成本价估值。

③ 银行间同业市场交易的债券：证券投资基金投资标的如为银行间同业市场交易的债券，按不含利息成本与市价孰低法估值。其中，不含利息成本是指不含应计利息的债券成本，市价是指银行间同业市场公布的加权平均净价。若当日无交易，则以最近一日的市场平均价为基础。

④ 如有真实可信证据表明按上述方法得出的估值无法客观反映证券投资基金的公允价值，基金管理人可根据具体情况与基金托管人商定后，按最能反映公允价值的价格估值。

⑤ 基金管理人如遇以下特殊情况有权暂停估值：开放式基金出现巨额赎回；基金投资涉及的证券交易所如遇法定假日或因故暂停营业；因不可抗力或其他情形致使基金管理人、基金托管人无法准确估值。

五、证券投资基金的收益及收益分配

证券投资基金的收益来源主要包括证券买卖差价、所得红利、股息、债息收入、存款利息收入。另外，基金的运作还涉及成本或费用。证券投资基金的投资收益在扣除相关成本或费用后方可按所持基金份额比例分配给投资者。按照我国《证券投资基金法》的规定，封闭式基金的收益必须采取现金分配的方式且每年不得少于一次，年度收益分配的比例不得低于基金年度净收益的90%。开放式基金则需在合同中约定每年基金收益分配的最多次数及分配的最低比例，分配同样必须采取现金方式。同时，基金当年收益应在弥补上年亏损之后才可进行分配。如基金当年亏损，则不应进行收益分配。证券投资基金收益分配方案由基金管理人拟订，经基金托管人核实后报中国证监会备案公布。

第三节　证券投资基金的地位和作用

证券投资基金是一种集中资金、专业理财、共担风险、共享收益的投资管理方式。其独特的制度安排和管理方式受到了投资者的欢迎，其在金融体系中的地位和作用日趋重要，具体表现如下。

一、拓宽中小投资者投资渠道

对于中小投资者而言，投资债券风险较小但收益不高，投资股票可能更具吸引力。但无奈手中资金不足且缺乏投资经验，面对变化莫测的股票市场，既不能通过分散投资降低风险，又无法通过专业知识选取优质股提高收益。证券投资基金提供了解决方案，通过把众多投资者手中的小额资金汇集起来进行专业理财、组合投资，为投资者参与证券交易提供了有效渠道，成为广大民众普遍接受的一种投资方式。

根据中国证券投资基金协会数据，截至2019年5月底，我国公募基金管理的资产规模达13.73万亿元，持有资产远远超过证券市场上其他的专业机构投资者。截至2016年年末，公募基金的个人有效账户数达2亿户，其中85%的基金账户资产规模在5万元以下，证券投资基金实际上已成为普惠金融的典型代表。

二、促进证券市场规范化

证券投资基金的本质就是将社会各方面分散的资金有效地集中起来，交由专业人士运作。它的出现充实了我国机构投资者的队伍，有助于改善以中小投资者为主的格局，提高了投资者收集、分析和追踪市场信息的效率，为投资者选择分散风险的组合投资提供了途径。

作为机构投资者，证券投资基金也对上市公司的规范化建设起到了积极的促进作用：首先，证券投资基金倾向于选择运作规范、资产质量较高、盈利能力较强、发展潜力较好的公司证券。通过选择投资对象和配置资金，证券投资基金可以促使上市公司的运作符合市场经济的规范。其次，购买证券（尤其是股票）后，证券投资基金可以以股东身份参加股东大会，监督上市公司的运作，并提出改进意见，促使上市公司的运作符合市场经济的规范、适应市场竞争的新变化并努力提高运作效率。最后，在我国，上市公司的运行受到双重体制（计划经济和市场经济体制）的制约。要使公司的运作规范化，仅依靠上市公司自身的努力往往是不够的。证券投资基金代表广大基金持有者的诉求，对不符合市场经济规范的现行制度或政策提出建议，比较容易引起有关政府部门的重视或更容易被政府部门所接受。

【知识链接1-1】

中国基金个人投资者的特征

根据中国基金业协会2018年发布的《2017年基金投资者情况调查分析报告》，我国基金个人投资者具有以下特征：

特征一：基金个人投资者以45岁以下（80.8%）、本科以上学历（51.7%）、税后年收入在15万元以下（89.4%）为主，男性（51.6%）和女性（48.4%）投资者数量基本相当。

特征二：金融资产规模5万元以下的基金个人投资者居多（32.2%），89.2%的投资者年度投资金额占家庭年收入的比例低于50%。基金个人投资者的资产配置相对均衡，除基金外，关注度最高的产品为银行存款、银行理财产品和货币基金。

特征三：50.9%的投资者投资经验在3年以上，投资经验低于1年的投资者占21.2%。43%的投资者持有超过3家基金公司的基金产品。

特征四：2017年，75.5%的基金投资者在金融资产投资中获得盈利。其中14.8%的投资者盈利超过30%。

特征五：基金个人投资者投资风格相对稳健，根据收益率、风险以及自身的风险态度和风险承受能力选择投资产品。在追求比银行存款更高的收益的同时，重视通过基金分散投资风险和进行养老储蓄。28.6%的投资者出现焦虑的最低亏损比例在30%～50%，36.7%的投资者在亏损达到10%～30%时即会出现焦虑。

特征六：理财经理和互联网是基金个人投资者获取投资信息的主要方式。手机等移动终端已成为最主要的交易媒介，68.8%的基金个人投资者通过手机的移动终端进行交易，较2016年增加28个百分点。个人电脑作为交易媒介的使用程度有所下降，使用个人电脑作为主要交易方式的投资者占基金个人投资者的18.6%，较2016年下降14.3个百分点。“移动”购买基金在不久的将来将成为个人投资者交易基金时的主要交易方式。

特征七：基金业绩是基金个人投资者选择产品时最关注的因素（约77%的基金个人投资者赞同）。投资者依旧重视基金管理公司的声誉，61%的投资者表示会回避近期有负面新闻的基金公司。

特征八：2017年基金个人投资者对基金行业的平均满意度为3.35分（满分5分），较2016年下降0.2分。基金个人投资者对基金管理费用满意度和投资回报满意度均明显下降，对基金行业其他方面的满意度略有下降。

特征九：我国基金个人投资者的金融知识水平较高。在回答14道金融知识测试问卷时，基金个人投资者平均答对9.5道题，正确率超过60%的投资者占总人数的68%。在所有题目中，基金个人投资者在涉及股票市场的核心功能、股票投资者与公司之间关系及基金基本知识的3道题目上的正确率相对较低，分别为55.7%、55.1%和55.5%。

特征十：59.1%的基金个人投资者有进一步了解证券、基金、期货等方面投资知识的需求，并有43.1%的投资者希望了解新基金产品的深度介绍信息。投资者最偏好的教育形式是网络、书籍和现场交流。

特征十一：60.8%的基金个人投资者认为《证券期货投资者适当性管理办法》的实施对于保护中小投资者具有重要意义，四成左右的投资者认为该制度在投资者分层管理和金融产品分层方面起到重要作用。关于落实该制度的后续工作，60.4%的投资者认为首要工作是及时更新并跟踪投资人的信息变化。

特征十二：63%的基金个人投资者愿意考虑购买境内发售的海外基金产品，50.4%的投资者表示会考虑投资于海外市场。2017年参与了P2P产品、比特币、海外保险产品的基金个人投资者的比例分别为35.2%、7.5%、4.4%。

特征十三：偏股型基金是30.6%的基金个人投资者2018年投资首选的基金品种。

特征十四：77.7%的投资者会在50岁以前考虑养老金问题。养老金的主要来源是国家基本养老保险（80%的基金个人投资者赞同）。

特征十五：基金个人投资者养老金投资首选以"养老"或"生命周期"为主题的基金（71.6%的基金个人投资者赞同）。基金个人投资者最希望了解的信息是关于养老理财产品的知识（36.3%的基金个人投资者赞同），以及如何进行养老规划（29.5%的基金个人投资者赞同）。

资料来源：http://www.sohu.com/a/318977583_658654.。

三、优化金融结构，促进经济发展

作为金融创新品种和服务机构，证券投资基金的快速发展使得金融资源在不同金融工具和金融机构间重新分配，由此引起了金融结构的重新调整，主要表现如下。

首先，分流了传统金融中介的资金。证券投资基金将投资者手中分散、闲置的资金汇集起来，这一过程实际上就是将本应存入商业银行或本应投入保险、信托等行业的资金转而投入证券投资基金。因此，证券投资基金的大规模发展不可避免地分流了传统金融中介的资金。20世纪80年代美国的"资金脱媒现象"，即货币市场基金的大规模发展造成对商业银行活期存款的巨大冲击，导致基金脱离金融中介的现象，便是很好的证明。

其次，强化了金融中介之间的竞争。相对于传统金融中介，证券投资基金的优势在于赋予了投资者更多的选择权利，并通过组合投资来保障投资者实现预期目标。面对证券投资基金的挑战，传统金融中介如商业银行也在积极调整自身业务，通过开展中间业务提高服务质量，以期在竞争中获得一席之地。

最后，促进了金融的创新。证券投资基金作为一种投资管理方式，其本身就是金融创新。此外，在证券投资基金快速发展的过程中，为适应市场环境的变化，传统金融中介从金融产品、管理体制、业务运作等方面入手，开始了一系列的金融创新，由此引发了金融组织结构、金融市场结构、金融产品结构的重新调整。

作为市场化配置资源的重要环节，证券投资基金自设立起的宗旨便为“为大众投资者服务、为实体经济服务”。通过识别实体经济对金融服务的需求，凭借自身的产品设计能力和投资吸引能力，为投资者优化资金配置及社会优化资源配置提供服务，为实体经济的发展作出较大贡献。

第四节　全球证券投资基金的发展历程

证券投资基金起源于19世纪60年代的英国，迄今为止已有150多年的历史，经历了创立、发展与成熟三个阶段。

一、创立阶段（19世纪60年代—20世纪20年代）

证券投资基金的出现与世界经济发展有着紧密联系。19世纪60年代的英国由于第一次产业革命的成功，生产力水平大大提高，资本积累增加，成为世界上最富有的国家。此时英国国内资金充裕，公债利率较低（其中“统一公债”的利率低至2%），对投资者缺乏吸引力。而此时欧洲大陆和美国的情况却不同：前者正值拿破仑莫斯科战败不久且产业革命刚刚开始，急需巨额资金投入，因此发行了高利率债券。而后者也开始了新的产业革命，资金需求旺盛，发行的公债利率超过英国1倍以上（见表1–1）。由于资本的逐利性，大量资金从英国流出涌入欧洲大陆和美国。令投资者始料不及的是,美国的铁路建设等狂潮很快冷却，投资者遭受巨额亏损。在这一背景下，1868年英国政府批准成立了专门为投资欧洲大陆、美国和殖民地国家的世界第一只公认的证券投资基金——“海外及殖民地政府信托”（The Foreign and Colonial Government Trust），由投资者集体出资、专职经理人负责运作和管理。该基金的宗旨是“运用共同基金分散投资于国外及殖民地政府发行的债券，借以分散投资风险，使中小投资者能和大额投资者一样享受投资收益”。基金发行时每个受益凭证的面值是100英镑，销售费率是3%，管理费率是0.25%，保底收益率是7%。

表1–1　19世纪末至20世纪初主要欧洲大陆国家和美国的公债利率

国家	公债利率	国家	公债利率
俄国	5%	土耳其	5%～6%
葡萄牙	3%	美国	5%
意大利	5%		

资料来源：何孝星等（2018）[6]。

1873年美国爆发经济危机，很多企业陷入破产困境，无法按期偿还利息和本金，使一些英国证券投资基金的管理机构不得不将基金的固定利率制改为浮动收益率制。1879年后，随着股份有限公司法的实施，一些证券投资基金开始以公司制的形式出现。

处于创立阶段的证券投资基金数量少、规模小、范围窄（基金的设立仅限于英国等少数国家），投资对象及领域单一（投资于海外有发展前景行业发行的债券），基金运行结构简单（仅为封闭式），仅能满足投资者的部分投资需求。与其他金融产品相比，此时的证券投资基金在一国的经济和金融市场上还只是处于无足轻重的地位。

二、发展阶段（20世纪20—70年代）

证券投资基金真正发展于美国。19世纪70年代以后，主要资本主义国家开始了第二次产业革命，美国超越英国，成为世界上经济最强大的国家。随着经济的发展，资金开始变得充裕，需要寻求更有效、风险更小的投资方式，证券投资基金便应运而生。1924年，由200多名哈佛大学教授出资5万美元在波士顿成立的“马萨诸塞投资信托基金”（Massachusetts Investment Trust）被公认为美国开放式公司型共同基金的鼻祖。与英国证券投资基金相比，其特点为：首先，基金采取的是公司制而非契约制。其次，基金在运作上采取的是开放式而非封闭式。最后，基金在回报上采取的是浮动收益而非固定回报方式。

美国的基金业随后迅速发展，出现了大批证券投资基金，美国逐渐超过英国成为世界上证券投资基金最发达的国家。据统计，20世纪20年代美国证券投资基金年增长率达20%以上，1927年的增长率甚至超过100%。除数量外，基金资产规模也迅猛增长，截至1928年10月，美国675家投资公司拥有的基金资产达71.57亿美元，是1926年的7倍。

由于证券市场的过度投机，1929年美国股市崩盘，随之长达数十年的经济大萧条，使基金行业遭到重创。为保护投资者利益，美国颁布了多部法律法规建立对证券市场和金融市场的监管，其中包括《证券法》（*Securities Act of* 1933）、《证券交易法》（*Securities Exchange Act of* 1934）、《投资公司法》（*Investment Advisers Act of* 1940）、《投资顾问法》（*Investor Advisers Act of* 1941）。《投资公司法》与《投资顾问法》是美国最重要的两部关于证券投资基金的法律，对证券投资基金的设立、运作、管理、监管等问题作出了明确规定。

除英国、美国外，证券投资基金在其他国家也得到了推广和应用。第二次世界大战后，发达国家政府更加明确地认识到证券投资基金业的重要性，因此极大地提高了对证券投资基金业的重视程度。各国相继出台了证券投资基金相关法律法规，为证券投资基金的发展创造了良好的外部环境。

在发展阶段，证券投资基金的数量及资产规模都得到了较快增长，其投资领域和地域也在不断扩大，投资对象更加多样化（以国内市场有价证券为主），基金运行形式呈现多样性（封闭式和开放式），基金运作更加规范。

三、成熟阶段（20世纪70年代以后）

20世纪70年代以后，世界经济出现变革，随着经济一体化、金融自由化的发展，证券投资基金发展迅速且日趋成熟。与前两阶段相比，该阶段呈现出以下特征：

第一，规模化。据《2018美国投资公司发展报告》（2018 *Investment Company Fact Book*）统计，截至2017年年底，全球受监管的开放式证券投资基金超过11.4万只（1995年为11.03万只），净资产合计超过49万亿美元（1995年为5.38万亿美元），超过同年全球GDP总量的60%。此外，如果以股票和债券市值衡量，2017年全球资本市场总规模为186.3万亿美元，其中开放式基金（不包括货币市场基金）规模为43.4万亿美元，在全球资本市场的占比为23%。由此可见，证券投资基金已在全球金融市场和国民经济中扮演了重要角色。

第二，多样化。随着投资者需求的细分及行业间竞争压力的增强，新的金融产品不断涌现，为证券投资基金的投资组合提供了更广阔的空间，激发了证券投资基金的产品创新能力。证券投资基金的种类已不再局限于股票基金、债券基金，还出现了货币市场基金、混合基金、对冲基金、伞形基金、交易型开放式指数基金、分级基金等产品服务以满足各类投资偏好。

第三，机构化。投资者的构成已由以中小投资者为主转向机构投资者和中小投资者并重。以美国的共同基金为例，2016年年末，11%的基金被机构投资者持有，89%被家庭投资者持有。家庭投资者持有基金的目的多是为退休作准备、应对紧急情况、减少应税收入等，而机构投资者持有基金多为降低投资风险、取得稳定收益。

第四，国际化。证券投资基金的投资范围已不再局限于一国的证券市场，而是迈向国际市场寻找资金来源与投资机会，因此证券投资基金将影响全球金融市场的表现。证券投资基金如量子基金、老虎基金等对冲基金通过杠杆原理，在全球市场进行套利投资活动，曾经策划了“英镑阻击战”“泰铢阻击战”“港币阻击战”等经典战役，对很多国家的金融市场造成了深远影响。

【知识链接1-2】

当代货币阻击战策略

当代货币阻击是立体式攻击，国际炒家在货币、外汇、股票和金融衍生品市场同时对一种货币进行攻击，使固定汇率制崩溃，炒家从金融动荡中获利。其技术路线具体如下：

首先，在即期市场上卖空本币，如下图。

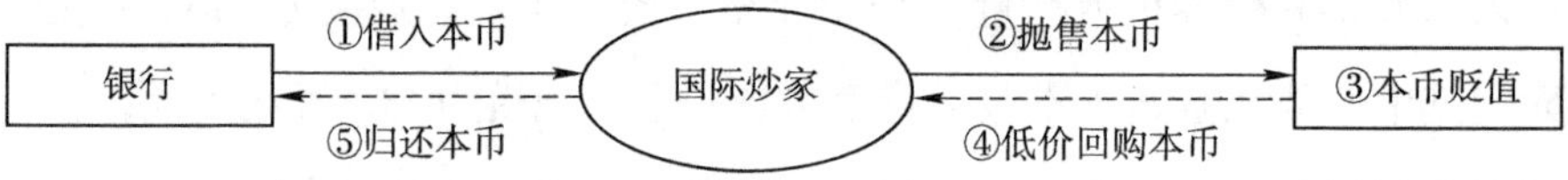

其次，国际炒家在远期外汇市场上出售所攻击货币的远期合约并在期货市场上卖空该货币，如下图。

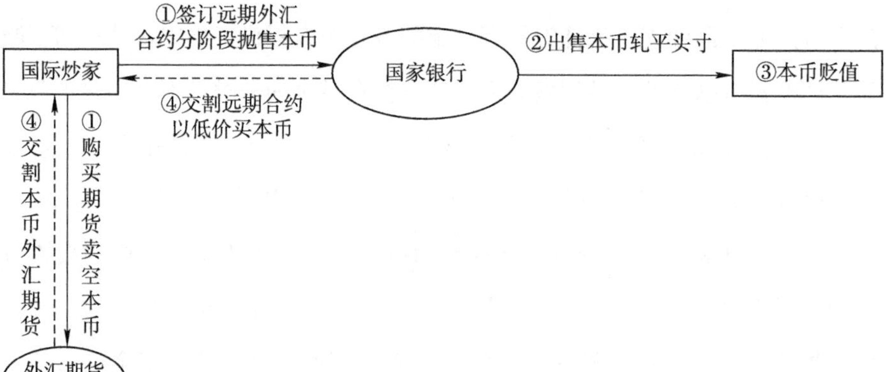

最后，在即期市场上卖空本币的同时，还可卖空股票，积累股指期货

的空头头寸，如下图。

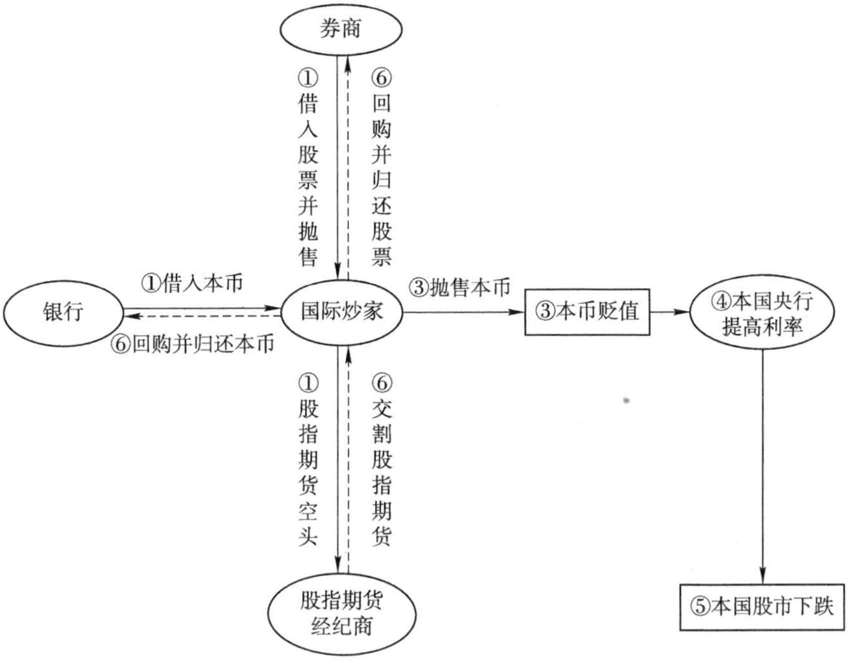

第五节 中国证券投资基金的发展历程

我国证券投资基金的发展大致可分为五个阶段：探索阶段、试点发展阶段、快速发展阶段、平稳发展及创新探索阶段、规范发展阶段。

一、探索阶段（1992—1997年）

1987年中国人民银行和中国国际信托投资公司创立中国基金投资业务，标志着中国投资基金的诞生。20世纪90年代初，在中国证券市场初步发展的影响下及政府的支持下，基金业务开始进入实质性阶段。1992年为“老基金”[①]设立最多的一年。该年设立的各类基金达57只，发行地集中

① 习惯上将1997年《证券投资基金管理暂行办法》实施前设立的基金称为“老基金”。

在广东、沈阳、大连、湖南、江西等省市。其中的代表性基金为淄博乡镇企业投资基金（简称淄博基金）和天骥基金。前者是1992年11月经中国人民银行总行批准的国内第一家投资基金，该基金为公司型封闭式基金，募集1亿元人民币，60%投向淄博乡镇企业，40%投向上市公司。后者是1992年11月深圳市投资基金管理公司发起设立的国内规模最大的封闭式基金，规模为5.81亿元人民币。

处于探索阶段的证券投资基金在具体的运作过程中积累了宝贵经验，但同时也存在很多问题，具体可以概括为以下三个方面：首先，由于缺乏基本的法律法规，基金行业存在法律关系不明、无法可依、基金监管不力等问题。其次，由于资产大量投向房地产和企业，“老基金”并非真正意义上的证券投资基金。最后，基金投资标的深受市场环境的影响表现欠佳，基金资产质量不高。

二、试点发展阶段（1998—2002年）

试点发展阶段的重大事件是1997年11月国务院证券委员会颁布了《证券投资基金管理暂行办法》，改变了基金行业无法可循、无法可依的局面，为我国证券投资基金的规范化发展奠定了法律基础。在此之后，1998年3月27日，按照新法规的规定，经中国证监会批准，南方基金管理有限公司和国泰基金管理有限公司分别发起设立了规模为20亿元的封闭式基金——基金开元和基金金泰，拉开了基金试点的序幕。

试点当年，我国设立了5家基金管理公司，管理的封闭式基金达5只，年末净资产总计107.4亿元。次年，又有5家基金管理公司获批成立。这10家公司是我国第一批基金管理公司，被市场称为“老十家”[①]。

在新基金快速发展的同时，证监会开始对“老基金”进行清理和规

---

① “老十家”包括国泰基金管理有限公司、华夏基金管理有限公司、华安基金管理有限公司、鹏华基金管理有限公司、嘉实基金管理有限公司、长盛基金管理有限公司、大成基金管理有限公司、富国基金管理有限公司、南方基金管理有限公司、博时基金管理有限公司。

范，将其改制为符合《证券投资基金管理暂行办法》规定的证券投资基金。清理规范工作于2000年6月底完成，36只“老基金”改制为11只证券投资基金。

封闭式基金试点成功后，2000年10月8日，证监会发布实施了《开放式证券投资基金试点办法》，拉开了开放式证券投资基金发展的序幕。2001年9月，我国第一只开放式证券投资基金——华安创新诞生。至同年年底，共有3只开放式基金成立。随后开放式基金迅速发展，至2003年年底其数量与规模几乎与封闭式基金持平，之后远远超过封闭式基金（见表1–2）。

表1–2 1998—2004年我国封闭式基金与开放式基金发展状况

年份	封闭式基金数量/只	封闭式基金净值/亿元	开放式基金数量/只	开放式基金净值/亿元
1998	5	107.42	0	0
1999	22	574.22	0	0
2000	33	845.62	0	0
2001	48	702.94	3	171.24
2002	54	722.06	17	549.48
2003	54	861.97	56	855.89
2004	54	809.73	107	2436.67

资料来源：http://www.amac.org.cn/tjsj/xysj/.

在探索阶段，证券投资基金的运作、管理、监管逐步开始朝规范化方向发展，基金的品种不再单一，基金数量增加、规模扩大。

三、快速发展阶段（2003—2007年）

2003年10月28日，第十届全国人大常委会第五次会议通过了《中华人民共和国证券投资基金法》，并于2004年6月1日正式实施。该法对证券投资基金的各个环节都作出了明确的规范，为我国基金业的发展奠定了坚实的法律基础。在良好的立法和严格的监管的基础上，我国的基金进入了快速发展时期。这一时期开放式基金占据主流，封闭式基金开始被边缘化。2006年、2007年，得益于股市的繁荣，我国证券投资基金得到了迅猛发展，其特点主要体现在以下方面。

（一）基金业绩表现优异，创历史新高

2006年，股票开放式基金平均净值收益率为121.45%，封闭式基金平均净值收益率为105.26%。

（二）投资者队伍迅速壮大，基金资产规模快速增长

2006年，我国证券投资基金资产净值共计8564.51亿元，比2005年同期增长80%。2007年，上述净值达32786.17亿元，是2006年同期的3.83倍。2007年年底，基金投资者已超过1亿户，约有1/4的家庭购买了基金，基金资产总额相当于城乡居民人民币储蓄总量的1/6。

（三）基金创新能力不断增强

基金新产品层出不穷，先后出现分级基金、生命周期基金、QDII（Qualified Domestic Institutional Investor）基金等创新品种，以满足投资者的不同需求。此外，基金的投资风格也趋于多样化，除传统基金外，货币市场基金、指数型基金、保本基金、消费基金等纷纷问世。中外合资投资也从无到有。品种的创新推动证券投资基金的规模再上新台阶。

（四）基金管理公司分化加剧，业务呈多元化发展趋势

随着基金数量的增加和竞争的加剧，基金管理公司呈现分化局面。2007年年底，9家基金公司规模超过千亿元，前十大基金管理公司的规模占市场总份额的49.78%。此外，由于竞争压力，基金管理公司的业务也朝着多元化的方向发展。除公募基金、私募基金外，一些基金管理公司还取得了全国社保基金、企业年金的管理资格，开展社保基金、企业年金的受托管理业务。

（五）强化基金监管，规范行业发展

针对基金快速发展过程中出现的问题，证监会陆续出台了多项法规规范基金行业。例如，证监会出台了《基金管理公司管理办法》《基金运作

管理办法》《基金销售管理办法》《基金信息披露管理办法》等行政规章及配套监管文件，形成了以“一法六规”为核心的监督管理法规体系。

四、平稳发展及创新探索阶段（2008—2014年）

2008年，受美国次贷危机及随之而来的金融危机的影响，中国经济增速明显下降，股市受到重挫，基金业绩不佳，基金行业管理的资产规模一度停滞不前。面对不利环境，基金行业进行了积极的改革和探索，由此呈现平稳发展的状态。该阶段的主要特点如下。

（一）放松管制、加强监管

在全球经济增长放缓、证券市场表现不佳的大背景下，基金监管机构坚持市场化改革的方向，在“放松管制、加强监管”的思路指导下，放松基金产品的审批权，取消产品发行数量限制，简化审批程序，允许基金管理公司开展专户管理的私募业务。同时，为加强监管，打击违法犯罪，基金监管机构还设立了“不能搞利用非公开信息获利、不能进行非公平交易、不能搞各种形式的利益输送”三条底线。2012年12月18日，全国人大常委会审议通过的修订后的《证券投资基金法》较好地体现了基金监管机构的改革原则。将私募基金纳入监管范围、放宽机构准入、松绑基金业务运作、规范服务机构等修订方案，在拓宽基金公司业务范围、松绑投资运作、规范服务行为等方面取得了较大进展。随着法律法规的修订完善，基金行业的发展环境进一步改善。

（二）私募基金发展迅速

修订后的《证券投资基金法》将私募基金纳入监管范围，为其发展提供了法律依据。之后陆续颁布的《关于私募股权投资基金管理职责分工通知》《私募投资基金监督管理暂行办法》《私募投资基金管理人登记和基金备案办法》等进一步明确了私募基金的运作和管理规范。截至2015年年末，在册私募证券投资基金管理人达10921家，管理私募证券投资基金共8896只，资产规模7051.04亿元，从业者达213434人。

（三）"互联网＋基金"出现

随互联网的大力发展和推广，货币市场基金与互联网开始融合，凭借其在投资回报及资金使用便捷性方面的优势，成为公募基金行业快速发展的新生力量之一。2013年6月，与天弘增利宝货币基金对接的"余额宝"产品的推出极大地推动了"互联网+基金"的发展。此外，淘宝网、天天基金网等网售基金的创新方式也逐渐兴起，成为货币基金销售的重要渠道。

（四）跨境业务推进

随着资本市场的对外开放，基金行业也逐步走向国际化。2013年9月，推出第一批试点境外对冲基金，之后3年又推出第二批、第三批试点，允许额度内有试点资格的境外投资者机构在境内设立合伙制私募基金，向境内投资者募集资金投资于境外市场的金融资产。2014年年底，推出"沪港通"，建立了上海与香港股票市场交易的互联互通机制，国内公募基金可以通过港股通渠道投资香港证券市场。2016年12月，推出"深港通"，建立了深圳与香港股票市场交易的互联互通机制，有利于促进中国内地与香港资本市场的双向开放和健康发展。在国际化的过程中，境内基金管理机构更加规范化。

（五）混业化与大资管的局面初见端倪

修订后的《证券投资基金法》及相关的配套政策为混业化与大资管局面的出现奠定了基础。私募基金纳入统一监管，证券公司、保险公司及其他资产管理机构可以申请开展公募基金业务等规定使各类金融机构交叉持股的现象更为普遍，形成了机构之间既关联又竞争的格局。同时，随着互联网金融的发展，一个更加开放、竞争的资产管理时代已经到来。

五、规范发展阶段（2015年以后）

2014—2015年中国股市的剧烈波动暴露了基金管理行业的一些不规范行为和风险。从2015年下半年开始，监管部门采取严厉措施，加强监管，防范风险。该阶段的主要特点如下。

（一）加强监督检查，防范风险

首先，针对私募行业出现的风险事件，如非法集资、产品难以兑付等现象，基金业协会先后颁布了《私募投资基金信息披露管理办法》《私募投资基金管理人内部控制指引》《私募投资基金募集行为管理办法》《私募投资基金合同指引》等一系列规则，引导私募基金行业走向规范化运作。此外，证监会连续对私募机构开展了募集行为合规性、基金资产安全性、信息披露及时性等5个方面的专项检查，并采取了相应的监管措施。

其次，针对基金管理公司及其子公司在资管业务方面出现的问题，证监会开始严格处理资管计划中违规提供保本保收益承诺、杠杆倍数超标、委托不合格的第三方机构提供投资建议的情况。

再次，证监会对分级、保本特殊类型基金产品进行规范，详见《分级基金业务管理指引》和《关于保本基金的指导意见》。另外，为拓展长期、稳定资金来源，壮大机构投资者队伍，2016年9月11日，证监会颁布了《公开募集证券投资基金运作指引第2号——基金中基金指引》（以下简称《基金中基金指引》），大力发展基金中的基金。

最后，为加强基金行业的风险控制能力、提前建立风险监测与预警制度，基金业协会颁布了《公募基金管理公司压力测试指引（试行）》，提供压力测试模板，组织行业定期开展压力测试。

【知识链接1-3】

资产新规

针对我国资产管理行业存在的问题，如刚性兑付、资金池操作存在流动性风险、产品多层嵌套等，2017年11月17日，中国人民银行、银监会、证监会、保监会、外汇局发布《关于规范金融机构资产管理业务的指导意见（征求意见稿）》（以下简称《指导意见》）。《指导意见》中出现的关键词包括破刚兑、控分级、降杠杆、提门槛、禁资金池、除嵌套、去通道。

1．破刚兑

刚性兑付就是金融产品到期后，金融机构必须分配给投资者本金及收益。当产品不能如期兑付或兑付困难时，金融机构需要进行兜底处理。之前监管层要求确保兑付的初衷是为了推动新业务，让投资者消除疑虑，也是为了维护金融和社会稳定，防止因投资亏损诱发群体性事件。现在监管层打破刚性兑付的原因在于刚性兑付对市场的危害性很大。如果所有投资行为都打破刚性兑付，投资者的风险意识就会大大提高，这对整个市场都有好处，让市场成为真正的市场，企业成为真正的企业，投资者成为真正的投资者。

2．控分级

《指导意见》中提道：对固定收益类产品的分级比例不得超过3：1；权益类产品的分级比例不得超过1：1；商品及金融衍生品类产品、混合类产品的分级比例不得超过2：1。这一《指导意见》对公募基金影响较大，使其出现两种趋势：一是清盘；二是转型为其他类型的基金产品。

3．降杠杆

《指导意见》明确，应当控制资管产品的杠杆水平。资产管理产品应当设定负债比例（总资产 ÷ 净资产）上限，同类产品使用统一的负债比例上限。每只开放式公募产品的总资产不得超过该产品净资产的140%，每只封闭式公募产品、每只私募产品的总资产不得超过该产品净资产的200%。

历次股灾、债灾表明，系统性风险的积累很大程度上是杠杆率无限制扩张带来的。短端资金流入长端市场、低风险资金流入高风险市场形成的流动性局部聚集是近几年债券、权益、商品等大类资产轮番走牛的关键因素，而杠杆牛市背后则是市场不断趋于脆弱、风险承受能力降低的现实。纠正资金本身的风险承受与风险暴露的不匹配是重中之重。降低股市、债市的杠杆比率，有利于股市、债市重回理性定价格局，避免泡沫堆积。

4．提门槛

按《指导意见》的规定，银监会可以单独设立合格投资者门槛。市场预期银监会或在即将出台的理财管理办法中提高净值客户的门槛，与《指导意见》保持一致，即近3年每年超过40万元。

5．禁资金池

《指导意见》中明确，资管机构不得开展具有“滚动发行、集合运作、期限错配、分离定价”特征的资金池业务。资金池业务可能引发的流动性错配风险危害巨大，是资管业务结构脆弱性的核心缺陷，因此始终处于监管高压之下。

《指导意见》在明确禁止资金池业务、提出“三单”（单独管理、单独建账、单独核算）管理要求的基础上，要求金融机构加强产品久期管理，规定封闭式资管产品最短期限不得低于90天。根据产品期限设定管理费率，产品期限越长，年化管理费率越低，以此纠正资管产品过于短期化的倾向，切实减少和消除资金来源端与资产端的期限错配及流动性风险。

6．除嵌套、去通道

资管产品借通道多层嵌套，不仅增加了产品的复杂性，导致底层资产和风险难以穿透，而且拉长了资金链条，增加了资金体内循环和融资成本。为此，《指导意见》首先从根本上抑制多层嵌套和通道业务的动机，要求金融监督管理部门对各类金融机构开展资管业务平等准入、给予公平待遇，不得根据金融机构类型设置市场准入障碍。既不能限制本行业机构的产品投资其他部门监管的金融市场，也不能限制其他行业机构的产品投资本部门监管的金融市场。其次，从严规范产品嵌套和通道业务，明确资管产品可以投资一层资管产品，所投资的资管产品不得再投资其他资管产品（投资公募证券投资基金除外），并要求金融机构不得为其他金融机构的资管产品提供规避投资范围、杠杆约束等监管要求的通道服务。

资料来源：《关于规范金融机构资产管理业务的指导意见（征求意见稿）》。

（二）基金产品货币化、机构化

2015年股价暴跌后，股市一直处于低迷状态，个人投资者投资意愿不强，机构投资者数量和投资规模却有所上升。由于基金管理公司专业投资运作能力较强，加之公募基金具有信息透明、税收优惠等优势，成为机构投资者青睐的对象。同时，在互联网的支持下及在股市表现不佳的背景下，货币市场基金增长较快。表1–3列示了2015年年底不同公募基金的市场数据，从中可以看出货币市场基金颇受投资者欢迎。

表1–3　2015年年底不同公募基金的市场数据

类别	基金数量/只	份额/亿份	净值/亿元
封闭式基金	164	1669.54	1947.72
开放式基金	2558	75004.59	82024.11
股票基金	587	5988.13	7657.13
债券基金	466	5895.92	6973.84
货币市场基金	220	44371.59	44443.36
混合基金	1184	17948.31	22287.25
QDII基金	101	800.64	662.53

资料来源：中商产业研究院。

本章小结

证券投资基金是基于共担投资风险、共享投资收益的基本原则，以现代信托关系为纽带，通过发售基金份额，将投资者的闲散资金汇集起来投资于有价证券以实现预期目标的一种资产管理组织。

与一般的投资者相比，证券投资基金具有集合投资、分散风险，专业管理、严格规范，利益共享、风险共担的特点，但其在风险规避和基金治理方面不可避免地存在局限性。

证券投资基金的运作包括基金的市场营销、基金的投资管理与基金的后台管理三大部分。参与者众多，主要包含基金管理人、基金托管人、基金份额持有者、基金销售机构、基金销售支付机构、基金份额登记机构、基金估值核算机构、基金投资顾问机构、基金评价机构、基金信息技术系统服务机构、律师事务所和会计师事务所、基金监管机构和基金自律组织。基金运作还涉及基金费用的计算、基金的估值、基金收益的计算与分配。

证券投资基金在金融体系中具有重要地位，其作用主要体现在为中小投资者拓宽投资渠道、促进证券市场规范化、优化金融结构、促进经济发展上。

全球证券投资基金的诞生可追溯至19世纪60年代的英国，经历了证券投资基金的创立阶段（19世纪60年代—20世纪20年代）、发展阶段（20世纪20—70年代）、成熟阶段（20世纪70年代以后）。

我国证券投资基金市场依附于证券市场，经历了探索阶段（1992—1997年）、试点发展阶段（1998—2002年）、快速发展阶段（2003—2007年）、平稳发展及创新阶段（2008—2014年）、规范发展阶段（2015年以后）。

思考题

1. 什么是证券投资基金？它具体有几层含义？
2. 证券投资基金具有哪些特点和局限性？
3. 证券投资基金是如何运作的？
4. 证券投资基金的作用是什么？

扫码获取
本章课件

第二章 证券投资基金的类型

学习目标

- 掌握证券投资基金的各种类型
- 了解各类证券投资基金间的联系与区别
- 了解我国目前证券投资基金的主要类型

第一节　按法律形式分类的证券投资基金

按照法律形式的不同，证券投资基金可分为契约型基金与公司型基金。

一、契约型基金

契约型基金又称信托型基金，发源于英国，是指按照信托契约原则，通过发行带有受益凭证而形成的证券投资基金。它是由基金管理公司作为发行人发行的基金证券，基金管理公司与基金托管公司签署委托代理合同，投资者取得基金份额后成为基金份额持有者和基金合同当事人，依法享受权利并承担义务。

契约型基金的当事人主要有三方：委托人、受托人和托管人。委托人即基金份额持有者，投资者通过购买受益凭证参与基金投资，获取收益。受托人即基金管理人，同时也是基金发起人，主要负责基金资产的运作和管理，并按照契约规定的比例从所管理的基金资产中提取一部分作为基金管理费。托管人即基金托管人，主要负责基金资产的保管，与受托人一样，按照契约规定的比例从基金资产中提取一部分作为基金托管费。

契约型基金可分为以下两类：

第一类为单位型投资基金。单位型投资基金是以某一特定货币总额单位为限筹集设立的基金。每次新筹集的基金组成一家单独的基金管理公司，作为单独的信托资产运作和管理。单位型投资基金往往会规定一定的期限，在规定的信托期限届满前不得追加新的资金。信托契约终止后，退回本金和收益。

第二类为基金型投资基金。基金型投资基金是指投资基金设立后，基金管理公司可视基金单位的售出情况或市场状况随时以当时的市场价格追加发行新基金单位的基金。该类基金大都没有期限，中途可以解约。

二、公司型基金

公司型基金，发源于美国，是指按照公司法规定设立的以投资营利为目的的、投资于特定对象（如有价证券市场、货币市场）的股份制投资公司。它在组织结构上与股份有限公司类似。基金投资者是基金公司的股东，享有股东权。基金公司设有董事会，代表投资者的利益行使职权。但与一般的股份有限公司不同的是，公司型基金委托专业的基金管理公司经营与管理基金资产，还会委托第三方来保管资金资产。

公司型基金的当事人主要有基金公司、基金管理公司、基金托管公司和基金承销公司。基金公司是公司型基金的主体，按照股份制公司的形式建立，基金公司的股东就是基金股份的持有者。基金管理公司是一家独立的公司，由专业人士组成，主要负责基金资产的管理和运作，每年向基金公司提取基金资产的一定比例作为基金管理费用。基金托管公司主要负责基金资产的保管，同样每年向基金公司提取基金资产的一定比例作为基金托管费用。基金承销公司主要负责基金份额的销售、赎回、转让等事宜，同样由基金公司从基金资产中提取一定比例作为基金承销费用支付给基金承销公司。

三、契约型基金与公司型基金的区别

第一，法律依据不同。契约型基金是依据信托契约设立的，其本身不具备法人资格。而公司型基金是依据公司法设立的，基金本身具备法人资格。

第二，发行凭证不同。契约型基金通过发行基金受益凭证筹集资金建立，凭证仅反映一种信托关系。而公司型基金通过发行普通股票（即基金股份）筹集建立，凭证反映的是所有权关系。

第三，投资者地位不同。契约型基金的投资者仅是基金的受益人，对基金运营管理的重大决策无发言权。而公司型基金的投资者是公司的股东，可以通过股东大会参与公司的重大决策，行使股东权利，并通过分红享受投资收益。

第四，基金运营不同。契约型基金依据基金契约运作，契约期满，基金运营随之终止。而公司型基金依据公司章程运作，如同一般的股份有限公司，除非公司依照公司法破产，否则将永久存续。

第二节　按运作方式分类的证券投资基金

依据运作方式的不同，证券投资基金可分为开放式基金和封闭式基金。

一、开放式基金

开放式基金（Open-End Funds）是指基金规模（基金资产总额和发行份额）不固定，投资者可按基金合同的约定申购或赎回的证券投资基金。我国《基金法》（2015年修正版）定义："采用开放式运作方式的基金（即开放式基金）是指基金份额总额不固定，基金份额可在基金合同约定的时间和场所申购或赎回的基金。"申购和赎回基金的价格以基金净值为基础计算，投资者可以按基金的报价在国家规定的场所办理申购和赎回手续。

二、封闭式基金

封闭式基金（Close-End Funds）是相对开放式基金而言的，它是指基金规模在发行前就已确定，发行期满后在规定的期限内基金规模固定不变的证券投资基金。我国《基金法》（2015年修正版）定义："采用封闭式运作方式的基金（即封闭式基金）是指经核准的基金份额总额在基金合同期限内固定不变，基金份额可以在依法设立的证券交易所交易，但基金份额持有者不得申请赎回的基金。”封闭式基金在基金成立后不能追加新的基金份额，投资者购买或出售基金份额只能在二级市场进行，其价格由基金的供求关系、基金业绩、市场状况等因素共同决定。

三、开放式基金与封闭式基金的主要区别

第一，发行规模的限制不同。开放式基金的规模不固定，一般在基金设立一段时间后，投资者可随时提出申购或赎回申请，基金规模随之增加或减少。而封闭式基金规模固定，在封闭期内未经法定程序许可不能增减发行。

第二，期限不同。开放式基金没有固定期限，基金可以一直存续。而封闭式基金一般有明确的存续期，通常在5年以上，一般是10年或15年。期满后可以选择清盘、延期或转为开放式基金。

第三，交易方式不同。开放式基金不在交易所上市，而是在基金管理公司或托管人（商业银行）柜台进行交易，投资者向基金管理人提出申购或赎回申请。而封闭式基金在交易所上市，投资者在封闭期内不能赎回基金份额，只能通过证券经纪商在二级市场以竞价交易的方式买卖基金。

第四，交易价格不同。二者的首次发行价都是以面值为基础，之后的交易计价方式则不同。开放式基金的买卖价以基金份额净值为基础，不受市场供求的影响。而封闭式基金在证券市场进行交易，价格受二级市场供求等因素影响，可能会出现溢价或折价现象。

第五，信息披露不同。开放式基金要求基金管理公司连续性公布（通常是每个交易日公布一次）资产净值，并以此为基础确定交易价格，受理基金的申购和赎回业务。而封闭式基金则间隔较长时间（如一周）公布一次资产净值。

第六，投资策略与激励约束机制不同。开放式基金规模不固定，投资者可选择“用脚投票”，即基金表现欠佳/良好时，投资者可以选择赎回/

申购，基金经理的业绩由此受到影响。而封闭式基金规模固定，无论基金表现如何，投资者都无法申购或赎回基金份额。因此，相比之下，开放式基金为基金管理人提供了更好的约束激励机制。但是恰恰由于开放式基金规模不固定，其投资运作常会受到不可预测的资金流入、流出的影响。例如，当基金表现不好时可能面临投资者大量赎回的风险，开放式基金需保留一定的现金资产以备不时之需。而封闭式基金规模固定，没有赎回压力，因此基金管理人可按照投资计划进行全额长期投资，在一定程度上有助于基金业绩的提高。

【知识链接2-1】

封闭式基金交易价格与净值偏差

封闭式基金的交易价格是指封闭式基金在证券市场挂牌交易时的价格。封闭式基金的交易价格以基金单位净值为基础，但也由市场供求决定，因此交易价格与净值之间容易存在偏差。长期以来，我国封闭式基金都存在“折价之谜”，即通常在溢价发行之后，很快在市场上以大幅折价进行交易。国内外学者就此现象进行了许多探讨，基本观点如下。

1．理性预期理论

基于理性预期理论的研究是对基金折价研究的开始，目前为止仍然是占有较大分量的一个研究方向。理性预期理论立足于有效市场理论，认为市场是有效的，投资者是理性的，但由于存在市场摩擦或基金自身的一些独特的风险因素，基金价格暂时甚至较长时期地偏离基金净值。其中最具代表性的三个观点为净资产偏差假说、代理成本假说、市场分割假说。

净资产偏差假说认为，基金折价的存在是因为人们在计算净资产时高估了净资产。代理成本假说认为，基金的日常运作需要成本，如基金管理人的报酬、管理费用等，由于这些成本的存在，基金的市场价格应该低于其净资产值。市场分割假说认为，由于封闭式基金佣金较少，经纪人销售时缺乏动力，封闭式基金市场活跃度较低，从而导致基金发生折价。

2．经典金融学的解释

该解释在现代金融框架下进行研究，代表性的理论包括代理成本理论、流动性折价理论、业绩理论。

代理成本理论认为，在基金存续期间有管理费用和交易费用，当管理费用和交易费用过高时，会造成基金价格低于净资产价格，产生折价现象。流动性折价理论认为，封闭式基金持有的资产流动性较差，如停牌、交易稀少的股票等，导致折价产生。业绩理论认为，折价或溢价反映了对基金未来业绩的预期，如果人们认为未来业绩较好，就会高价购买该基金份额，则该基金会以溢价交易；否则会以折价交易。

3．行为金融学的解释

行为金融学对封闭式基金折价的解释是对传统金融学的一个挑战，其代表性观点是噪声交易理论。

在有效市场假说中，证券价格与价值之间存在一个偏差，这个偏差就是噪声。持有封闭式基金有两部分风险：基金资产价值的波动风险和噪声交易者情绪的波动风险。投资者持有封闭式基金比持有基金投资组合的风险更大。如果噪声交易者对风险具有系统性，那么理性投资者就会要求对此进行补偿。封闭式基金的市场价格应低于其投资组合的资产净值，由此产生了封闭式基金的长期折价交易现象。

资料来源：何孝星等（2018）[56]。

第三节　按投资对象分类的证券投资基金

按照投资对象的不同，证券投资基金可分为股票基金、债券基金、货币市场基金、混合基金、基金中基金等。

一、股票基金

股票基金是指发行基金证券所筹集的资金主要用于投资上市股票的证券投资基金。根据我国《公开募集证券投资基金运作管理办法》第三十条的规定，80%以上的基金资产投资于股票的为股票基金。股票基金按股票类型又可分为优先股基金和普通股基金。前者以投资各公司发行的优先股为主，收益所得为股利，是一种可获得稳定收益、风险较小的股票基金。后者以追求长期资本增值和资本利得为主要目标，其投资对象主要为各公司发行的普通股。股票基金的优点是资本成长潜力大，投资者可获得投资收益并通过基金将资金分散投资于不同股票达到分散风险的目的，因此颇受追求长期资本增值的投资者欢迎。

二、债券基金

债券基金是指发行基金证券所筹集的资金主要用于投资债券的证券投资基金。根据我国《公开募集证券投资基金运作管理办法》第三十条的规定，80%以上的基金资产投资于债券的为债券基金。该类基金适合于稳健型投资者，具有流动性强、安全性高、投资风险小、投资回报稳定的特点。

三、货币市场基金

货币市场基金是指发行基金证券所筹集的资金主要用于投资货币市场工具，即到期日在1年内的短期金融工具的证券投资基金。其中的金融工具根据中国证监会和中国人民银行2015年颁布的《货币市场基金监管办法》规定包括：现金；期限在1年内（含1年）的银行存款、债券回购、中央银行票据、同业存单；剩余期限在397天内（含397天）的债券、非金融企业债务融资工具、资产支持证券；中国证监会、中国人民银行认可的其他具有良好流动性的货币市场工具。

货币市场基金不得投资于以下金融工具：股票；可转换债券、可交换债券；以定期存款利率为基准利率的浮动利率债券、已进入最后一个利率调整期的除外；信用等级在AA+以下的债券与非金融企业债务融资工具；中国证监会、中国人民银行禁止投资的其他金融工具。

与股票市场相比，货币市场进入门槛很高，交易金额大，甚至可达上亿元级别，一般投资者完全无能力参与。而货币市场基金则完全不同，其投资门槛极低，为普通投资者进入货币市场提供了重要通道。与其他基金相比，货币市场基金具有安全性高、风险低、流动性好、收益低的特点。

正是由于货币市场基金的上述特点，其功能已从投资逐步拓展为类似货币的支付。在发达市场如美国，货币市场基金兼具银行储蓄和支票账户的功能，投资者可根据基金账户余额开具支票用于支付，甚至可在自动取款机上从基金账户中提取现金。例如，消费者熟知的网上支付公司Paypal，其在1999年就设立了账户余额的货币市场基金。用户通过简单设置即可将存放在Paypal支付账户上的余额自动转入货币市场基金。

【知识链接2-2】

货币基金业绩独占鳌头

2011年来，货币基金可谓风光无限，在2011年股债双跌的市场环境中，货币基金的业绩独占鳌头，全年平均7日年化收益率高达3.57%，成为唯一获得正收益的品种，这一势头在2012年得以延续。

1．活期储蓄的最佳替代品

作为现金管理之王，货币市场基金一贯被当作活期储蓄的最佳替代品。

2012年以来，高企的收益率让货币基金也成了定期储蓄的有力竞争者。

根据 Wind数据显示，截至2012年2月14日，有74只货币基金平均7日年化收益率为4.89%，其中部分绩优货币基金收益率保持在5%左右，如国联安货币B的7日年化收益率为5.66%，轻松跑赢3年期定期存款利率。

国联安货币基金经理冯俊指出，当前货币基金的高收益率主要来源于资金价格高企和债券方向的资本利得，其长期收益率相对于其他投资品种更为稳定，投资者不妨择优持“币”观望。

2．资产配置作用将持续显现

2011年货币基金业绩一枝独秀的势头在2012年得以延续。其中位居所有货币基金首位的汇添富货币基金自2012年以来，其7日年化收益率保持在4%以上，近期持续在6%以上，2月14日更是超过9%。

汇添富货币基金经理王钰池表示，考虑到通货膨胀压力，2012年上半年资金利率绝对水平仍可能将处于高位，货币基金资产配置作用将持续显现。

3．货币基金年化收益率持续走高

2012年春节后，虽然市场环境略有改善，但大盘仍在犹豫中震荡前行。令人欣慰的是，货币基金年化收益率实实在在地走出了一条稳健的上行线，再次延续2011年翻红行情。一批优质的货币基金，如广发、工银、南方等数只基金，年化收益率均突破5%，凸显了资金运营能力。

对于近期货币资金的强劲走强，市场分析人士认为，货币基金的年化收益率一直比较高，主要是基于市场低估了流动性紧张的程度。货币基金在近期取得高收益的原因和2011年比有所不同，协议存款政策和短期票据对业绩贡献较大，1年期内的债券投资也为货币基金提供了一定的收益贡献。

资料来源：刑天才等（2019）。

四、混合基金

混合基金是指发行基金证券所筹集的资金主要用于投资超过一种金融工具的证券投资基金。混合基金的投资对象可以是股票、债券或货币市场工具等多种投资工具的组合，因此可集各类基金的特点于一身，分散风险，提高收益。

混合基金可再进行细分。根据2017年中国银河证券基金研究中心最新调整的分类体系，混合基金根据基金资产投资范围和比例及投资策略主要可以分为偏股型基金、偏债型基金、灵活配置型基金、保本型基金、避险策略型基金、绝对收益目标基金、其他混合基金7个二级类别（其中保本型基金和避险策略型基金将在本章第五节详细介绍）。

（一）偏股型基金

偏股型基金是指基金名称自定义为混合基金，基金合同载明或合同本义是以股票为主要投资标的，同时业绩比较基准也是以股票指数为主的基金。基金合同中载明股票投资下限是60%或不满足60%的下限但业绩比较基准中股票比例等于或大于60%的都属于偏股型基金。

（二）偏债型基金

偏债型基金是指基金名称自定义为混合基金，基金合同载明或合同本义是以债券为主要投资标的，同时业绩比较基准也是以债券指数为主的基金。基金合同中载明债券投资下限是60%或不满足60%的下限但业绩比较基准中债券比例等于或大于70%的都属于偏债型基金。

（三）灵活配置型基金

灵活配置型基金是指基金名称自定义为混合基金，原则上基金名称中有“灵活配置”4个字，基金合同载明或合同本义是以股票、债券等大类资产间较大比例灵活配置的混合基金。在实践中，灵活配置型基金一般选择股票比例作为划分标准，分为基准股票比例60%～100%（含60%）、基准股票比例30%～60%（均不含）、基准股票比例0～30%（含30%）三类。

需要强调的是，灵活配置型基金（基准股票比例60%～100%）与偏股型基金（基准股票比例60%～100%）、灵活配置型基金（基准股票比例0～30%）与偏债型基金（基准债券比例70%～100%）是有区别的，划分依据在于基金名称中是否含有“灵活配置”4个字。

（四）绝对收益目标基金

绝对收益目标基金是指基金名称自定义为混合基金，基金合同载明基金投资运作较宽泛，没有明确的投资方向，也没有股票、债券80%的投资下限要求，业绩比较基准为银行定期存款利率或定期存款利率上浮某个固定值的混合基金。该类基金不能保本保收益，仅追求绝对收益目标。

（五）其他混合基金

其他混合基金是指在上述分类中无法明确归属的混合基金。一旦某个领域或特征的基金数量达到10只时就从其他混合基金中独立出来形成单独的分类。

五、基金中基金

（一）基金中基金的概念及特点

基金中基金（Fund of Funds，FOF）是一类专门投资于其他证券投资基金的基金。证监会发布的《基金中基金指引》规定，FOF需将80%以上的基金资产投资于经中国证监会依法核准或注册的基金份额，其中不包括具有复杂、衍生品性质的基金份额如分级基金。另外，FOF持有单只基金的市值不得高于FOF资产净值的20%，且不得持有其他FOF。

FOF的特点是将大部分资产投资于“一篮子”基金，而非特定的金融工具，如股票、债券等，即投资标的分散化同时波动相对偏低，能够帮助投资者解决基金挑选困难的问题。

【知识链接2-3】

基金中基金迅速发展的推手——养老计划

促进FOF迅速发展的主要推手之一是养老计划的需求增加。过去我国的FOF产品主要由私募、券商、银行、信托等机构发起。直至2016年9月中国证监会发布《公开募集证券投资基金运作指引第2号——基金中基金指引》，公募FOF产品才正式成立。2018年3月，中国证监会发布《养老目标证券投资基金指引（试行）》，明确指出养老目标基金以追求养老资产的长期稳健增值为目的，鼓励投资人长期持有，采取长期的资产配置策略，合理控制投资组合波动风险。这与FOF分散风险、追求稳定收益的属性不谋而合。

我国的养老保障分为三大支柱体系，详情如下表。

	组成部分	性质	资金来源	风险管理	税收优惠	投资资产	投资收益
第一支柱	基本养老保险	强制性，提供基本生活保障	个人和企业缴费、财政补贴	政府承担长寿、投资风险	抵扣企业所得税、个税	银行存款等安全资产	2%～2.5%
第二支柱	企业年金	非强制性，企业自愿提供	个人和企业缴费	无	抵扣企业所得税、递延个税	固定收益类、权益类	5%～10%
第三支柱	商业养老保险	非强制性，个人自愿储蓄	个人缴费	保险公司承担长寿、市场风险	无	固定收益类、少量权益类	2.5%～4.5%

资料来源：http://www.sohu.com/a/232879177_100181267.

在上述三大体系中，基本养老保险占主要地位，企业年金及商业养老保险覆盖率较低。基本养老保险的资金由政府成立的全国社会保障基金统一运作和管理。社保基金、企业年金等追求长期稳定收益的养老资金入市，为我国的公募FOF带来了巨大资金流量和发展机遇。

资料来源：何孝星等（2018）[45]。

（二）基金中基金的类型

根据不同的投资标的、投资策略、投资目标等维度，FOF可以分为不同类型。从运作模式的角度而言，FOF产品可以分为主动管理主动型FOF、主动管理被动型FOF、被动管理主动型FOF、被动管理被动型FOF。

1. 主动管理主动型FOF

主动管理主动型FOF是指基金经理对不同资产的未来表现进行判断并择时投资于主动管理型基金。该类模式的特点是既能得益于母基金管理人大类资产的投资能力又能得益于子基金管理人具体金融工具的投资能力。

2. 主动管理被动型FOF

主动管理被动型FOF是指基金经理通过主动管理的方式投资于被动管理型基金产品。该类模式的特点是通过对子基金的主动管理，母基金经理可以避免子基金的行为偏离而使整只基金的表现异于母基金管理人的投资目标。

3. 被动管理主动型FOF

被动管理主动型FOF是指母基金采取模拟基金指数的方式配置，即根据基金指数的编制规则配置其成分基金进行投资，子基金均为主动管理类的基金产品。该类模式的特点是母基金经理的主要工作聚焦在对子基金的挑选上，避免由于资产配置、择时出现错误削弱FOF的整体业绩。

4. 被动管理被动型FOF

被动管理被动型FOF是指母基金采取模拟基金指数的方式投资于被动管理型基金产品。该类模式往往意味着FOF基金经理对各类资产有固定的长期展望，通过投资被动型基金达到对资产长期配置的目的。

【知识链接2–4】

我国法律规定的股票基金、债券基金、货币市场基金、基金中基金与混合基金

根据《公开募集证券投资基金运作管理办法》第三十条的规定，基金合同和基金招募说明书应当按照下列规定载明基金的类别：

（一）80%以上的基金资产投资于股票的为股票基金。

（二）80%以上的基金资产投资于债券的为债券基金。

（三）仅投资于货币市场工具的为货币市场基金。

（四）80%以上的基金资产投资于其他基金份额的为基金中基金。

（五）投资于股票、债券、货币市场工具或其他基金份额，并且股票投资、债券投资、基金投资的比例不符合第（一）项、第（二）项、第（四）项规定的为混合基金。

（六）中国证监会规定的其他基金类别。

资料来源：http://www.csrc.gov.cn/pub/zjhpublic/zjh/201907/t20190726_359863.htm.

第四节 按投资风格分类的证券投资基金

投资风格主要指基金的产品风格，其设计通常根据与投资标的证券风险收益密切相关的特性来进行。不同产品风格的基金强调证券的不同特性。根据主要财务指标的成长性、现金流产生和运用模式的不同，基金可分为成长型基金、价值型基金和平衡型基金；根据投资策略的不同，基金可分为主动型基金、被动型基金和指数增强型基金；根据证券的流动性不同，基金可分为大盘蓝筹基金和中小盘基金；根据产业和公司价值创造模式不同，基金可分为产业型基金和特定商业模式基金。

一、成长型基金、价值型基金和平衡型基金

成长型基金是以追求资本长期增值为目标，较少考虑当期收入的投资基金，主要选择具有高增长潜力的上市公司作为投资对象。这些公司往往倾向少分红利或不分红利，而把红利用于公司的再投资，扩大生产规模，以期在未来创造更多利润。高业务增长、高再投资、高经营风险和低分红是成长型上市公司的典型财务特征。现实生活中，成长型上市公司的典型代表行业是高科技行业，如生物技术、IT产业。通常情况下，成长型基金适合风险偏好较高的投资者。

价值型基金是指以追求稳定的经常性收入为目标的投资基金，主要选择商业模式较成熟稳定、现金流波动较小、红利发放率较高的上市公司作为投资对象。典型的价值型基金投资的行业包括公用事业（煤气、电力等的供应）、交通运输（公路、港口等）等基础设施行业。通常情况下，价值型基金适合风险偏好较低的投资者。

平衡型基金是指既注重当期收入又注重长期资本增值的投资基金。平衡型基金在投资时会选择同时将一定比例的成长型证券和价值型证券纳入考虑范围。由于平衡型基金的风险和收益处于成长型基金和价值型基金之间，因此受到了多数投资者的欢迎。

二、主动型基金、被动型基金和指数增强型基金

主动型基金是指试图通过市场择时或寻找被低估或被高估的证券取得超越基准组合表现的投资基金，其所持的信念为耗时耗力的积极投资策略是可行的，且这些收益只在市场定价无效的条件下存在。

被动型基金运作的基本理念是市场是有效的，任何基本面分析或技术分析都无助于获得超额收益，因此被动地跟踪指数、获得基准指数的回报是最好的投资选择，主动投资只会导致不必要的交易成本。

指数增强型基金是将主动投资与被动投资的操作按比例结合起来，

即在投资的“一篮子”证券中部分运用积极投资策略选择具有巨大价值增长潜力的证券重仓持有，另一部分则选择能较好模拟指数的证券。这类基金的优点是既兼顾了指数化基金的特点，又可保证基金资产的快速增值。

三、大盘蓝筹基金和中小盘基金

大盘蓝筹基金主要投资于商业模式较成熟、市场地位较稳定的上市公司发行的证券。这类证券通常具有流通市值较大、换手率较高的特点。流通市值较大的证券，其价格不易被操控。换手率较高意味着流通性较好，价格较为稳定。

中小盘基金主要投资于中小流通证券。此类证券较易受到机构投资者的价格操控，价格可能会有较大波动。此外，中小流通证券往往由处于成长型行业的公司发行，这类公司产品市场风险和经营风险较高，不利于外部投资者作出价值判断，因此中小流通证券往往具有较大的流动性风险。但对于具有风险识别能力的基金管理人而言，可通过发现并把握中小流通证券的风险获得超额报酬。

四、产业型基金和特定商业模式基金

产业型基金是指投资对象以个别产业的证券为主，常见的分类包括房地产股票、高科技产业股票、公共事业股票等。由于该类基金的投资主要集中于某一产业，易受到产业政策、产业周期、产业竞争力等因素的影响，基金的价格波动率远高于证券市场大盘指数。此外，基金投资的行业获利能力较强，风险也较高，适合积极冒险型投资者。

特定商业模式基金是指选取具有类似商业模式的标的进行投资的基金。同样，由于该类基金的投资对象单一，其风险和收益易受市场环境的影响。特定商业模式基金适合对商业有一定程度了解、偏好某一特定商业模式的投资者。

【知识链接2–5】

按投资风格划分的证券投资基金——以我国股票型基金为例

按投资风格的不同，我国的证券投资基金，以股票型基金为例，可进行以下划分。

划分标准	股票型基金产品类型	股票型基金产品举例
公司的财务指标特性	成长型基金	华夏成长（000001）
	价值型基金	友邦华泰上证红利ETF（510880）
	平衡型基金	国泰沪深300（020011）
投资策略	主动型基金	广发稳健增长基金（270002）、华安创新（040001）
	被动型基金	嘉实沪深300指数基金（160706）、大成沪深300（519300）
	指数增强型基金	银华—道琼斯88（180003）
证券的流动性	大盘蓝筹基金	大成价值增长（090001）
	中小盘基金	金鹰中小盘（162102）
产业和公司价值创造模式	产业型基金	长城景气行业龙头（200011）、汇添富实业债A（000122）
	特定商业模式基金	兴业社会责任（340007）

资料来源：何孝星等（2018）[44]。

第五节　特殊类型基金

随着行业的发展、产品的创新，市场上出现了不少特殊类型的基金，包括避险策略基金、分级基金、交易型开放式指数基金等。

一、避险策略基金

（一）避险策略基金的前身

避险策略基金的前身是保本基金，是指通过一定的保本投资策略进行运作，同时引入保本保障机制，以保证基金持有者在投资到期时可以获得投资本金保障的证券投资基金。根据《关于保本基金的指导意见》，我国保本基金的保本保障机制包括：第一，基金管理人对基金份额持有者的投资本金承担保本清偿义务；同时基金管理人应与符合条件的担保人签订保证合约，由基金管理人和担保人对投资者承担连带责任。第二，基金管理人与符合条件的保本义务人签订风险买断合约，约定基金管理人向保本义务人支付费用，保本义务人在基金期满遭受亏损时负责向基金份额持有者支付相应损失。第三，经中国证监会认可的其他保本保障机制。

虽然保本基金在满足投资者多元化需求方面发挥了积极作用，但也存在一定风险。首先，保本基金的保障机制存在问题。目前发行的保本基金均采用连带责任担保的保障机制，担保人有权无条件向基金管理人进行追偿，基金管理人实际上偿付最终所有的投资损失，由此导致的行业风险不容忽视。其次，保本基金投资策略存在可能失效问题。部分保本基金为提高投资收益，偏离原先稳健操作的轨道，存在期限错配、风险资产放大倍数过高等问题，加大了基金净值波动的风险。最后，保本基金快速增长可能带来风险。保本基金由于受到投资者的欢迎，数量、规模不断扩大。部分基金管理人大量集中发行基金的行为增加了基金到期亏损无法赔付的风险。

针对上述问题，中国证监会于2017年年初对《关于保本基金的指导意见》进行了修订，取消“保本基金”，改为“避险策略基金”并设定基金规模上限，同时取消了连带责任担保机制，完善了对避险策略基金和基金管理人的风控要求。

为保障本金安全，避险策略基金将大部分资产投资于安全性较高的证券（如债券）上，同时为提高收益水平，避险策略基金将剩余部分投资于股票等高风险资产上，通过不同的资产配置以期从总体上降低本金受损的概率。此类基金产品风险较低，但并不放弃追求超额收益的可能，因此较适合于比较稳健和保守的投资者。

（二）避险策略基金的投资策略

避险策略基金源于美国，其主导思想是运用投资组合保险策略进行基金投资的操作。常用的投资组合保险策略包括对冲保险策略和固定比例投资组合保险策略。

对冲保险策略通过选择合适的金融衍生品（如股票期权）等进行风险对冲，实现投资组合的保本和增值。由于我国目前金融衍生品匮乏，大部分国内避险策略基金主要选择固定比例投资组合保险策略作为投资的保本策略。

固定比例投资组合保险策略（Constant Proportion Portfolio Insurance，CPPI）是根据投资组合价值水平的变化动态调整风险资产和无风险资产的投资比例，兼顾保本与增值目标的策略。该策略的投资步骤分为以下三步：

第一步，根据投资者在保本到期时要求的最低保本额（通常为购买基金的本金）和合理的折现率，设定基金的价值底线。

第二步，计算基金现时净值超过价值底线的金额，即安全垫（Cushion）。

第三步，将安全垫特定倍数的资金投资于风险资产，剩余资金投资于无风险或低风险资产，从而在确保达到保本目标的同时，实现投资组合的增值。

$$\begin{aligned}\text{风险资产投资额} &= \text{放大倍数} \times (\text{基金现时净值} - \text{价值底线}) \\ &= \text{放大倍数} \times \text{安全垫}\end{aligned} \tag{2-1}$$

$$\text{风险资产投资比例} = \frac{\text{风险资产投资额}}{\text{基金现时净值}} \tag{2-2}$$

现以一简单例子说明。假设基金资产为100万元，最低保本额为90万元，安全垫放大倍数为2。期初，基金经理将（100万元-90万元）×2即20万元投资于风险资产，其余80万元投资于无风险资产，此时风险资产占比为20%。当风险资产价格上涨20%，即由20万元涨至24万元时，无风险资产价格不变，此时总资产变为104万元。那么应有（104万元-90万元）×2即28万元投资于风险资产，76万元投资于无风险资产。风险资产占比由之前的20%提高到27%。同样，当风险资产价格下跌20%，即由20万元跌至16万元时，无风险资产价格不变，此时总资产变为96万元。则应有12万元投资于风险资产，84万元投资于无风险资产。风险资产占比由之前的20%下降到12.5%。由此可见，CPPI策略在风险资产价格上涨时可以提高持有仓位，获得超额收益，而在风险资产价格下跌时也可及时止损。

值得注意的是，在上例中，安全垫放大倍数如果设为1，则意味着将投资组合现时价值超过价值底线的全部金额投资于风险资产，即使最终风险资产完全亏损，基金也能实现保本。安全垫放大倍数设为2时，如果最终无风险资产亏损超过50%，基金将无法实现保本目标。以此类推。因此放大安全垫的倍数可以使基金获得风险资产升值带来的超额收益，但同时也增加了投资的风险。基金管理人必须在基金投资的风险加大与收益增加二者间找到平衡点。

（三）避险基金的分析指标

避险基金的分析指标主要包括封闭期、保本比例、赎回费用、安全垫等。

避险基金通常存在封闭期。封闭期越长，基金经理可操作的空间就越大，即在相同保本额的要求下，经理人可适当放大安全垫倍数。但封闭期越长意味着投资者的机会成本越高。因此，封闭期是投资者选择避险基金时需考虑的因素之一。

保本比例是基金到期时投资者可获得的本金保障比例，一般为80%～100%。其他条件相同时，保本比例越低/高，基金投资于风险资产的比例越高/低。

一般情况下，避险基金为避免投资者提前赎回基金，往往会对提前赎回基金的投资者收取高昂的赎回费用，这将增加投资者退出投资的难度。

安全垫是风险资产投资可承受的最高损失限额。安全垫低可以确保基金实现保本目标，但会限制基金收益的提高。适当的安全垫在提高基金运作灵活性的同时也有助于增强基金到期保本的安全性。

【知识链接2-6】

南方保本混合型证券投资基金案例

南方基金是国内最早开发保本型基金的公司。2003年5月，南方基金发行了国内首只保本基金——南方避险增值基金，2011年又发行了南方保本混合型基金，在当时基金发行市场中取得了重大成功，基金产品主要细节如下：

1．保本的定义

保本即100%保障基金份额持有者认购并持有到期的基金份额的投资金额，包括基金份额持有者认购并持有到期的基金份额的净认购金额、认购费用及募集期间的利息收入之和。其中，基金募集期是指自基金发售之日起至发售结束之日止的期间，最长不超过3个月。在保本期到期日，如按基金份额持有者认购并持有到期的基金份额与到期日基金份额净值的乘积加上其认购并持有到期的基金份额累计分红款项之和计算的总金额低于其保本金额，则基金管理人补足该差额。担保人为基金管理人履行保本义务提供不可撤销的连带责任担保。

2．保本期

保本期即基金管理人提供保本的期限，为3年。

3．投资目标

基金按照恒定比例投资组合保险机制进行资产配置，在确保保本期到期时本金安全的基础上，力争基金资产的稳定增值。

4．投资范围

基金可投资于股票、债券、货币市场工具、权证、股指期货及中国证监会允许投资的其他金融工具，但需符合中国证监会的相关规定。

基金根据中国宏观经济情况和证券市场的阶段性变化，按照投资组合保险机制对安全资产（如债券、货币市场工具等固定收益资产）和风险资产（如股票、权证等权益资产）的投资比例进行动态调整。其中，风险资产占基金资产的比例不高于40%；安全资产占基金资产的比例不低于60%；现金或到期日在一年内的政府债券的投资比例不低于基金资产净值的5%。

5．投资策略

基金采用恒定比例投资组合保险策略来实现保本和增值的目标。恒定比例投资组合保险策略不仅能从投资组合资产配置的层面上使基金保本期到期日基金净值低于本金的概率最小化，还能在一定程度上使保本基金受益于股票市场在中长期内整体性上涨的特点。

6．保本案例

假设某投资者投资10万元认购基金，该笔认购按照100%的比例全部予以确认，并持有到保本期到期，认购费率为1%。假定募集期间产生的利息为50元，持有期间基金累积分红0.08元/份，则认购份额为

$$\text{净认购金}=\frac{100000}{1+1\%}=99009.90\text{（元）}$$

$$\text{认购费用}=100000-99009.90=990.10\text{（元）}$$

$$\text{认购份额}=\frac{100000-990.10+50}{1}=99059.90\text{（份）}$$

如果保本到期日，基金份额净值为0.90元，则

$$\text{保本金额}=100000+50=100050\text{（元）}$$

$$\text{总金额}=99059.90\times 0.90+99059.90\times 0.08=97078.70\text{（元）}$$

总金额小于保本金额。若保本到期日投资者赎回基金份额，应由基金管理人赔付的差额为：100050−97078.70=2971.30（元）。

如果保本到期日，基金份额净值为1.38元，则

$$\text{保本金额}=100000+50=100050\text{（元）}$$

$$\text{总金额}=99059.90\times 1.38+99059.90\times 0.08=144627.45\text{（元）}$$

总金额大于保本金额。若保本到期日投资者赎回基金份额，则其可得到的总金额为144627.45元，包括赎回金额136702.66元和持有期间基金分

红7924.79元。

资料来源：中国证券投资基金业协会（2017）[86-87]。

二、分级基金

（一）分级基金的概念

2012中国证监会颁布的《分级基金产品审核指引》将分级基金定义为："通过事先约定基金的风险收益分配，将母基金份额分为预期风险收益不同的子份额，并可将其中部分或全部类别份额上市交易的机构化证券投资基金。其中分级基金的基础份额称为母基金份额，预期风险、收益较低的子份额称为A类份额，预期风险、收益较高的子份额称为B类份额。"

（二）分级基金的特点

分级基金是创新型基金的一种，具有与普通基金不同的特点，具体如下。

1. 多类份额、多种投资工具

普通基金仅适合某一类特定风险收益偏好的投资者。而分级基金通过结构化设计，将同一基金划分为预期风险收益不同的份额，可以同时满足不同风险收益偏好的投资者。以我国的最具代表性的股票型分级基金"银华深证100指数分级证券投资基金"为例。母基金份额为普通股票指数基金份额，具有较高的预期风险和收益。A类份额将资金借予B类份额，通过特殊机制，B类份额以自身净值保证A类份额的本金安全并给予A类份额特定的收益，从而使A类份额体现出固定收益产品的特性，具有较低风险收益的特征。而B类份额借用A类份额的资金投资于深证100股票指数，获取扣除A类份额约定收益外母基金的全部收益或亏损，具有明显的杠杆特性（见图2-1）。

通过上述结构化的设计，一只基金同时具备了风险收益特征不同的三类份额，可以满足三类不同投资者的需求：A类份额风险较低、收益稳定，适合保守型投资者；B类份额风险高、收益高，适合激进型投资者；母基金份额类似于普通股票指数基金份额，具有风险和收益较高的特征，适合配置型投资者。

2. 具有杠杆特性

分级基金涉及收益分配权分割与收益保证等结构性条款，使其普遍具有杠杆化的特性。

3. 基金份额分级，资产合并运作

分级基金虽然将母基金的基础份额分为两类不同的基金子份额，但基金的资产仍然作为整体进行投资运作。不同基金子份额的估值一方面取决于实现约定的收益分配条件，另一方面也受到基金行业整体业绩的影响。

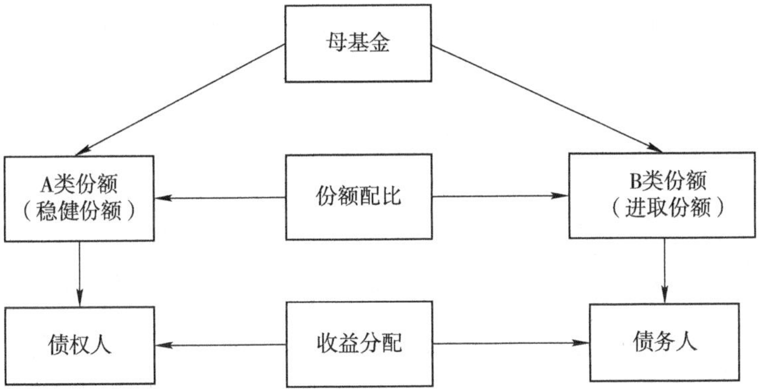

图 2–1　分级基金的原理

4. 基金份额可在交易所上市交易

分级基金的母基金可通过场内、场外两种方式进行募集，基金份额可通过跨系统转托管实现场内和场外市场的转换。投资者在场内认购母基金份额时，既可选择保留母基金份额，也可选择将其拆分为A类份额和B类份额上市交易或卖出某一类份额持有另一类份额。此外，投资者也可根据需要从二级市场单独买入基金子份额或同时买入两类子份额合并为母基金份额。

【知识链接2-7】

分级基金实例说明

相比普通基金，分级基金更复杂。现以一实例加以说明以便更好地理解分级基金的概念和特点。

假设甲、乙二人各出资100元，组成200份每份为1元的基金，双方各持100份基金份额，同时双方约定，乙方每年的第一天向甲方支付固定利息——一年期定期存款利息上浮2%，即每年5%的利息，以后每年利息计入第二年本金循环下去。而乙方则拥有这200元基金的炒股操作权，所产生的损益由其个人承担。乙方决定将资金拿去跟踪深证100指数。那么此份额为200份的深证100指数基金即为母基金，甲持有的份额为子基金A类份额（稳健份额），乙持有的份额为子基金B类份额（进取份额）。

一年后，深证100指数表现不好，导致深证100指数基金下跌10%。此时该金额为200元的基金仅剩200元×（1−10%）=180元。乙方按约定付给甲方一年的利息5元。此时甲方的金额变为100元+5元=105元，每份净值为$\frac{105\text{元}}{100}$=1.05元，而乙方金额变为180元−105元=75元，每份净值为$\frac{75\text{元}}{100}$=0.75元。甲乙双方持有的基金金额比例由原先的100∶100变为105∶75。母基金的每份净值也由原先的1元缩水为$\frac{1.05\text{元}+0.75\text{元}}{2}$=0.90元。

从第二年开始，深证100指数继续下跌5%，导致乙的金额继续缩水，其持有的基金金额变为75元−180元×5%=66元，每份净值也变为0.66元。此时整只基金的金额仅为105元+66元=171元。乙开始看空后市。市场上其他投资者看法不同，丙以65元的金额接手乙持有的100份基金份额（为及时售出基金份额，乙宁愿以更低的价格65元而非66元出手。这就是二级市场的价格会与一级市场不同的原因）。

丙接手基金份额后，市场开始出现好转。当年底，深证100指数反弹了15%，此时深圳100指数基金的金额变为171元×（1+15%）=196.65

元。又到了一年的结算时间。甲这时持有的总额变为105元×（1+5%）=110.25元，份额净值为1.10元/份，而丙的金额为196.65元-111.25元=86.40元，份额净值为0.86元/份。母基金的净值变为0.98元/份。

虽然第二年市场只反弹了15%，但丙的收益率却达到$\frac{86.4\text{元}-65\text{元}}{65}\times 100\%=33.10\%$，超过15%一倍多，充分体现了分级基金的杠杆特性。

从第三年开始，丙为降低个人持有基金的比例，减少指数下跌带来的风险，决定向市场出售50份基金的所有权（此时B类份额的净值为0.86元/份，50份的实际价格为43.2元）。市场纷纷响应，丁出价0.87元/份，购买了20份。这时如果丙惜售或待价而沽就会导致价格一直上涨，从而出现溢价现象。

这就是在市场上涨时分级基金二级市场价格涨得快的原因。一是它可获得双倍收益；二是二级市场上浮躁的投资者较多，情绪会相互感染。

（三）分级基金的套利

分级基金如果存在配对转换机制，即两类子份额可按比例合并为母基金场内份额，母基金份额也可按比例拆分为两类子份额上市交易，则可能存在套利机会。由于基金子份额只可交易，不可申购和赎回，其交易价格除受基金净值影响外，还受市场供求、情绪等因素的影响，使得子份额出现折价或溢价交易。在这种情况下，两类子份额按比例加权后的价格与母基金的净值不等。简言之，套利的前提条件为母基金净值≠（A类份额价格×配比+B类份额价格×配比）。

具体的套利方式可总结如下：收盘前如果母基金存在整体溢价套利机会，即子份额价格按比例加权后的价格高于母基金净值，则投资者应该在二级市场按配对转换比例卖出两类子份额，同时申购母基金份额，之后再拆分为A类、B类子份额。通过这一操作，投资者前后持有的基金子份额未发生变化，但额外获得了一定的收益。如果母基金存在整体折价套利机会，即子份额价格按比例加权后的价格低于母基金净值，则投资者应赎回持有的母基金份额，另从二级市场按比例买入两类子份额，之后再进行合并转换。投资者前后持有的母基金份额未发生变化，但获得了套利机会。

三、交易型开放式指数基金

（一）交易型开放式指数基金的概念及特点

交易型开放式指数基金又称交易所交易基金（Exchange Traded Funds，ETF），是一种在交易所上市的、基金份额可变的开放式基金。ETF属于开放式基金的一种特殊类型，结合了封闭式基金和开放式基金的运作特点，具体如下：

第一，被动跟踪指数基金。ETF以特定指数（如沪深300指数、标普500指数、纳斯达克100指数等）为标的指数，并以该指数的成分证券为投资对象，通过购买该指数的全部或部分成分证券构建投资组合，以追踪标的指数表现，属于被动型投资基金的一种。

第二，特殊的实物申购、赎回机制。所谓实物申购、赎回机制是指投资者向基金管理公司申购ETF时，需要拿ETF指定的“一篮子”证券来换取。赎回时得到的不是现金，而是相应的“一篮子”证券。如果投资者想要变现，需要再在市场上卖出这些证券（见图2-2及图2-3）。实物申购、赎回机制是ETF的最大特色之一，避免了普通基金现金申购后的建仓成本和赎回时资金资产的变现成本。此外，ETF有最小申购赎回单位的规定且最小单位通常较大（以深证100 ETF为例，为100万份基金份额），主要适合机构投资者和大额资金的个人投资者参与。

第三，管理费用、交易成本低。由于ETF采用被动式管理，无须主动选券，降低了管理费用。ETF的管理年费通常在0.3%～0.5%，较传统开放式基金的1%～1.5%要低。申购、赎回和交易时，ETF投资者只需支付不超过0.5%的手续费和不超过0.3%的佣金，低于传统开放式基金1%/0.5%左右的申购/赎回手续费。同时，由于ETF申购、赎回用实物交付，基金资产买卖活动较少，进一步降低了交易成本。

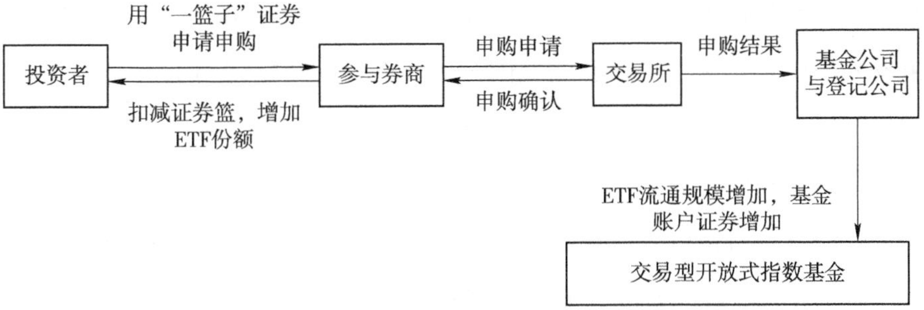

图 2-2 基金实物申购示意

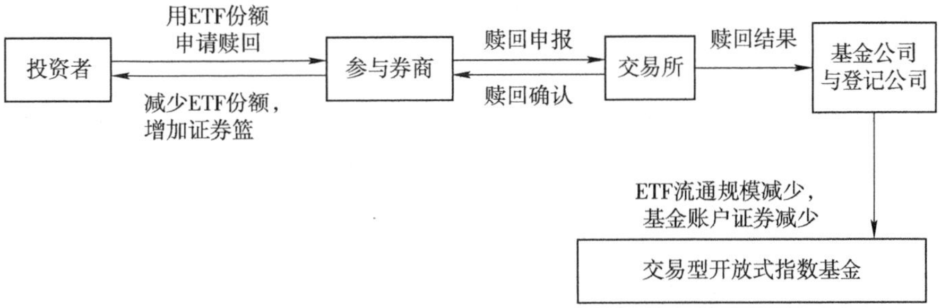

图 2-3 基金实物赎回示意

第四，实行一级市场与二级市场并存的交易制度。在一级市场上，只有资金到达一定规模的投资者方可在交易时间进行以证券换份额、以份额换证券的申购、赎回交易。在二级市场上，ETF 与普通证券一样在市场挂牌交易，且交易门槛较低（见图2–4）。一级市场的存在限制了二级市场的交易

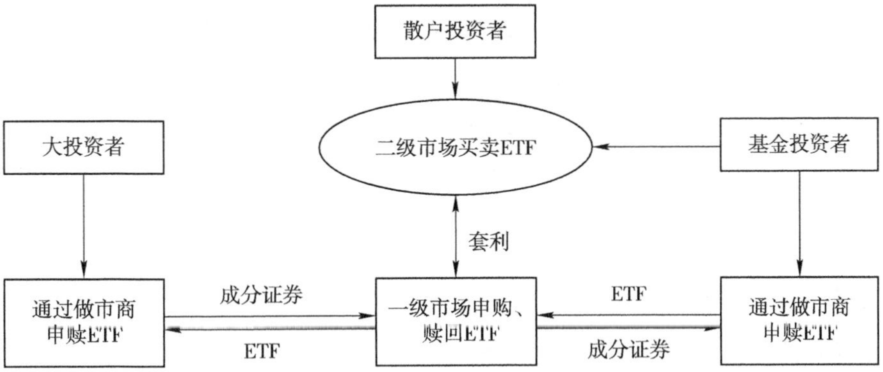

图 2-4 ETF 交易模式

价格，使交易价格在基金份额净值附近上下波动；否则市场价差将引发套利交易，而套利交易又会使二级市场的交易价格回归基金份额净值。

（二）交易型开放式指数基金与上市开放型基金的区别

上市开放型基金（Listed Open-Ended Fund，LOF）是一种可以同时在场外进行基金份额申购或赎回，并通过份额托管机制将场外市场与场内市场有机联系在一起的开放式基金。ETF与LOF的主要区别如下。

1. 申购、赎回的标的不同

ETF申购（或赎回）的是基金份额（“一篮子”证券），而LOF申购、赎回的是基金份额与现金的对价。

2. 申购、赎回限制不同

只有资金达到一定规模的投资者才可参与ETF的申购、赎回交易，LOF没有类似的特别要求。

3. 申购、赎回场所不同

ETF的申购、赎回都通过交易所进行，而LOF的申购、赎回既可在代销网点进行，又可在交易所进行。

4. 基金投资策略不同

ETF采用的是完全被动式管理方法，目标是跟踪特定指数，而LOF既可以是被动型基金，也可以是主动型基金。

5. 净值报价频率不同

在二级市场上，ETF以每15秒一次的速度提供基金参考净值报价，而LOF的净值报价频率通常为1天1次或几次，明显低于ETF。

（三）交易型开放式指数基金的套利

套利存在的前提条件是同一商品在不同市场的价格存在不一致。与传统的开放式基金与封闭式基金不同，ETF实行一级市场与二级市场并行的交易制度，因此投资者可以在二级市场ETF交易价格与基金份额净值存在差异时进行套利交易获得超额利润。

具体而言，当二级市场ETF交易价格低于基金份额净值（折价）时，具有一定资金规模的投资者可在二级市场低价买进ETF，并在一级市场高价赎回基金份额，再于二级市场卖出证券而实现套利交易。折价交易使ETF总份额减少。同样，当二级市场ETF交易价格高于基金份额净值（溢价）时，具有一定资金规模的投资者可在二级市场买入“一篮子”证券，并在一级市场低价转换成ETF，再于二级市场高价卖出ETF而实现套利交易。溢价交易使ETF总份额增加。套利交易的存在迫使ETF的交易价格与基金份额净值趋于一致，避免了封闭式基金在二级市场出现的大幅折价或溢价现象，也克服了开放式基金无法交易的缺点。

通常情况下，套利交易会使套利机会消失，套利机会存在的可能性较小，因此套利活动导致的ETF规模变化幅度也不大。ETF规模的变化最终取决于市场的需求。

本章小结

证券投资基金的分类对于基金投资者、基金管理公司、基金评估机构、监管机构等对象具有重要意义。本章从法律形式、运作方式、投资对象、投资风格等角度对证券投资基金进行了分类比较。

按照法律形式的不同，证券投资基金可分为契约型基金和公司型基金。二者在法律依据、投资者地位及基金运营方面存在差异。

按照运作方式的不同，证券投资基金可分为开放式基金和封闭式基金。二者在发行规模限制、期限、交易方式、交易价格、投资策略与激励约束机制方面存在差异。

按照投资对象的不同，证券投资基金可分为股票基金、债券基金、货币市场基金、混合基金、基金中基金。

按照投资风格的不同，根据主要财务指标的成长性、现金流产生和运用模式的不同，证券投资基金可分为成长型基金、价值型基金和平衡型基金；根据投资策略的不同，证券投资基金可分为主动型基金、被动型基金和指数增强型基金；根据证券的流动性不同，基金可分为大盘蓝筹基金和中小盘基金；根据产业和公司价值创造模式不同，证券投资基金可分为产业型基金和特定商业模式基金。

最后，特殊类证券投资基金包括避险策略基金、分级基金、交易型开放式指数基金。

思考题

1. 什么是契约型基金和公司型基金？二者的主要区别是什么？
2. 什么是开放式基金和封闭式基金？二者的主要区别是什么？
3. 分析比较股票基金、债券基金、货币市场基金的主要特点。
4. 分析成长型基金、价值型基金的差异。
5. 什么是避险策略基金？避险策略基金如何保障投资者收益？
6. 什么是分级基金？分级基金如何进行套利？
7. 交易型开放式指数基金的特点有哪些？

扫码获取
本章课件

第三章　证券投资基金投资管理概述

学习目标

- 了解证券投资基金投资管理的流程和机制
- 了解投资者的类型和特点
- 了解如何制定投资政策说明书

第一节　基金投资管理流程

一、基金投资管理的基本流程

基金投资管理的目标是使投资者在获得一定收益水平的同时承担最低的风险或者在承担一定风险的同时最大化收益水平。特许金融分析师（Charted Financial Analyst，CFA）协会将投资管理视为一种动态的反馈循环过程。整个流程如图3-1所示。

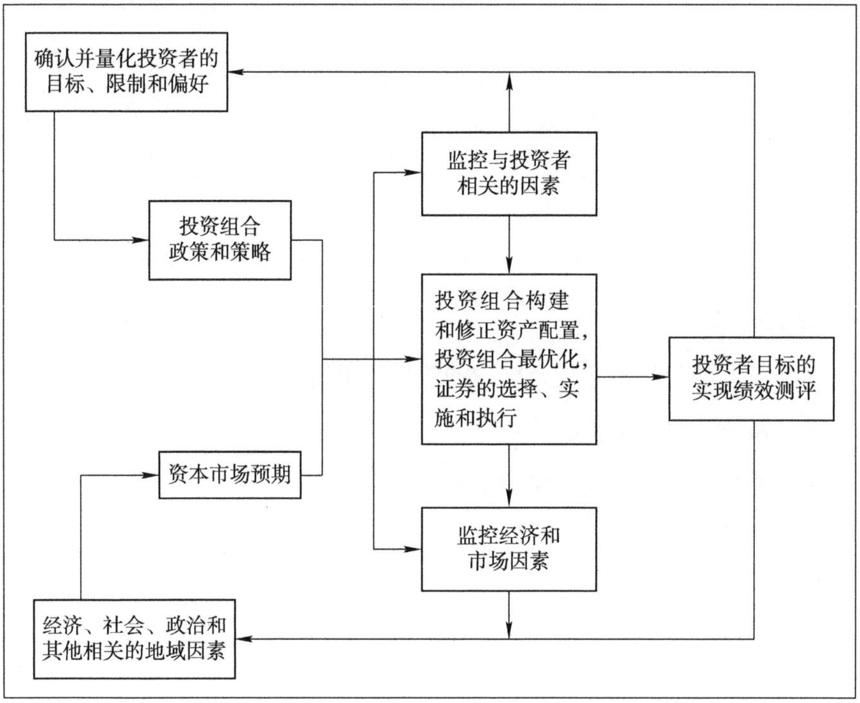

图3-1　CFA协会投资管理流程

二、投资管理的基本步骤

投资管理通常包含3个步骤：规划、执行和反馈。规划主要强调确定投资所需的各种输入信息，如客户资料、资本市场的数据等。执行是指资产配置和证券选择等方面的投资决策和实施过程。反馈是对投资预期、目标和组合等方面变化的适应过程。

（一）规划

1. 确定、量化投资者的投资目标和投资限制

投资规划的首要目的就是了解客户需求，确定并量化投资者的投资目标和投资限制。

2. 制定投资政策说明书

一旦明确了投资者的投资目标和投资限制，基金管理人的任务便是制定投资政策说明书（Investment Policy Statement）。投资政策说明书是投资决策的指导性文件，内容一般包括投资回报率目标、投资范围、投资限制（期限、流动性、合规等）、业绩比较基准等。有些机构还将投资决策流程、投资策略与交易机制等内容纳入投资政策说明书。

3. 形成资本市场预期

基金管理人对市场上资产类别的长期风险和收益特征进行预测，为资产配置作准备。

4. 建立战略资产配置

基金管理人结合投资政策说明书及资本市场预期决定各类目标资产的配置，并设定各类资产投资权重的上下限作为风险控制的依据。如基金管理人选择A、B、C三类资产进行投资，投资权重分别为25%、30%、45%。为降低风险，基金管理人对权重设置了上下限[20%，30%]、[25%，35%]、[40%，50%]，即如果资产的权重超出上下限，将卖出、买入相应资产将风险置入可控范围内。

战略资产配置可针对单一周期和多个周期进行。前者较为简单，仅

涉及一个时期，而后者则需要考虑不同时期因投资组合调整产生的交易费用、收益关联性等问题，执行成本较高。

（二）执行

在执行阶段，基金管理人会结合投资目标、资本市场预期及分析师报告，制定投资组合构建的决策，达到优化组合的目的。投资组合优化运用量化分析工具将各类资产有效结合，达到预期的风险和收益目标。

基金管理人有时会选择让投资组合的实际资产配置临时偏离战略资产配置，以适应突发状况。如投资者自身的情况发生了变化，基金管理人可能会调整资产配置以适应该变化。如果变化是暂时性的，则资产配置在投资者自身情况恢复后会被调整回来。而如果变化是永久性的，则基金管理人必须更新投资政策说明书，临时性的资产配置将成为永久性的资产配置。

基金管理人作出投资决策后交由交易部门执行。之后，基金管理人还会根据资本市场的实际变化和投资者的情况对投资组合不断进行调整。

（三）反馈

投资组合的反馈由两部分组成：监控和再平衡、业绩评估。

1. 监控和再平衡

监控和再平衡是指通过对投资者情况与经济和市场因素的监控，持续调整投资组合以适应新的变化，使投资组合能够符合客户的投资目标和限制。在实操中，再平衡可以定期进行，也可以由特定规则触发或由基金管理人根据情况的变化确定。

2. 业绩评估

业绩评估既是基金管理人评估、修正自身资产管理过程的重要内容，也是投资人选择基金管理人的重要依据。业绩评估并不是基金投资的最后一个环节，它是一个动态的监测过程，对历史业绩进行全面、完整、客观的分析评价，并提出有现实参考价值的意见。业绩评估的核心是考察并评估基金管理人是否承受了预期的风险，是否获得了预期的回报，以及管理人的综合表现。它将直接被反馈给客户与基金管理人，使基金管理人能够不断地修正自己的投资管理模式，开启下一轮投资管理过程，以期更好地实现投资目标。

三、投资管理的原则

基金投资管理应遵循合法合规性原则、诚实守信原则、风险与效益匹配原则、投资分散化原则。

（一）合法合规性原则

高效率运行的资本市场必须保证所有市场参与者之间的公平竞争，任何破坏市场运行机制的违法违规行为必将受到市场的惩罚。合法合规性原则是基金投资管理过程中需要遵守的最基本的，也是最重要的原则之一。

基金投资管理过程可能涉及投资人、资产管理人、经纪商、交易商、托管人以及其他基金市场服务机构等多方面的市场参与者，各方享有不同的权利并承担相应的义务，其行为必须遵循合法合规性原则，从而维护资本市场的正常运转秩序。这是资本市场自身发展和引导社会资源配置功能的必然要求。只有遵守法律法规、遵守市场秩序，各方的权利才能够得到充分的保护，市场作用也才能够得到真正的发挥。尽管出于个体利益的任何违法违规行为都有可能在短期内获得超额利润，但资本市场是一个所有参与者自愿交易的市场，它不承认超越市场之上的外在优势，也不支持任何非正常利润，更不允许任何人破坏市场的公平性。因此，合法合规性原则是维护资本市场正常运转秩序的根本要求，也是资本市场正常运转的必然结果。

（二）诚实守信原则

诚实守信原则是任何商业行为均应遵守的原则之一，其在资本市场中的作用尤为重要。

资本市场是一个建立在信用基础上的现代市场，其交易过程的正常进行需要将信用作为最基本的共同基础。基金投资管理过程经常涉及委托—

代理关系，资产管理人作为投资人的代理人，尤其要坚持诚实守信原则。与合法合规性原则相同，诚实守信原则是资本市场正常运转的基石，任何违背这一原则的行为都将受到市场的严厉惩罚，也是资本市场的公平竞争原则的必然要求。违背诚实守信原则的行为是对资本市场公平竞争原则的破坏，资本市场将对其进行严厉惩罚，否则资本市场将失去自身存在的基础而走向灭亡，其作用也将无法得到发挥。

（三）风险与效益匹配原则

基金投资管理与一般的商业活动具有相同的精髓，即在承担投资风险的基础上获得相应的收益。资本市场的功能在于连接资本的供给方和需求方，有效地引导资源配置，使社会资源有效地流向市场最需要的地方。从长期来看，资本市场参与者从基金投资管理过程中获得的并不是超越其风险承担水平之上的超额利益，更不是任何暴富的机会，而是与其风险承担水平一致的正常收益。正因为不同投资人根据自身的风险承受能力和风险偏好选择了不同的风险水平，其收益才表现出相应的不同水平，并实现了市场风险在不同风险承担水平的参与者之间的转移。但这仅是一种风险转移过程，并没有消散风险本身。

（四）投资分散化原则

基金投资管理行为不能违背资金委托方与受托方之间的契约安排，其投资分散化程度也必然要受到契约条件的限定。只有在契约中没有明确约定投资分散化程度及受其影响的风险收益状况时，投资管理人才能自主决定投资分散化的程度。大量实证研究的结果证明，在其他条件相同的情况下，科学的分散化投资将有助于更好地达到基金投资的目的，因此，投资管理人应当尽量说服投资委托人理解分散化投资的特点及其风险与收益的特征。

但是，如果委托方指定了唯一的集中式的投资对象，并承诺愿意承担由此带来的风险，则受托方也应严格遵循委托方的要求进行投资。如果契约约定资金只能投资于某一类型的投资对象，受托人只能按照这一要求进行有限程度的分散化。科学的分散化可以消除非系统性风险，从长期来看，不仅不会降低投资组合的收益水平，还将因为投资收益稳定性的提高带来长期的更优越的复合收益表现。

第二节　投资者的类型和特征

基金管理公司作为受托方为不同的投资者提供种类繁多的投资产品，因此需要充分了解投资者的需求和偏好以便提供最佳服务。根据投资主体的差异性，可将投资者分为个人投资者和机构投资者。根据风险承受能力、资产状况、投资知识及经验的不同，可将投资者分为专业投资者和普通投资者。

一、个人投资者和机构投资者

（一）个人投资者

个人投资者（Individual Investors）是指以自然人的身份从事证券买卖的投资者，其特征主要如下：专业投资能力不足、投资相关的知识和经验较少；可用于投资的资金量较小；投资需求受个人所处生命周期阶段和个人情况的影响，呈现出较大的差异性；风险承受能力较弱时常需要借助基金销售服务机构进行投资。

个人投资者的投资需求不同，其投资目标主要是满足生活所需或实现未来更高的消费水平。例如，个人投资者的短期目标可能是购买生活所需的大件消费品，如住房和汽车，中期目标可能是为后代的教育准备资金，长期目标可能是为退休养老提供储备。

影响个人投资者投资需求的因素众多，包括其所处生命周期的阶段、财务状况及其他状况。从生命周期阶段的角度而言，通常情况下，投资者对风险的态度会随着年龄的增长而发生改变，从风险容忍到风险厌恶。随着年龄的增长，个人投资者承受风险的能力及意愿是递减的。青年人是“初生牛犊不怕虎”，对证券市场的风险尚无意识，因此更具冒险精神。由于其年轻，有更多的时间积累财富，因此更能承受投资带来的风险。而年长者经历了多轮证券市场周期的更迭，对风险控制的重要性认识更深刻，同时退休后收入骤减、增量资金有限，因此倾向于保守投资。

个人投资者的财务状况也是影响投资者投资需求的重要因素。例如，个人投资者的收入水平和负债状况会直接影响其投资意愿和金额。一些投资者资金充裕、风险承受能力较强，倾向于为资金的成长性投资，因此会寻求具有增值潜力的资产进行投资。而一些投资者，如退休人员，可能需要从其所持资产中获得收入，因此倾向于选择投资固定收益和分红类产品。

个人投资者的其他状况，如就业和家庭状况，也会影响其投资需求。拥有稳定职业的年轻个人投资者，风险承受能力较强，更倾向于高风险、高收益的产品。而处于失业或无业状态的投资者，已失去获得稳定收入的能力，风险承受能力较弱，更倾向于选择低风险、稳定收益的产品。个人投资者家庭负担（如婚姻、子女、赡养老人）越重，可用于投资的富余资金就越少，投资者就越偏向于稳健的投资产品。

个人投资者可根据自身情况，选择合适的基金产品。比如，对于刚从学校毕业不久且单身的个人投资者而言，面临买房、买车的压力，同时工资收入有望随时间的推移有所增长，风险承受能力较强，因此可以考虑高风险、高收益的基金产品。对于已成家并生育的年轻人而言，不但需要考虑资产的保值、增值，还需要考虑一系列家庭支出，因此可考虑中高风险、中高收益的基金产品。对于已成家并有后代的中年人而言，虽然收入比较稳定，但家庭负担较重，同时还需为自身退休后的养老作准备，其风险承受能力逐渐变弱，因此可选择中低风险、中低收益的基金产品。对于老年人而言，面临退休和收入的降低，不宜过度配置股票型基金等风险较高的产品，应该注重资产的稳健、安全、保值。

（二）机构投资者

机构投资者（Institutional Investors）是指用自有资金或者从分散的公众手中筹集的资金专门进行有价证券投资活动的法人机构，如共同基金、养老基金、保险公司、银行、公益基金等。

机构投资者的特点如下：

首先，资金实力雄厚，风险承受能力较强。

其次，管理专业化。无论是自有资金还是募集到的资金，机构投资者管理的资金规模都是相当大的。大部分机构投资者都有自己的调研部门，并将信息收集、投资决策、产品调研、投资理财等区别开来，交给专属部门负责。

再次，结构组合化。大规模资金入市承担的风险也会很大，为最大限度地降低风险，机构投资者通常会在投资过程中对多种产品进行合理的结构化的组合。

最后，行为规范化。机构投资者对价格的影响巨大，政府对它们的监管十分严格，而且从多个层面出发。机构投资者还有完善的内部自律制度，以保障自身信誉和客户利益不受损害。

不同类型的机构投资者有不同的投资需求和投资限制。一些机构投资者会聘请专业投资人员对投资进行内部管理，另一些机构投资者则会将资金委托投资于一个或多个外部资产管理公司。到底采取哪种方式主要取决于机构的资产规模和是否拥有专业的投资管理团队。拥有大规模资产的机构通常有能力为内部管理提供人力、物力、财力支持，且规模越大内部管理的成本相对越低。当然，有些机构会选择混合模式，即将一部分超出自身管理能力的资产交由外部管理。在这种情况下，如何选择投资管理机构、设置哪位投资经理是非常重要的。通常，机构会根据内部专业的意见或寻求外部顾问的意见作最终决定。

在我国，机构投资者通常包括商业银行、公募基金公司、私募基金公司、保险公司、财务公司、证券公司等。

传统商业银行的主要业务是吸收存款、发放贷款。此外，销售、管理理财产品也是银行的重要业务。通过销售理财产品募集到的资金，银行可以独立进行管理，也可委托基金公司等金融机构进行管理。商业银行的风险容忍度和相应产品的投资目标和约束有关。

公募基金公司通过发行不同类型的公募基金产品，将社会上闲散的资金集中起来进行投资管理。基金公司管理的每一项基金产品都有特定的投资目标、范围、策略，体现不同的风险收益特征。例如，某些基金主要以小公司的股票为投资对象，以获得较高的预期收益。

私募基金公司属于一类特殊的机构投资者，其产品面向不超过200人的合格投资者发行。相对于公募基金而言，私募基金受到的法律约束更少，因此其投资渠道、策略更加多元化。

保险公司通过销售保单募集保费。收到的保费需要进行适当的投资，以其收益支付未来可能发生的理赔款。一般来说，保险公司对待风险的态度比较谨慎。保险公司有财险公司和寿险公司两类。前者是指以物质财产及相关利益和损害赔偿责任作为保险标的的保险公司。该类保险的发生时间和赔偿额度具有很大的不确定性，因此财险公司一般会将保费投资于低风险的资产。后者的经营范围包括人寿保险、健康保险、意外伤害保险等各类人身保险业务，其吸纳的保费具有较长的投资期，可以部分投资于风险较高的资产。

一般来说，大型企业设有财务公司，主要负责资金管理和投资。企业在生产经营过程中会产生现金，其中部分现金可能是闲置的，在一定期限内没有使用需求，此时这笔现金就可投资于如银行存款、货币市场基金等流动性较好的短期资产。

获批开展自营业务的证券公司也属于重要的机构投资者。各证券公司自营资金的规模、投资期限安排、流动性要求各不相同。

二、专业投资者和普通投资者

金融产品具有投资专业性强、法律关系复杂的特点。投资者在风险承受能力、风险收益偏好和专业水平等方面也是千差万别，对金融产品的需求也不相同。尽管个人投资者的投资知识和经验不足，但不乏有个人投资者受过相关教育或长期从事金融领域的工作，投资能力较强。而机构投资者中，也存在资产规模小、投资经历短的法人或其他组织，风险承受能力较弱。因此，需要对投资者进行统一规范的分类，使各类资产管理机构可向投资者提供与其风险承受能力相匹配的产品服务。2016年年底，中国证监会颁布《证券期货投资者适当性管理办法》，将投资者分为普通投资者和专业投资者。

普通投资者和专业投资者的划分标准通常体现在业务资质、资产规模、投资经验、金融市场知识等方面。根据证监会的规定，专业投资者包括持牌金融机构，养老基金，社会公益基金，QFII，RQFII，以及金融资产规模、投资经验符合相关规定的机构和自然人。专业投资者之外的属于普通投资者。值得一提的是，机构投资者并非都是专业投资者，个人投资者也不等同于普通投资者。

专业投资者具备专业的投资者知识和经验，有知识和能力自行判断投资品种和期限是否符合投资需求，能够理解金融产品和服务的风险，在财务上也能承担相应的投资风险，因此在面对该类投资者时可适当豁免部分适当性义务。相比之下，普通投资者往往处于信息劣势地位，因此在信息告知、风险警示、适当性匹配等方面享有特别保护。

第三节 投资者需求和投资政策说明书

一、投资者需求

投资者（个人投资者和机构投资者）的投资需求受多种因素的影响，因此各自的投资需求不尽相同。投资者需求主要由投资目标和投资限制构成。前者取决于风险容忍度和收益目标，两者相互依赖、缺一不可。后者是投资者所处的环境给投资者的投资选择带来的限制，通常包括投资期限、投资对象、税收政策、法律法规要求以及特殊需求等。这些限制可以是投资者自己设定的，也可能是由法律法规限定的。

投资者自身的情况会随时间而变化，因此有必要定期或根据投资者情况的变化对投资者需求作重新评估。

（一）投资目标

投资者的投资目标是指投资者期望达到的目标，主要包括风险和收益。投资目标是由投资者的风险容忍度和对收益的要求共同决定的，二者相互依存、相互制约。一般不存在既有相对高的预期收益率，又承担相对低的风险的投资产品。投资目标决定投资方式。风险厌恶型投资者通常会选择风险小、收益相当、交割方式简便的投资方式。风险偏好型投资者会选择收益高但风险也高的投资方式。而风险中性投资者只是单纯地对闲余资金进行资金管理，可能会对风险收益相当的投资标的产生兴趣。

投资目标相应地可分为风险目标和收益目标。前者反映了投资者的风险容忍度，后者则反映了投资者对收益的要求。风险目标对收益目标具有约束作用。

1. 风险目标

投资者的风险目标即风险容忍度，由风险承受能力和风险承担意愿决定。通常情况下，高于平均水平的风险承受能力和风险承担意愿意味着高于平均水平的风险容忍度。相反，低于平均水平的风险承受能力和风险承担意愿意味着低于平均水平的风险容忍度。

风险承受能力由投资者自身的投资期限、收入支出状况和资产负债状况等客观因素决定。其他条件相同的情况下，投资期限较短的投资者比投资期限较长的投资者风险承受能力更高：投资期限越短，投资者就越难在投资出现损失时通过调整组合来弥补，因此投资者承担的风险就越高。同样，如果收入远大于支出，或者投资者的资产远大于负债，那么投资者因风险而导致的损失通常可以由资产或收入来弥补，该投资者就具有较高的风险承受能力。

是否愿意承担风险取决于投资者的风险厌恶程度，这与投资者的心理及当时所处的境况有密切关联。目前，针对投资者风险承担意愿的决定因素，学术界还存在争议，但普遍的观点是性格、自信、独立思维能力等因素对风险承担意愿有重要影响。通常认为风险承担意愿对个人投资者的影响更为重要，有些个人投资者偏好于较低的风险，而另一些偏好于较高的风险。对于机构投资者而言，它们有一套对投资风险加以限制的风险管理原则，以确保投资者不会因投资损失而产生违约或破产等严重后果，甚至有些金融机构在承担风险时还会受到监管约束，如保险公司。

投资者承担风险的能力和意愿可以通过与其进行风险讨论或邀请其填写问卷等方式来衡量。例如，投资者在首次认购基金公司产品时必须进行风险承受能力测评，只有通过测评的投资者才可进行交易。基金管理人或基金公司应根据投资者的测评结果帮助投资者确定合理的风险容忍度，兼顾投资者的风险承受能力与风险承担意愿。

2. 收益目标

收益目标是投资者预期可以达到的投资收益，通常用预期收益率表示。收益目标既可以是绝对收益，也可以是相对收益。投资者的收益目标需与其风险容忍度相匹配。投资者大都希望获得较高的收益但承担较低的风险，通常情况下这是不可能的。当投资者提出不切实际的收益要求时，基金管理人或基金销售机构应当为其提供顾问服务，让投资者了解自身的风险容忍度和在当前的市场环境下能够实现的收益目标。

收益率有名义收益率和实际收益率之分。实际收益率指名义收益率剔除物价上涨因素后的收益率，它通常等于名义收益率减去通货膨胀率。对于投资者尤其是长期投资者而言，应该关注的是实际收益率，因为它能反映资产实际购买力的增长率。当名义收益率等于通货膨胀率时，实际收益率等于零，意味着资产的实际购买能力没有任何增长。

有些投资者的投资资产规模较大，且愿意进行高风险、高收益的投资，此时其收益要求与其风险容忍度相匹配，可以投资高风险的基金产品。有些投资者虽然资产规模较大，但风险承担意愿较弱，也不追求高收益，其收益要求与其风险容忍度也是契合的。有的投资者自身风险承受能力较差，但为了追求高收益，愿意承担高风险，此时必须对该类投资者进行充分的风险揭示。

（二）投资限制

投资限制包括流动性要求、投资期限、税收政策、法律法规要求以及特殊需求等。

1. 流动性要求

流动性是指资产转换为货币而不致遭受损失的能力。如果资产能够在短期时间内以合理价格迅速变现，且不需要支付较高的交易成本，则该资产的流动性较强，如短期国债。相反，如果资产不能在短期内变现，或者需要支付较高的交易成本，则该资产的流动性较差。

投资者需要随时应付各类开支，因而产生了流动性要求。流动性要求可以通过持有现金或现金等价物或通过把其他资产变现为现金或现金等价物来满足。个人投资者在需要支付资金时，如购买汽车、耐用消费品、为孩子支付教育费用，或由于各种非预期因素，如因车祸、突发疾病需要治疗等，或为了获得收益，将自己手中持有的资产变现。而机构投资者的变现需求常常来源于偿还负债，如社保基金，当其需要支付保险金时可能需要将投资组合变现以完成偿付。

流动性要求会影响投资机会的选择。流动性与投资期限间呈负相关关系：投资期限越短，投资者对流动性的要求越高；相反，投资期限越长，投资者对流动性的要求越低。此外，流动性与收益率间往往存在反向关系。在其他条件相同的情况下，流动性越差的资产往往具有越高的预期收益率。如果投资者没有预期的变现需求，可考虑适当降低流动性要求，提高资产的预期收益率。但如果投资者持有的闲置资金可能随时面临变现以应付日常所需，那么货币市场基金和流动性较强的银行存款是较为合适的投资对象。

事实上，投资者（包括个人投资者及机构投资者）需要考虑资产在短时间变现的可能性，为非预期的变现需求作出预防性安排。因此，有必要在投资组合中配置一定比例的流动性较强的资产。

2. 投资期限

投资期限是指从开始投资到预先确定的投资回收日为止的期限。一些投资者，如个人投资者，可能希望在短期内获利，以满足短期开支的需求。这使投资者的投资款项中有一部分只能作短期的投资。而一些投资者则可能在多年内都没有变现投资资产的需求，如养老保险资金的投资期限通常在10年以上。

投资期限会影响投资者的风险容忍度以及对流动性的要求。通常情况下，投资期限越长，投资者能够承担的风险就越大。因为投资期限长的投资者有足够的时间来适应新的投资情况，调整投资方向和投资对象以降低损失的概率。历史经验表明，从长期的角度而言，市场行情总体向好的概率要大于其走低的概率。因此，投资期限长的投资者可能获得较好的业绩，毕竟在短期遭受损失的情况下，他们拥有更多的时间等待市场恢复。

投资者需要通过对投资环境的分析和对证券价格变动趋势的预测，选择最有利于实现投资目标的投资期限。根据投资期限的长短，可将投资分为长期投资、中期投资、短期投资3种方式。长期投资是指投资者买进证券后长期持有。持有期限在1年以上的投资为长期投资，有的长期投资长达数十年，甚至终身。中期投资是指投资者持有证券的期限在7个月以上、1年以下的投资。短期投资是指投资者依据证券价格涨跌及其变动幅度，短期内大量买进卖出，利用价差，不停地将证券换手，谋取价差收益。因此短期投资风险大，见效快。

3. 税收政策

税收政策是政府为了实现一定时期的社会或经济目标，运用一定的税收政策手段，影响市场经济主体的物质利益，从而在一定程度上干预市场机制运行的一种经济活动。税收政策是影响投资决策的重要因素。投资者的投资收益需要纳税。因此，对于高收率的投资者而言，避税和税收递延将对其投资决策起重要作用。另外，相比没有税收优惠的投资产品，免税或具有优惠税率的投资产品对投资者具有更大的吸引力。

4. 法律法规要求

法律法规要求是政府和监管机构颁布的限制投资者投资决策的外部因素。例如，一些国家限制在退休账户中持有某些资产或资产类别。又如，在许多国家，保险公司的投资组合中的投资品种和持仓比例也必须符合当地法律法规的限制。

5. 特殊需求

投资者的特殊需求同样也会影响他们对投资组合的选择。对于个人投资者而言，其在生命周期的不同阶段会面临住房、生育、孩子教育、退休养老等方面的需求，因此其投资策略基本上取决于上述支出的紧急程度。对于机构投资者而言，同样面临特殊需求。例如，大学的捐赠基金可能会被要求不能进行有悖于社会责任的投资。

此外，有些投资者的投资范围会受到社会、信仰等各种因素的影响。例如，穆斯林不能投资传统意义上的债券，因为这违反了伊斯兰教法。又如，一些医疗基金可能会避免涉及烟草公司股票的投资，因为鼓励吸烟有悖于其倡导健康的宗旨。

二、投资政策说明书的制定

如前所述，投资政策说明书属于投资决策的指导性文件。在基金管理人了解了投资者的需求、确认并量化了投资者的投资目标和投资约束后，就需要制定投资政策说明书作为决策依据。

投资政策说明书的具体作用如下：首先，投资者往往对自身的投资目标没有清晰的概念，甚至可能不切实际。投资政策说明书能够帮助投资者执行切合实际的投资目标。其次，非纸质、非正式的信息传递效率不高且不能作为证据呈现。投资政策说明书有助于帮助投资者将其需求真实、准确、完整地传递给基金管理人，令基金管理人更有效地执行满足投资者需求的投资策略，避免双方因误解产生争执。最后，投资政策说明书有助于合理评估基金管理人的投资业绩。

投资者个体间存在很大差异，在收益要求、风险承受度、投资期限、流动性要求、税收限制等方面可能大相径庭。这些差异导致了多样化的投资需求。基金管理人应根据投资者的投资目标、投资限制、个体偏好等为其量身定做投资政策说明书。

一般来说，投资政策说明书没有专门标准格式，但大多数都包含了以下内容：①介绍。这一部分侧重对客户基本情况的描述。②目的陈述。这一部分专注陈述撰写投资政策说明书的目的。③责任和义务的陈述。这一部分详细说明客户、客户资产的托管人及投资管理人的责任和义务。④流程。这一部分详细介绍根据投资政策说明书进行投资的每一个步骤，以及各种突发和偶然情况的应对措施。⑤投资目标。这一部分陈述客户的投资目标。⑥投资限制。这一部分陈述限制客户的投资限制因素。⑦资产配置。这一部分包括制定战略资产配置的考虑因素和结果。这是进行资产配置的基准，也是对投资组合中资产权重进行再平稳的指导原则。⑧投资指导方针。这一部分是有关投资政策执行的具体细节。例如，可投资资产类别范围、债券评级和久期限制等。⑨业绩考核指标与业绩比较基准。这一部分用于业绩评估。⑩评估与回顾。这一部分说明如何进行投资绩效信息的反馈以及如何对投资政策说明书本身进行重新审查与更新。

除上述基本内容外，还有些机构会将投资决策流程、投资策略等纳入投资政策说明书。

值得一提的是，投资者的需求是动态的，会随时间改变，因此投资政策说明书在制定后也不能一成不变，需要定期或不定期地进行重新评估、审核、更新，确保能够真实地反映投资者的需求。

第四节 证券投资基金公司的投资管理机制

一、证券投资基金公司的组织架构

投资管理是基金管理公司的核心业务。投资管理是基金管理公司赖以生存的基础，公司的投资管理能力直接影响到基金份额持有者的投资收益，也影响到投资者对基金的青睐程度进而影响基金公司的收益。一般来说，投资者会根据基金管理公司以往的业绩来选择基金管理人。如果基金管理公司的投资收益明显高于其他竞争对手，则其将吸引更多的投资者加入，公司管理的资产规模也会增大，与此相匹配的资产管理费用也会增多。不同基金管理公司的投资管理部门设置有所不同，但基本包括以下部分。

（一）投资决策委员会

投资决策委员会是基金管理公司管理基金投资的最高决策机构，由各个基金公司自行设立，是非常设的议事机构。投资决策委员会一般由基金管理公司的总经理、分管投资的副总经理、投资总监、研究部经理、投资部经理及其他相关人员组成。其职能是：制定公司的基金投资决策；制定基金投资程序及权限设置；决定基金的投资理念、投资原则和投资目标；决定基金投资策略和投资比例，制定、定期检讨并调整基金投资总体方案；根据投资总体方案设定、定期检讨并调整基金投资限制性指标；对委员会成员提出的重要事项进行讨论并形成决议；对基金经理提出的重要事项进行讨论并形成决议；对基金经理作出投资授权；对超出基金经理投资权限的项目作出决定；审批基金经理的年度投资计划及考核其执行情况。

（二）研究部

研究部是基金投资运作的基础部门，主要负责为决策部门提供研究报告及投资建议。通过对宏观经济形势、行业状况、上市公司财务状况等因素进行深入研究，提出行业资产配置意见，同时选择具有投资价值的证券推荐给基金投资决策部门以供选择。

一般来说，研究部首先分析行业特征，对各行业的发展现状和前景作出判断，选择具有潜力的行业作为投资对象。其次从这些行业中挑选一定数量的上市公司进行跟踪，通过对公司管理能力、增长潜力等的分析，选出一定数量的公司进行重点研究。最后进行全面系统的解析，选出最具投资潜力的公司及其发行的证券。

（三）投资部

投资部负责根据投资决策委员会制订的投资计划制定投资组合的具体执行方案，向交易部下达交易指令。在实际操作中，基金经理负责投资决策，确保基金的保值和增值。一般来说，每只基金由一位经理或一组经理负责，（联合）决定基金的投资策略，形成具体的交易指令，如证券买卖的类型、数量、时间等。

（四）交易部

交易部是基金投资运作的具体执行部门，负责投资组合交易指令的审核、执行与反馈。通常情况下，基金公司都设有交易室，通过电子交易系统完成交易并记录每日投资交易情况，在交易过程中严格执行相关规定，并利用技术手段避免违规行为的出现。基金采取集中交易制度，也就是基金的投资决策与交易执行职能分属于基金经理和基金交易部门，目的是提高交易效率和有效控制交易执行的风险。基金交易部门属于基金公司的核心保密区，严格执行保密要求。

在实际操作中，交易部的交易员扮演着非常重要的角色。一方面着力于以有利的价格进行买卖交易，另一方面随时向基金经理反馈市场信息。基金公司会对交易员实行定期评估和考核，内容包括投资指令的完成情况、质量及合规情况。

二、投资交易流程

基金公司投资交易流程主要包括形成投资策略、构建投资组合、执行交易指令、绩效评估与组合调整、风险管理等环节。

（一）形成投资策略

投资策略的制定包括以下步骤：

第一，研究部提供研究报告。研究部对宏观经济形势、行业状况、上市公司财务状况进行综合分析、判断，形成研究报告上呈给投资决策委员会。

第二，投资决策委员会参考研究部提供的研究报告，根据现行法律法规和基金合同的有关规定，形成基金投资的投资范围、目标等总体投资策略。

第三，投资部制定投资组合的具体方案。投资部根据投资决策委员会提供的总体投资策略和研究部提供的研究报告，构建投资组合方案，并对方案进行预期效果分析。

（二）构建投资组合

基金经理根据研究部门及投资决策委员会提供的研究报告和总体投资策略，结合对市场状况、投资时机等的分析，拟订所管基金的具体投资计划，包括资产配置、行业配置、个券选择方案。

（三）执行交易指令

交易指令的执行具体如下：

首先，在自主权限内，基金经理通过交易系统向交易室下达交易指令。

其次，交易总监审核交易指令的合法合规性。如发现异常指令，交易系统将自动拦截，并交由交易总监，交易总监将反馈信息交给基金经理。基金经理有权终止指令，上报上级主管部门，并通知合规风险控制部门。

最后，交易员在接收到指令后，有权根据自身对市场的判断选择合适的时机完成交易。

交易指令从基金公司发出，到达经纪商，经纪商确认交易指令并执行，然后进行交易清算交割，最终完成交易。

（四）绩效评估与组合调整

基金公司内部会定期或不定期地对基金进行绩效评估，并出具相关报告。绩效评估主要针对基金超额收益的来源、投资风格、投资行为特征等。依据绩效评估的结果，基金经理可对投资策略和投资组合进行适当调整，公司管理层也可对基金经理进行业绩考核。

（五）风险管理

基金管理公司通常会设立风险管理委员会及风控和监察部门，根据法律法规建立一套完整的合规风险控制体系管理制度，并在基金合同和招募说明中明确说明，以保障投资者的利益。上述风险管理部门主要负责对投资组合交易进行事前审批、事中监控、事后报告等工作。

需要特别强调的是，风险管理并非投资流程中的最后一环，而是贯穿于投资组合从构建到日常运作的全过程。风险管理也并非风控和合规部门的职责，而是涉及公司的各个部门。

本章小结

基金投资组合管理的目标是使投资者在获得一定收益水平的同时承担最低的风险或者在承担一定风险的同时最大化收益水平。CFA协会将投资管理视为一定动态的反馈循环过程。

投资组合管理通常包含3个步骤：规划、执行和反馈。规划主要强调确定投资所需的各种输入信息，如客户资料、资本市场的数据等。执行是指资产配置和证券选择等方面的投资决策和实施过程。反馈是对投资预期、目标和组合等方面变化的适应过程。

证券投资管理应遵循合法合规性原则、诚实守信原则、风险与效益匹配原则、投资分散化原则。

基金管理公司作为受托方为不同的投资者提供种类繁多的投资产品，

因此需要充分了解投资者的需求和偏好以便提供最佳服务。根据投资主体的差异性，可将投资者分为个人投资者和机构投资者。根据风险承受能力、资产状况、投资知识及经验的不同，可将投资者分为专业投资者和普通投资者。

投资者需求主要由投资目标和投资限制构成。前者取决于风险容忍度和对收益的要求。后者是投资者所处的环境给投资者的投资选择带来的限制，通常包括投资期限、投资对象、税收政策、法律法规要求及特殊需求等。

投资管理是基金管理公司的核心业务。不同基金管理公司的投资管理部门设置有所不同，但基本包括投资决策委员会、研究部、投资部、交易部。

基金公司投资交易流程主要包括形成投资策略、构建投资组合、执行交易指令、绩效评估与组合调整、风险管理等环节。

思考题

1. 个人投资者、机构投资者、普通投资者、专业投资者间的区别表现在哪些方面?

2. 投资目标和投资限制受哪些因素的影响?

3. 投资政策说明书包括哪些内容？如何针对不同投资者制定投资政策说明书?

4. 基金管理公司有哪些投资管理部门？各部门的职责是什么?

扫码获取
本章课件

第四章　证券投资基金权益投资

学习目标

- 掌握权益类证券的各种类型
- 了解权益类证券投资的风险和收益特点
- 掌握股票投资价值的分析方法

第一节 权益类证券

一、权益类证券的种类

权益类证券的种类很多，常见的有股票、存托凭证、可转换债券与权证。

（一）股票

1. 股票的概念及特点

股票是股份有限公司为筹集资金发行给股东作为持股凭证并借以取得股息和红利的有价证券。同一类别的每份股票代表的公司所有权是相等的。每位股东拥有的公司的所有权份额取决于其持有的股票数量占公司总股本的比重。

与债券等其他金融工具相比，股票具有以下特点：

第一，永久性。永久性是指股票赋予持有者的所有权的有效性是恒久不变的。股票是一种无期限的法律凭证。当然，投资者在购买股票后无意继续持有时，可在市场上转让所有权。而对于股份公司而言，由于股东不能退股，因此通过发行股票筹集的资金在公司的存续期间是一笔稳定的自有资本。

第二，收益性。收益性是指股票可为持有者带来收益的特性。投资者购买并持有股票的最终目的是获取收益。股票的收益可分为两类：一类是股息和红利。前者是股票持有者定期按一定比例从公司分得的盈利，后者则是公司支付给股东的超过股息部分的利润，是在公司除去股息和一切费用开销后尚有盈余时分给股东的利润。红利没有固定比例。股息和红利的多少皆取决于公司的经营能力和盈利水平。另一类是资本利得。股票持有者可将购买的股票在市场上进行交易。当市场价格高于购买价格时，超出的部分就是价差收益，即资本利得。

第三，风险性。风险性是指股票可能产生经济损失的特性。股票可为投资者带来预期收益，但这种收益是不确定的。首先，股东能否获得股息和红利收益完全取决于公司的盈利状况。利大多分，利小少分甚至不分。公司亏损时，股东也需承担有限责任。其次，资本利得的多少取决于宏观经济状况、公司的经营和盈利状况、政治局势等多种因素。股价下跌，股票持有者就会遭受损失。

第四，流动性。流动性是指股票可以依法进行交易的特性。股票持有者虽不能退股，但可在市场上很方便地卖出股票变现，同时将股票代表的股东身份及其他权益一并转让。

第五，参与性。参与性是指股票持有者参与公司重大决策的特性。股票持有者作为公司股东，有权参加股东大会，行使表决权，或通过选举、委派董事、监事或高管人员的方式行使权力。当然，股东权力的大小取决于其持有股票份额的多少，只有当股东所持股票数达到决策所需的有效数时，才能对公司的经营决策起决定性影响。

2. 股票的类型

股票包含的权益不同，股票的类型也就不同。通常情况下，股票可分为普通股股票和优先股股票。

普通股，即公司发行的无特别权利的股票，是最主要的权益类证券。目前在上海证券交易所和深圳证券交易所交易的股票都是普通股。而优先股是相对于普通股而言的，是股份公司发行的在分配红利及剩余财产时比普通股具有优先权的股份。在我国，优先股主要针对特殊的投资者群体，采取非公开发行的方式。二者的主要区别如下：

第一，公司经营管理的权利不同。普通股股东可参与公司的经营管理，享有获得资产收益、参与决策和选择管理人等权利。而优先股股东一般不参与公司日常经营管理，只有在某些特殊情况下，如公司发行新的优先股时，优先股股东才有权进行投票。

第二，利润和剩余财产分配顺序不同。相对于普通股股东，优先股股东在公司盈利和剩余财产的分配顺序上享有优先权。

第三，风险收益不同。普通股股东的股息和红利并不固定，取决于公司当年的盈利状况和分配政策，而优先股的股息收益一般是固定的。固定的股息收益降低了优先股的风险。但当公司盈利较多时，相比普通股而言，优先股获利更少。

第四，收益来源不同。普通股除股息和红利外，资本利得也是很重要的收益来源。而优先股二级市场股价波动相对较小，依靠买卖差价获利的空间也较小。

3. 股票的价值与价格

股票的价值有多种提法，在不同的场合有不同的含义，具体如下：

第一，股票的票面价值（Face Value）。股票的票面价值又称面值，指股票票面所载金额。通常情况下，票面价值主要取决于公司的筹资总额、公司发行股票的数量、原公司股票的票面价值等因素。股票的票面价值在股票初次发行时有一定意义：以面值发行的称为平价发行，此时公司所筹资金等于股本总和。发行价高于面值的称为溢价发行，此时所筹资金大于股本总和，其中等于面值的部分计入股本，剩余部分记入资本公积。在我国，股票不能采取折价发行的方式。随着时间的推移，股票的票面价值与每股净值逐渐背离，股票的票面价值逐渐失去作为投资判断依据的价值。

第二，股票的账面价值（Book Value）。股票的账面价值即每股净资产，是每股股票代表的实际资产的价值。假设不存在优先股，每股净资产可由公司净资产除以发行在外的普通股股数计算而得。股票账面价值主要取决于资产总额、负债总额等多种因素。账面价值是股票投资价值分析的重要指标，市价高于/低于账面价值时说明企业资产的质量好/坏，有/无发展潜力。

第三，股票的清算价值（Liquidation Value）。股票的清算价值是公司清算时每股实际代表的价值，主要取决于股票的账面价值、资产出售损益、清算费用等因素。理论上，股票的清算价值应与账面价值一致。但事实并非如此。公司在实际清算时，出于变卖需要，其资产往往只能压低价格，再加上各类清算费用，使公司股票的清算价值低于账面价值。

第四，股票的内在价值（Intrinsic Value）。股票的内在价值即理论价格，是以一定利率计算出来的未来收入（股息红利）的现值。股票的内在价值决定市场价格。如何正确判断股票的内在价值属于投资界的难题。由于未来收益及市场利率的不确定性，各类估价模型只能计算得出内在价值的估计值，而非精准值。

股票的价格主要分为理论价格和市场价格两种。股票的理论价格即上文提及的内在价值，而股票的市场价格一般指二级市场上的买卖价格，由理论价格决定，但同时受多种因素影响。其中，供求关系是影响股票市场价格的最直接因素，其他因素如宏观经济、政局变化都是通过供求关系影响股价的。

（二）存托凭证

存托凭证（Depository Receipt，DR）是指一国证券市场流通的代表外国公司有价证券的可转让凭证。存托凭证一般代表公司的股票，有时也代表债券。存托凭证之所以能够流行，除资本市场国际化的因素外，还因为其对发行人和投资者而言均具有一定的吸引力：对发行人来说，发行存托凭证可以扩大市场容量，增强筹资能力。此外，通过发行存托凭证筹资也可避免直接发行证券的法律要求，上市手续简单，发行成本低。对于投资者来说，购买存托凭证可以避免跨国投资的风险（如汇率风险），同时也可规避投资政策的限制（如不能投资非本国上市证券）。

以股票为例说明存托凭证的形成过程：某国公司为使其股票在外国流通，委托某中间机构（通常为银行，称为保管银行或受托银行）进行保管，由保管银行通知外国的存托银行在当地发行代表该股票的存托凭证，之后存托凭证便可以在外国证券交易所或柜台市场交易。每张存托凭证通常代表多只股票。例如，某公司欲发行100万股股票在外国市场上流通，委托存托银行发行2万张存托凭证，每张存托凭证代表50股股票。

按照发行或交易地点的不同，存托凭证可分为美国存托凭证（American Depository Receipts，ADRs）、欧洲存托凭证（European Depository Receipts，EDRs）、全球存托凭证（Global Depository Receipts，GDRs）等。其中最主要的存托凭证是美国存托凭证，即以美元计价且在美国证券市场上交易的存托凭证。

按照基础证券发行人是否参与存托凭证的发行，ADRs可分为有担保ADRs和无担保ADRs。前者是由发行公司委托存券银行[①]发行的，发行公司、存券银行和托管银行[②]三方就存托凭证持有者的权利、存托凭证的发行规模、转让、红利支付、协议三方的权利义务等签署存券协议。后者是指存券银行不通过基础证券发行公司，直接根据市场需求和基础证券数量自行向投资者发行的存托凭证。目前无担保ADRs很少在市场上应用。

有担保ADRs主要可分为以下四类：一级公募ADRs（Level Ⅰ）、二级公募ADRs（Level Ⅱ）、三级公募ADRs（Level Ⅲ）、私募ADRs（见表4-1）。总体而言，存托凭证的级别越高，对发行公司的要求就越高。如果一国公司想在美国证券市场融资就必须发行三级公募ADRs。一般来说，我国公司倾向于采用二级公募ADRs在美国证券交易所上市交易。例如，2004年以后中国网络科技类公司就是以上述方式进入纳斯达克交易所（NASDAQ）的。

表4-1　有担保ADRs类型

指标	一级公募ADRs	二级公募ADRs	三级公募ADRs	私募ADRs
美国证券交易委员会登记要求	有	有	有	有
美国会计准则	无须遵从	部分遵从	完全遵从	无须遵从

① 存券银行为ADRs的发行人和市场中介，主要负责ADRs的注册、过户及为ADRs的持有者和基础证券发行人提供信息和咨询服务。

② 托管银行是由存券银行在基础证券发行国安排的银行，一般是存券银行在当地的分行或代理行。

续表

指标	一级公募ADRs	二级公募ADRs	三级公募ADRs	私募ADRs
交易地点	柜台交易市场	证券交易所及柜台交易市场	证券交易所及柜台交易	私下
在美募集资金能力	没有	没有	有	有
公司上市费用	低	高	高	低

资料来源：中国证券投资基金业协会（2017）[227]。

（三）可转换债券

1. 可转换债券的概念及特点

可转换债券（Convertible Bond）是指发行人依法发行，持有者在一定时间内可依据约定的条件转换成一定数量的普通股股票的公司债券。由此可见，可转换债券是一种混合债券，既有普通债券的特征，又包含了权益类证券的特征。另外，可转换债券也可被看作一种长期的普通股股票的看涨期权。

可转换债券的特征可归纳如下：首先，可转换债券是含有转股权的特殊债券。转股前，它属于公司债券，有利率与期限的要求，体现了公司与持有者间的债权和债务关系。转股后，它变为股票，原债券持有者转为公司股东，体现了所有权关系。其次，可转换债券具有双重选择权。对于发行人来说，可转换债券赋予其提前赎回的权利。而对于投资者来说，可转换债券赋予其转股权，投资者可根据具体情况选择是否转股。

2. 可转换债券的基本要素

可转换债券的基本要素由基本条款要素和附加条款要素组成。前者包括标的股票、票面利率、转换期限、转换价格（转换修正价格）、转换比例。后者包括赎回条款、回售条款、强制性转股条款。

（1）标的股票

标的股票是指发行公司自己发行的普通股股票。

（2）票面利率

可转换债券的票面利率一般是指其作为债券的票面年利率，由当时市场利率水平、公司债券资信等级等共同决定。由于可转换债券有转股权，因此相对于普通债券而言其票面利率较低。

（3）转换期限

转换期限是指可转换公司债券转换为股票的起始日至结束日的期间。我国《上市公司证券发行管理办法》规定，可转换债券的期限最短为1年，最长为6年，在发行结束日起6个月才可转换为公司股票。在转换期内，投资者可视股价的变动情况，逢高价时转换成股票或出售债券。

（4）转换价格（转换修正价格）

转换价格是指公司债券转换为公司每股股份时支付的价格，反映了公司股东与债权人双方利益的均衡。用公式表示为

$$转换价格=\frac{可转换债券面值}{转换比例} \tag{4-1}$$

一般而言，决定转换价格的因素包括：①公司股价。股票的市场价格与转换价格成正比，股价越高/低，转换价格也越高/低。通常情况下，以发行前一段时期公司股价的均价为基础，上浮5%～30%作为转换价格。②债券期限。债券期限与转换价格成正比，期限越长/短，转换价格也越高/低。③票面利率。票面利率与转换价格成正比，票面利率越高/低，转换价格也越高/低。

公司发行可转换债券后，送股、配股、增发股票等会导致股份数增加而引起股票名义价格下降，转股价格应作相应调整。

$$转换修正价格=修正前转换价格\times\frac{已发行股数+\dfrac{新发行股数\times每股认购价}{股票市价}}{已发行股数+新发行股数} \tag{4-2}$$

（5）转换比例

转换比例是指每张债券能够转换成的普通股股数，用公式表示为

$$转换比例=\frac{可转换债券面值}{转换价格} \tag{4-3}$$

（6）赎回条款

赎回条款是指发行人有权在约定条件被触发时按照事先约定的价格赎

回所发行的可转换债券的规定。赎回行为通常发生在公司股票价格持续一段时间高出转换价格某一幅度（国际标准为100%～150%，持续30个交易日）。赎回价格一般高于面值，通常为面值的103%～106%，越接近到期日，赎回价格越低。设计赎回条款的目的主要包括：避免市场利率下调给发行人带来损失和加速转股过程，避免转换受阻的风险。当市场利率下降时，对于发行人来说，赎回已有的可转换债券比发行新的债券更划算。另外，发行人设计赎回条款可促使可转换债券持有者转股，以减轻到期兑付债券本息的压力。包含赎回条款的可转换债券对发行人有利，因此票面利率更高。

（7）回售条款

回售条款是指可转换债券持有者有权在约定条件被触发时按照事先约定的价格将债券卖回给发行企业的规定。设计回售条款的目的是使可转换债券发行顺利和筹资成功。包含回售条款的可转换债券对投资者更具吸引力，因此票面利率更低。

回售条款主要包括以下三个因素：回售价格、回售时间、回售选择权。回售价格一般以面值加上一定的回售利率为基础。通常回售利率是事先约定的，比市场利率低，但高于可转换债券的票面利率。回售时间通常也是事先约定的，一般在可转换债券整个期限的1/2～2/3时间。而对于回售选择权，发行人承诺在回售期内，若正股市价达不到预期价格导致转换无法实现，投资者可按约定利率将可转换债券回售给发行人，发行人必须无条件接受。

（8）强制性转股条款

强制性转股条款是指发行人约定在一定条件下投资者务必将持有的可转换债券转换为公司股票的条款，一般有三种类型：①到期无条件强制性转股。转换期内未行使转换权的可转换债券，在到期日时将自动强制性转换为股票。②转换期内有条件强制性转股。发行人发行的股票在转换期内的某段时间价格连续高于转股价格一定幅度后，发行人有权选择将未转换的债券以事先约定的价格强制性地全部或部分转换成公司股票。③转换期内有条件强制性转股及到期强制性转股。发行人在转换期内按约定将投资者的可转换债券转换为普通股股票，并于到期日将未转换的债券强制性转换为公司股票。

3. 可转换债券的价值

可转换债券的价值包括纯粹债券价值和转换权利价值（转换价值），可用公式表示为

$$\text{可转换债券价值}=\text{纯粹债券价值}+\text{转换权利价值} \tag{4-4}$$

其中，纯粹债券价值的定价方法与第五章介绍的普通债券一样。转换权利价值是指立即转换成股票的债券价值，与普通股股价相关。股价上升/下跌，转换权利价值也随之上升/下跌。

可转换债券价值、纯粹债券价值、转换权利价值三者间的关系如下：当股价低迷时，可转换债券不能转换成股票，其价值相当于普通债券价值，主要体现了固定收益类证券的属性；而当股价高涨时，可转换债券的价值主要由其转换权利价值决定，主要体现了权益证券的属性。

4. 转换债券的转股时机

通常情况下可通过转股溢价率指标来判断是否能够将可转换债券转换成普通股股票。该指标实际上为可转换债券的价值相对于转换权利价值的溢价程度，可用计算公式表示为

$$\text{转股溢价率}=\frac{\text{可转换债券价值}-\text{转换权利价值}}{\text{转换权利价值}}\times 100\% \tag{4-5}$$

该指标负值越大，折股成本与股票市价差越大，转股收益就越高。相反，该指标正值越大，转股亏损就越高。

【例4-1】2017年11月14日北大荒转债收盘价是121.96元，其正股北大荒收盘价为12.38元，初始转股价是14.32元，最新转股价为10.08元，试问此时转股是否合适？转股后收益有多大？

【解析】根据已知条件，此时的转换权利价值 $=\frac{100}{10.08}\times 12.38=$

122.82（元）。

$$转股溢价率=\frac{可转换债券价值-转换权利价值}{转换权利价值}\times 100\%$$
$$=\frac{121.96-122.82}{122.82}\times 100\%=-0.70\%$$

转股溢价率为负值，说明股票市价高于折股成本，转股后会有收益，具体如下：

$$转股收益率=\frac{转换权利价值-可转换债券价值}{可转换债券价值}\times 100\%$$
$$=\frac{122.82-121.96}{121.96}\times 100\%=0.71\%$$

（四）权证

1. 权证的概念及特点

权证（Warrant）是指由标的证券发行人或以外的第三方（如证券公司、投资银行等）发行的，表明持有者在约定时间内以事先约定的价格认购或沽出一定数量的标的证券的有价证券。它是持有者的权利（非义务）证明，当持有者选择行权时，发行人不得拒绝。

2. 权证的种类

权证根据不同的标准可划分为不同的类型，主要如下：

（1）按持有者权利的性质

可分为认购权证和认沽权证。前者类似看涨期权，其持有者在行权时可按约定的价格购买约定数量的标的证券。后者类似看跌期权，其持有者在行权时可按约定价格卖出约定数量的标的证券。二者的区别如表4-2所示。

表 4-2 认购权证与认沽权证的区别

比较对象	认购权证	认沽权证
持有者权利	持有者有权（无义务）在特定期间以预先约定的价格向发行人购买特定数量的标的证券	持有者有权（无义务）在特定期间以预先约定的价格向发行人出售特定数量的标的证券
到期回报	（权证结算价格－行权价）× 行权比例	（行权价－权证结算价格）× 行权比例

（2）按行权时间

可分为美式权证、欧式权证、百慕大权证等。美式权证的持有者可在权证到期日前的任何交易时间行权，欧式权证持有者只可在权证到期日当日行权，百慕大权证持有者可在权证失效日之前规定的时间段行权。

（3）按基础资产的来源

可分为认股权证和备兑权证。前者由股份公司发行，行权时上市公司增发新股售予认股权证持有者。后者则由投资银行发行，行权时持有者认兑的是市场已流通的股票。二者的区别如表4–3所示。

表 4–3　认股权证与备兑权证的区别

比较对象	认股权证	备兑权证
发行人	标的证券发行人	标的证券发行人以外的第三方
标的证券	需要增发新股	已在市场流通的证券
发行目的	为筹资或激励高管人员	为投资者提供避险、套利工具
行权结果	公司股份增加、每股净值被稀释	不造成股本增加或权益稀释

3. 权证的基本要素

权证的基本要素主要包括标的资产、权证种类、存续期、行权价格、行权结算方式和行权比例。

（1）标的资产

标的资产可为股票、债券、外汇等。

（2）权证种类

权证种类即认购权证或认沽权证。

（3）存续期

存续期是指权证存在的期限，超过期限未能行权，权证自动失效。

（4）行权价格

行权价格是指发行权证时约定的，权证持有者行权时向发行人购买或出售标的证券的价格。

（5）行权结算方式

行权结算方式有现金结算方式和证券给付方式。

（6）行权比例

行权比例是指单位权证可购买或出售的标的证券的数量。

现以一实例说明。表4-4为宝钢权证（代码：580000）发行时的基本条款。

表4-4　宝钢权证的基本要素

发行人	宝钢集团
权证类型	欧式认购备兑权证
标的证券	G宝钢（600019.SH）
交易方式	T+0
行权价格	4.50元
行权比例	1
结算方式	实物交割
发行数量	38770万份
交易期限	2005年8月22日至2006年8月30日
到期日	2006年8月30日，存续期为378天
行权期限	到期日

上述条款告诉投资者，由宝钢集团发行的权证是一种股本认购权证，发行总量为38770万份，权证可在378天内买卖，但必须在到期日行权。假设到期时G宝钢的股价为6.50元，高于权证行权价格（4.50元），投资者可以4.50元/股的价格向发行人认购市价6.50元/股的宝钢集团股票，每股净赚2元；假设到期时G宝钢的股价为2.50元，低于权证行权价格（4.50元），投资者可选择不行权。

4. 权证的价值及影响因素

权证票面本无价值，但在市场上却有价格。一般来说，权证的价值可分为两部分：内在价值（Intrinsic Value）和时间价值（Time Value）。其中，内在价值是指权证持有者执行选择权时可获得的收益，是权证的底

价，以认购权证为例，可用公式表示为

$$\text{认购权证的内在价值} = \max\{(\text{普通股市价} - \text{行权价格}) \times \text{行权比例}, 0\} \quad (4\text{–}6)$$

当标的资产的市价低于行权价时，认购权证的持有者不会行权，此时权证的内在价值为0。

时间价值是指权证有效期内的资产价格波动为权证持有者带来收益的可能性所隐含的价值。

作为衍生品，权证的价值主要受以下因素影响：标的证券现价、行权价格、标的证券预期价格、距权证到期日时间、标的证券预计派发股息（见表4–5）。

表 4–5　权证价值的影响因素

影响因素	认购权证价值	认沽权证价值
标的证券价格	正比	反比
行权价格	反比	正比
标的证券预期价格	正比	正比
距权证到期日时间	正比	正比
标的证券预计派发股息	反比	正比

5. 投资权证的优势

投资权证的优势在于：

第一，可以提前确定投资的最大风险，即投资权证的全部成本。例如，有以下三种投资方案：①1000元国债。投资者获取固定收益，但无法享受股价上涨的收益。②1000元股票。投资者有机会获得股价上涨收益，但最大损失可能是投资股票的全部成本。③900元国债和100元认股权证。投资者既可获得固定收益，又可享受股价上涨的收益机会，其最大损失仅限于投资权证的全部成本，即100元。由此可见，利用权证可以锁定风险。

第二，可以利用杠杆性，在证券价格上涨时，获得更多的收益。假设某股票的市场价格为20元/股，认股权证的市场价格是3元/股，权证的行权价为20元/股，此时该认股权证的内在价值为0元/股。如果投资者购买了公司股票，一段时间后股价升至30元/股，那么投资者可获得50%的收益率。但如果投资者购买的是认股权证，成本为3元/股，股价升至30元/股时的收益率可达233.33%。由此可见，权证具有高杠杆的特性。

二、权益类证券投资的风险与收益

（一）权益类证券投资的风险

权益类证券投资会受系统性风险和非系统性风险的影响。

系统性风险即市场风险，是宏观政治、经济等因素的变化引起的整个金融市场的不确定性的增强，其冲击是全面的，如1998年亚洲金融危机、2001年美国“9·11”恐怖袭击事件、2008年次贷危机等。当系统性风险发生时，所有证券都将受到影响，只是受影响的程度因证券类型、性质的不同而不同。

非系统性风险是公司自身原因引起的不确定性的增强，只对个别公司的证券产生影响，属于公司特有的风险，主要包括经营风险、财务风险、流动性风险。经营风险（Business Risk）是指在企业的生产经营过程中，供、产、销各个环节的不确定因素导致企业资金运作不畅，引起企业价值变动的风险。财务风险（Financial Risk）即违约风险（Default Risk），是指企业在付息日或还本日无法支付利息或偿还本金的风险。流动性风险（Liquidity Risk）是指投资者在买入证券后无法按公平市价进行交易的可能性。

（二）权益类证券投资的收益

对于投资者而言，权益类证券风险（系统性风险和非系统性风险）越高，就意味着必须相应有越多的预期报酬作为承担风险的补偿，该补偿称为风险溢价或风险报酬（Risk Premium）。风险资产期望收益率由两部分组成，用公式表示为

$$\text{风险资产期望收益率} = \text{无风险资产收益率} + \text{风险溢价} \tag{4-7}$$

其中，无风险资产收益率或无风险利率（Risk-Free Interest Rate）是

指将资金投资于无任何风险的投资对象能得到的利息率，为投资者进行投资活动提供了必要的基准报酬。风险溢价则为风险厌恶者购买风险资产提供了额外的期望收益率。风险溢价越高的证券，期望收益率也越高。因此，权益类证券的收益率一般高于固定收益类证券。

第二节　股票价值分析法

在权益类证券中，股票属于最常见的证券投资基金的投资金融工具。基金管理人奉行的投资策略的不同，其所采用的股票价值分析法也有较大差异，主要包括积极型投资策略下的股票价值分析法和消极型投资策略下的股票价值分析法。其中，积极型投资策略主张利用可以获得的一切信息和技术，对股票类别和品种的表现进行预测，希望通过主动地调整股票类别、选择股票品种及把握买卖时机，来获取超额收益。而消极型投资策略则主张完全放弃对股票价格进行预测的努力，转而对市场指数进行投资，以期获得与指数相当的收益。

具体而言，二者在程序上即构造股票投资组合、交易和监测方面具有很大差异（见图4-1）。

我国现有基金多数奉行积极型投资策略，如华夏成长、嘉实成长、招商优质成长、易方达积极成长等。近年来，随着基金市场的逐步成熟，指数化的消极型投资策略亦慢慢被投资者所认可。

一、积极型投资策略下的股票价值分析法

积极型投资策略下的股票价值分析法主要包括基本面分析法、技术分析法和市场异常分析法。

（一）基本面分析法

基本面分析法（Fundamental Analysis）以“自上而下”（Top-Down）

和“自下而上”（Bottom-Up）两种方式选择股票。前者是按宏观、中观、微观的次序依次考虑的价值分析方式。后者则主要关注对单只股票的分析，选择具有吸引力的个股，而不过分关注宏观层面的因素，如宏观经济、市场周期等。“自上而下”选股相对容易，因此以下将详细介绍该分析方法。

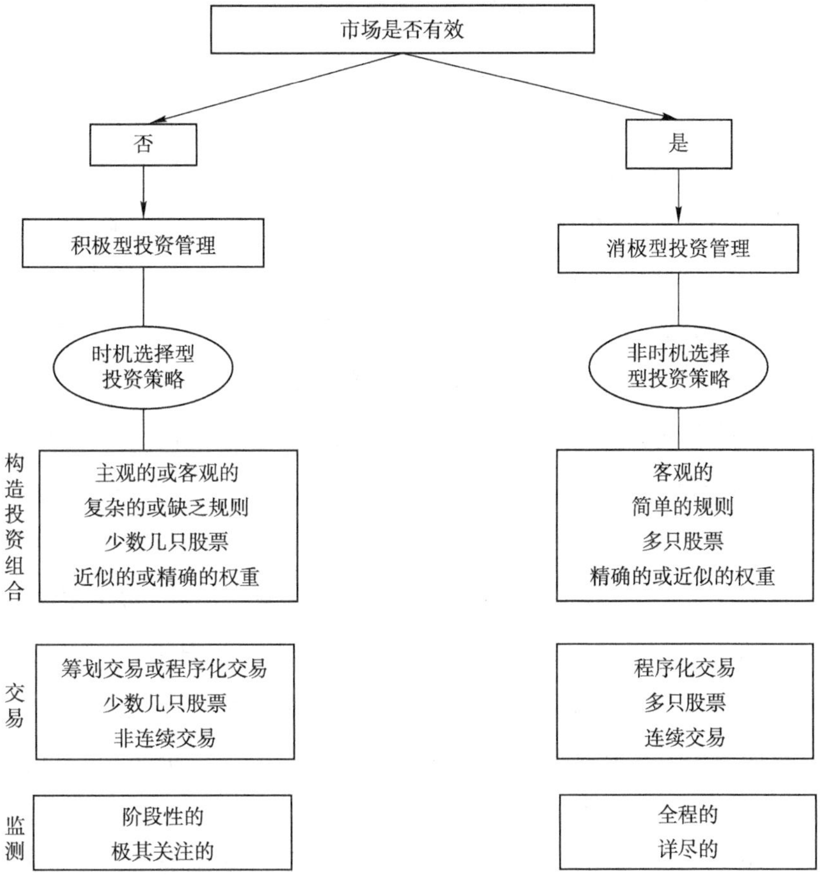

图 4-1　积极型投资策略与消极型投资策略

1. 宏观经济分析

“自上而下”分析法的第一步是对宏观经济进行分析，主要是分析宏观经济指标、预测经济周期和宏观经济政策的变化。

（1）宏观经济指标

一个国家或地区常用宏观经济指标包括国内生产总值、货币供给、通货膨胀、利率、汇率、失业率。

① 国内生产总值（Gross Domestic Product，GDP）。GDP是指按市场价格计算的一个国家或地区所有常住单位在一定时期内生产活动的最终成果，被认为是衡量国家或地区经济状况的最佳指标。其计算公式如下：

$$国内生产总值 = 消费 + 投资 +（出口 - 进口）+ 政府支出 \quad (4-8)$$

GDP的超预期增长意味着国民经济的扩张，对公司的经营环境较为有利，公司未来的盈利有望增加。

② 货币供给（Money Supply）。货币供给是一国或地区的银行系统向经济体中投入、创造、扩张（或收缩）货币的金融过程，是一个存量概念，包括某一特定时点上的除政府和银行以外的大众持有的货币量。货币供给量的增加降低了获取资金的成本，有利于刺激投资和消费，公司未来的盈利有望增加。但货币的超量供给意味着政府可能实施货币紧缩政策、提高利率。

③ 通货膨胀（Inflation）。通货膨胀是指在货币流通条件下，货币供给大于货币实际需求导致货币贬值而引起的一段时间内物价持续而普遍上涨的现象。测量通货膨胀主要采用物价指数，如居民消费价格指数（Consumer Price Index，CPI）、生产者物价指数（Producer Price Index，PPI）等。适度的通货膨胀可以刺激生产，增加企业利润。而通货膨胀过高会增加市场的不确定性，加大投资风险，影响生产。同时，过高的通货膨胀率也意味着货币紧缩政策的实施。

④ 利率（Interest Rate）。利率是资金成本的主要决定因素。高利率意味着高资金成本，会减少投资机会的吸引力。

⑤ 汇率（Exchange Rate）。汇率的变动直接影响本国产品在国际市场上的竞争力，从而对本国经济增长造成一定影响。

⑥ 失业率（Unemployment Rate）。失业率是反映一个国家或地区劳动力资源利用状况的最重要的指标，它测量了经济运行中生产能力极限的运

用程度。通常情况下，失业率下降代表整体经济健康发展，失业率上升意味着经济发展放缓或衰退。该指标配以同期通货膨胀指标进行分析，可知经济发展是否过热、是否构成加息压力或是否需要通过减息以刺激经济的发展。

（2）经济周期

要充分理解经济指标包含的信息，最重要的是将其置入经济周期的框架中，揭示经济发展的方向。例如，失业率通常包含两方面信息——利率和公司盈利，在经济周期的不同阶段两方面信息占据不同的地位。在经济扩张阶段，利率因素占主导地位，失业率上升/下降表示的利率下降/上升对经济的影响，超过公司损失/盈利对经济的影响。

经济周期（Business Cycle）一般是指经济活动沿着经济发展的总体趋势所经历的有规律的扩张和收缩。如图4-2所示，经济周期通常可分为经济扩张期和经济收缩期。从长远趋势来看，经济总体呈增长趋势，随时间的推移而向上移动。经济处于扩张期时，实际产出水平高于长期正常经济增长率，最终经济扩张达到经济周期的最高点，即波峰（Peak）。经济处于收缩期时，实际产出水平低于长期正常经济增长率，最终经济收缩达到经济周期的最低点，即波谷（Trough）。换言之，从波峰到波谷，经济处于收缩阶段；从波谷到波峰，经济处于扩张阶段。

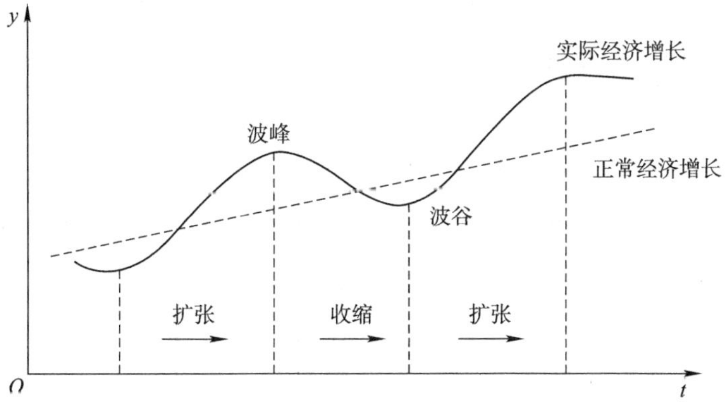

图4-2　经济周期

可以借助经济周期指标来把握经济的周期性波动。经济周期指标包括先行指标、同步指标和后续指标，具体如下：

① 先行指标。先行指标又称超前指标，是指在总体经济发生波动前（一般为6个月前）先行到达波峰或波谷的时间序列指标，通常包括货币政策指标、财政政策指标、劳动生产率、消费支出、住宅建设、商品订单等。

② 同步指标。同步指标是指与总体经济活动达到波峰或波谷的时间大致相同的时间序列指标，通常包括国民生产总值、公司利润率、工业生产指数、失业率等。

③ 后续指标。后续指标又称滞后指标，是指在总体经济活动发生波动后（一般为6个月后）达到波峰或波谷的时间序列指标，通常包括优惠贷款利率、存货水平、资本支出、商品零售额等。

经济的周期性波动对证券市场具有较大影响。投资者对于经济危机的恐慌或对于经济恢复的信心都会改变其投资意愿，从而影响证券市场的表现。

当经济到达波峰后就会走向衰退。此时工资和利率都已上升，生产成本增加，生产者利润开始下降。由于产品销路收缩及利润下降等问题，生产者压缩生产规模，减少固定投资，使利率、物价、收入、就业水平下降。在该情况下，投资者预期发生变化，投资者开始抛售证券，导致证券价格不断下跌。同时投资者分得的股息、债息等也因发行人利润的减少而下降。

相反，当经济开始逐步恢复时，消费者增加商品购买。由于产品销路扩大，生产企业开始恢复、扩大生产，增加固定资产投资。生产要素需求量的增加将引起利率、工资、收入和就业水平的上升。在该情况下，投资者的悲观预期发生改变，重新参与证券市场交易。此时购买证券获得较高收益的可能性较大。

（3）宏观经济政策

在市场经济体制下，政府宏观调控最重要的两大政策工具是财政政策和货币政策。政府意在通过两大政策工具“熨平”经济周期波动对经济运行产生的负面影响，促进国民经济总产值的稳定增长，从而实现充分就业和稳定物价的宏观经济目标。

财政政策是指政府变动税收和支出以影响总需求进而影响就业和国民收入的政策。变动税收是指改变税率和税率结构；变动支出是指改变政府对商品和劳务的购买支出及转移支付（即带有福利支出的性质，如社会保险福利津贴、抚恤金、养老金、失业补助、救济金及各种补助费等）。财政政策分为短期、中期和长期财政政策，其目标各不相同。短期财政政策的目标是促进经济稳定增长，采取的手段是通过预算收支平衡或财政赤字、补贴和国债政策影响社会总需求，促进总需求和总供给趋于平衡。中长期财政政策的首要目标是合理配置资源，采取的手段是通过对供给的调控来制约经济结构的形成，为社会总供求的均衡提供条件。

货币政策是指中央银行为实现其特定的经济目标而采用的各种控制和调节货币供应量和信用量的方针及措施的总称，其实质是国家对货币供应根据不同时期的经济发展情况而采取的“紧”“松”或“适度”等不同的政策趋向。其中，扩张性货币政策是在社会总需求严重不足的情况下采取的政策，主要目的是通过扩大货币供应量，改变原有货币的供求关系，刺激社会需求的增长。紧缩性货币政策是在社会总需求严重膨胀的经济状况下采取的政策，目的是通过控制货币供应量，抑制社会需求的膨胀。而适度的货币政策是在社会总需求和总供给基本平衡的状态下采取的政策，目的是维持原有的货币供应量与需求量之间大体平衡的关系。

中央银行调节总需求的货币政策工具有法定准备金率、公开市场操作和再贴现率，具体如下：

首先，法定准备金率是中央银行为保护存款人及自身的安全，控制或影响商业银行的信用扩张，以法律形式规定的商业银行及其他金融机构提取的存款准备金的最低比率。中央银行调节该比率的目的在于改变商业银行应缴存的准备金，从而影响其存款、贷款能力，以达到调节货币供应量的目的。

法定准备金率的调整对证券市场的影响有一个传导过程，包括两个层次：第一个层次为中央银行调整准备金率，影响商业银行行为；第二个层次是企业和公众对商业银行的行为作出反应，相应调整其自身的投资、消费模式，影响社会需求。由此看来，法定准备金率的调整虽可通过影响社会货币流通量和社会需求进而影响证券市场的资金供给和价格，但时滞性较大。

其次，再贴现率是指商业银行向中央银行办理再贴现时使用的利率。中央银行通过调节再贴现率影响商业银行的信用量，达到信用扩张或收缩的目的。再贴现率提高意味着商业银行借入资金的成本增加，迫使商业银行提高贷款利率，使企业的借款需求降低，银行的贷款量随之减少。反之则会刺激贷款和货币供应量的规模。

最后，公开市场操作是指中央银行与指定交易商进行有价证券和外汇交易，调节市场流动性的一项业务。由于使用范围广、灵活、主动和温和等特点，公开市场操作被世界各经济体广泛采用。在我国，公开市场操作由中国人民银行操作，主要工具是国债和外汇。当市场银根紧时，人民银行就买入证券；当市场银根松时，人民银行就卖出证券。

在经济的调控过程中，政府往往将财政政策和货币政策组合搭配使用。财政政策与货币政策有四种不同的搭配组合，究竟采取何种组合取决于客观经济环境。通常情况下，“一松一紧”主要是解决结构问题，“双松”或“双紧”主要为解决总量问题。

通过宏观经济分析，基金经理可预测近期市场前景及股票市场与其他投资市场收益的变化，决定投资组合的资产配置，确定进出股市的规模和时机。

2. 行业分析

“自上而下”分析法的第二步是行业分析，侧重对行业基本面及行业发展前景等因素进行分析，主要包括行业生命周期和行业景气度。

（1）行业生命周期

任何事物都有生命周期，行业的生命周期一般包括初创期、成长期、成熟期和衰退期（见图4–3）。同行业中不同的公司虽在业绩上有所差别，但与该行业所处的整体发展态势有很大关联。当公司所处的行业处于上升期时，该行业内所有的公司都被看好。而当公司所处的行业处于衰退阶段时，行业内公司的状况都不容乐观。因此，基金经理需密切关注行业周期的信息及其变化趋势。

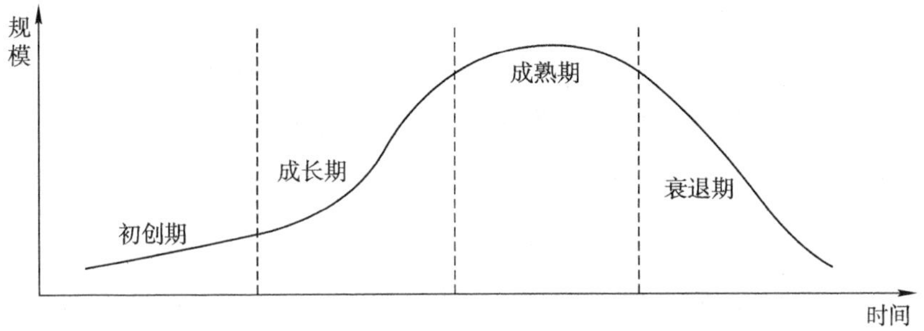

图 4–3　行业生命周期

不同的行业生命周期具有不同的特点，具体如下：

① 初创期。在该阶段，由于新产业刚诞生不久，仅有少数创业公司投资加入，产品的研究、开发费用较高，但产品市场需求狭小（公众认知度低），销售收入较低，创业公司面临很大的投资风险。我国处于初创期的典型行业包括环保、能源、遗传工程、征信。

② 成长期。在该阶段，新产品经过广泛宣传和试用，逐渐受到了大众的欢迎，市场需求高速增长，技术渐趋定型，产业特点、产业竞争状况及用户特点已比较明朗，企业进入壁垒开始提高，产品品种及竞争者数量增多。我国处于成长期的典型行业包括医药、电子信息、自动贩卖机。

③ 成熟期。在该阶段，市场需求增长率不高，技术已经成熟，行业特点、行业竞争状况及用户特点非常清楚和稳定，买方市场形成，行业盈利

能力下降，新产品及其新用途开发更加困难，行业进入壁垒很高。我国处于成熟期的典型行业包括超级市场、电力、石油冶炼。

④ 衰退期。在该阶段，行业的增长速度明显低于经济增速，主要是产品不能适应新需求、新产品的竞争或低成本的供应商竞争所致。我国处于衰退期的典型行业包括钢铁、煤炭、钟表、自行车。

（2）行业景气度

除行业生命周期外，行业景气度也是选股需要考虑的重要因素。股票的表现会随行业景气度的变化而变化。不同行业的经营环境和对经济周期的敏感度不同，其各类经济指标及其增速皆不相同。如何正确识别这些变化及如何正确解读其中包含的信息对于基金经理而言非常重要。

常用的可识别和预测行业动态变化的工具是景气指数。它是将行业景气调查中的定性指标通过定量方法进行加工汇总，综合反映某一特定调查群体或某一社会经济现象所处的状态或发展趋势的一种指标。我国目前比较成熟和权威的行业景气指数由经济日报社中经产业指数研究中心与国家统计局中国经济景气监测中心共同研究编制而成。2017年该指数采集的具有代表性的行业或领域共14个，包括煤炭、石油、电力、钢铁、有色金属、非金属矿物制品、化工、汽车制造、IT设备制造、医药、服装、能源、材料、工业。景气指数以100为临界点，高于100表示行业状态趋于上升或改善，处于景气状态；低于100表示行业趋于下降或恶化，处于不景气状态。

对于我国这样的新兴市场国家，政府的扶持对于行业景气度有重要影响。政府颁布的产业政策或法令将会对该行业的上市公司股价产生重要影响。

通过行业分析，基金经理可在投资风格、市场区域、产业等方面作出选择。

3. 股票内在价值的判断

股票的内在价值即理论价格，按照未来现金流的贴现对公司的内在价值进行评估。如前所述，股票的内在价值决定股票的市场价格。通过研究股票的内在价值，并将其与市场价格进行比较，可以找出具有投资价值的股票。但由于未来收益及市场利率的不确定性，各种价值估计模型计算出的“内在价值”仅为股票真实价值的估值。

计算股票内在价值时使用的现金流贴现模型（Discounted Cash Flow Model）根据现金流的分配次序不同（见图4–4），可分为企业贴现现金流模型（Free Cash Flow to Firm，FCFF）、权益现金流贴现模型（Free Cash Flow to Equity，FCFE）、股利贴现模型（Discounted Dividend Model，DDM）。按照公司金融理论，企业现金流分配的第一环节是进行投资。支付的这部分现金流为营业现金流，剩余部分便是企业自由现金流，供所有资本提供者使用。企业贴现现金流模型采用的便是企业自由现金流。企业自由现金流首先用于向债权人支付负债利息，之后形成股权自由现金流，供公司股东使用。权益现金流贴现模型采用的便是股权自由现金流。最后，企业为了未来发展，需要进行再投资，用于分配给普通股股东的现金股利往往是股权自由现金流除去再投资之后的现金流。股利贴现模型采用的便是现金股利。

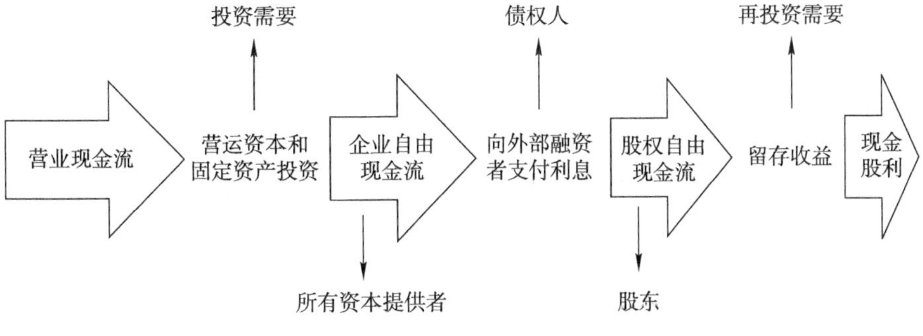

图 4–4　公司现金流分配过程

（1）企业贴现现金流模型

按照企业贴现现金流模型，将公司预期的未来自由现金流用加权平均资本成本（Weighted Average Costof Capital，WACC）折现到当前价格来计

算公司价值，再减去债券的价值即可得到股票价值。用公式可表达为

$$V=\sum_{t=1}^{\infty}\frac{FCFF_t}{(1+WACC)^t} \tag{4-9}$$

其中，V表示公司价值；$FCFF_t$表示公司t期的自由现金流；$WACC$表示加权平均资本成本，即公司债务资本与股权资本价值之和。$FCFF$是公司支付了所有营运费用后可以向投资者分派的税后现金流，可用公式表示为

$$FCFF=EBIT\times（1-税率）+折旧-资本性支出-追加营运成本 \tag{4-10}$$

其中，$EBIT$是息税前利润。而如果没有优先股，$WACC$可用公式表示为

$$WACC=普通股权重\times普通股成本+债务权重\times债务成本 \tag{4-11}$$

其中，普通股成本通常由资本资产定价模型确定，债务成本为利息×（1-税率）。

（2）权益现金流贴现模型

按照权益现金流贴现模型，股权现金流是公司支付所有固定资产与营运资产投资及所得税和净债务（本金、利息支付减去发行新债务后的净额）后可分配给公司股东的剩余现金流量。FCFE的公式可表示为

$$\begin{aligned}FCFE=&净收益+折旧-资本性支出-劳动资本追加额\\&-债务本金偿还+新发行债务\end{aligned} \tag{4-12}$$

在该模型下，股票的内在价值为

$$V=\sum_{t=1}^{\infty}\frac{FCFE_t}{(1+K_e)^t} \tag{4-13}$$

其中，V表示公司价值；$FCFE_t$表示公司t期的股权现金流；K_e表示根据资本资产定价模型计算的股权成本。

（3）股利贴现模型

股利贴现模型是最常用的计算股票内在价值的模型，最早由威廉姆斯（Williams）和戈登（Gordon）提出。该模型假定股利是投资者在正常条件下投资股票直接获得的唯一现金流，通常包括单纯评估模型和成长评估模型。

① 单纯评估模型。假设以V代表股票的内在价值；未来各期每股预期股息分别为D_1，D_2，…，D_n；折现率为r。

$$V=\frac{D_1}{(1+r)}+\frac{D_2}{(1+r)^2}+\cdots+\frac{D_t}{(1+r)^t}+\cdots=\sum_{t=1}^{\infty}\frac{D_t}{(1+r)^t} \qquad (4-14)$$

这是一个具有一般性的基本模型。如果再假设未来各期的预期股息都相同，为固定值D，且持有时间无限长，则式（4–14）可变为

$$V=\frac{D}{r} \qquad (4-15)$$

【例4–2】某投资者在年初预测某股票每年年末的股息均为0.80元，折现率为8%，则该年初股票的价值为多少？

【解析】根据式（4–15），$V=\frac{D}{r}=\frac{0.80}{8\%}$=10（元），股票年初的价值为10元。

② 成长评估模型。现假设股息每年的增长率为固定比例g，其他变量相同，股票的价值可用式（4–16）表示：

$$\begin{aligned}V&=\frac{D_0(1+g)}{1+r}+\frac{D_0(1+g)^2}{(1+r)^2}+\cdots+\frac{D_0(1+g)^t}{(1+r)^t}+\cdots\\&=\sum_{t=1}^{\infty}\frac{D_0(1+g)^t}{(1+r)^t}=\frac{D}{r-g}\end{aligned} \qquad (4-16)$$

这便是成长评估模型。一般而言，$0<g<r$，式（4–16）适用于对每年股息持续呈固定比例增长的股票进行价值评估。实际中股息并不一定每年都增长。当g=0时，$V=\frac{D}{r}$。在公司股息出现负增长时，式（4–16）同样适用。

【例4–3】东方公司股票的当期股息为1元，折现率为10%，预计以后股息每年增长5%，则东方公司股票目前的价值是多少？

【解析】根据式（4–16），$V=\frac{D}{r-g}=\frac{1}{0.1-0.05}$=20（元），东方公司股票目前的价值是20元。

以上为股息无限期呈固定比例增长时评估股票价值的模型。但实际上有些公司的股息在一段时间内是以固定比例增长的，之后可能以另一比例

增长。通常情况下，股利分阶段增长模型可分为两阶段增长模型和三阶段增长模型。两阶段增长模型是指公司的股利在特定阶段高速增长，过后所有高速增长的原因全部消失，转变为以稳定速度增长。假设g_{n_1}为前n年超常增长率，g_{n_2}为n年后稳定增长率，其他变量相同，其股票价值的计算公式可表示为

$$V=\frac{D_{n+1}}{(r-g_{n_2})(1+r)^n}+\frac{D_0(1+g_{n_1})}{(1+r)}+\frac{D_0(1+g_{n_1})^2}{(1+r)^2}+\cdots+\frac{D_0(1+g_{n_1})^n}{(1+r)^n}+\cdots$$
$$=\frac{D_{n+1}}{(r-g_{n_2})(1+r)^n}+\sum_{t=1}^{\infty}\frac{D_0(1+g_{n_1})^t}{(1+r)^t} \quad (4\text{–}17)$$

三阶段增长模型是指公司的股利当前以超常的速度增长，并预计在一段时间内将保持这一增长率，而后公司拥有的竞争优势逐渐消失导致增长率下降，直到一个稳定增长状态。这符合多数公司的经营情况。其计算相对于两阶段模型更为复杂。

【例4–4】某投资者准备购买B公司股票，打算长期持有，要求达到12%的收益率。B公司今年每股股利0.6元，预计未来3年股利以15%的速度高速增长，而后以9%的速度转入正常增长。公司目前的股票价值是多少?

【解析】根据式（4–17），

$$V=\frac{D_4}{(r-g_{n_2})(1+r)^3}+\frac{D_0(1+g_{n_1})}{(1+r)}+\frac{D_0(1+g_{n_1})^2}{(1+r)^2}+\frac{D_0(1+g_{n_1})^3}{(1+r)^3}$$
$$=\frac{0.6\times(1+15\%)^4}{(12\%-9\%)(1-12\%)^3}+\frac{0.6\times(1+15\%)}{(1+12\%)}+\frac{0.6\times(1+15\%)^2}{(1+12\%)^2}+\frac{0.6\times(1+15\%)^3}{(1+12\%)^3}$$

=21.51（元），因此公司目前的股票价值为21.51元。

【知识链接4–1】

嘉实领先成长股票基金投资策略

该股票型基金采取“自上而下”的策略进行股票投资，分别按照宏观、中观、微观的次序进行投资决策。

1．大类资产配置策略

在大类资产配置上，该基金首先参考公司投资决策委员会形成的大类资产配置范围，重点对以下因素进行评估：

宏观因素——包含重要经济数据及货币和财政政策的变化；

市场因素——包含货币供给指标及流动性的变化对资本市场的影响；

估值因素——包含不同市场间的相对估值变化。

同时，该基金作为主动管理成长型股票基金，也参考宏观策略部门提供的研究分析建议，并结合投资组合获取超额收益的能力，综合考虑，作出大类资产配置决策。

在控制风险的前提下，该基金将优化配置股票资产，并将80%以上的股票资产投资于快速成长行业中的领先成长公司。

2．行业配置策略

该基金通过以下3个步骤来寻找快速成长行业。

（1）预判宏观经济与外部环境趋势

该基金依托基金管理人强大的研究平台，包括宏观、策略、行业等团队，对经济周期和产品结构的发展趋势进行预测，结合对科技、社会、人口、政策等变量的跟踪分析，建立寻找快速成长行业的分析框架。

（2）确定快速成长行业的投资方向

该基金通过科学的行业对比和分析流程，综合考虑备选库中各行业的成长空间、成长速度、可持续等指标，选择具备足够投资广度和深度的快速成长行业，并根据外部环境、估值对比等进行动态调整。

（3）建立快速成长行业的备选库

某些行业之所以领先经济整体增速，是因为其前瞻性地顺应了社会发展趋势。通过对经济周期、外部变量、产业结构的趋势预判，基于中长期跨度，该基金对快速成长行业进行财务指标筛选，选择预期未来3年主营业务收入和净利润增长率超过GDP增长率的行业来建立快速成长行业的备选库。

3．股票投资策略

在股票选择层面，该基金在快速成长行业备选库中寻找市场占有率较高、竞争优势较强的领先成长公司，并结合研究团队实地调研、定性定量分析及市场情绪等因素，对股票投资策略进行动态调整。主要通过挑选领先成长公司股票，并通过成长股估值评价体系对投资组合进行动态调整，同时根据市场经济短期波动对其进行平衡管理。

资料来源：http://fund.eastmoney.com/f10/070022.html.

（二）技术分析法

技术分析法是以市场行为为研究对象，通过判断市场趋势并跟随趋势的周期性变化来进行股票交易决策的方法的总和。技术分析是相对于基本面分析而言的。如前所述，基本面分析主要通过对宏观层面因素，包括经济状况、行业动态及公司运营状况等进行研究来判断股票的价值。技术分析则通过股价、交易量、涨跌幅等因素来研究市场行为，从而推断未来的股价走势。

一般来说，采用技术分析的投资者持有三种信念：

第一，市场行为涵盖一切信息。与公司的盈利、股利和未来业绩有关的信息都会反映在以往公司的股票价格上。股票过去的价格、成交量、涨跌幅等因素包含了投资者对公司预期的变化。

第二，股价的运行具有趋势性。技术分析认为股价会沿趋势运动并持续下去，直至有事件改变原有的供求平衡，趋势方告结束。

第三，历史会不断重演。技术分析隐含的一个重要前提是股票价格运动遵循可预测的模式，且没有足够的投资者可识别这种模式，市场中多数投资者都是不理性地进行投资决策。

目前较流行的技术分析法有道氏理论、波浪理论、过滤法则与止损指令、“量价”理论及“相对强度”理论。

1. 道氏理论

道氏理论由美国道琼斯公司的创始人查尔斯·亨利·道（Charles Henry Dow）在19世纪末创立，是最古老的、最著名的技术分析理论之一，是股市技术分析理论的鼻祖。道氏理论认为，股票变动分为长期趋势、中期趋势和短期趋势三种。三种趋势同时存在，相辅相成。

（1）长期趋势分析

长期趋势是指连续1年或1年以上的股票价格的变化趋势，包括上升趋势和下跌趋势两类。

① 上升趋势。上升趋势通常包括以下3个阶段。

阶段一：买方对公司盈利看好，开始买进持悲观态度的卖方卖出的股票，或卖方由于某些原因卖出量减少，导致股票价格徐徐上升。在该阶段，公司财务状况一般，投资者对股票交易心存疑虑，股票市场交易并不活跃，但交易量开始增加。

阶段二：股票市场价格已经上升，公司盈余的增加使股票市场交易量增加。公司收益状况的好转已引起投资者注意，敏感的投资者在该阶段可能获益颇丰。

阶段三：股票市场上的股票价格已上升到高峰，投资者争先恐后地买入股票，市场一片繁荣，交易量很大。公司收益状况进入佳境的事实已被投资者知晓，公司借此机会大量发行新股。

② 下跌趋势。下跌趋势同样包括3个阶段。

阶段一：前面提及的股票价格上升趋势已结束。交易额虽未下跌，但已出现减少的趋势。股票交易仍很活跃，但由此获得的差价收益已大大减少，购买气氛已冷却。敏感的投资者预感到公司的收益已达到高峰，于是提前将其持有的股票卖出以获取差价收益。

阶段二：该阶段为恐慌阶段。此时买方数目减少而卖方数目增加，股票价格急剧下跌，交易量大幅减少。投资者参与交易的活跃程度已大幅下降。该阶段过后一般会经过较长时间的停滞才会进入第三阶段。

阶段三：恐慌阶段后，先前买入的投资者纷纷卖出，股票的市场价格再次急剧下跌。有关公司收益恶化的消息蔓延，加速了投资者的卖出。但各类股票市场价格下跌的程度不一。一流股票的市价较平稳，而投资价值低的股票市价下跌较为剧烈。

（2）中期趋势分析

股票市场的中期趋势是指连续3周以上、1年以下股票价格的变化趋势。股票市场的中期趋势与长期趋势联系紧密。首先，中期趋势的股票价格波动幅度为长期趋势的1/3左右。其次，当中期趋势下跌时，若其波谷较上期波谷高，则表明长期趋势上升。反之，当中期趋势上升时，若其波峰较上期低，则表明长期趋势下跌（见图4–5）。

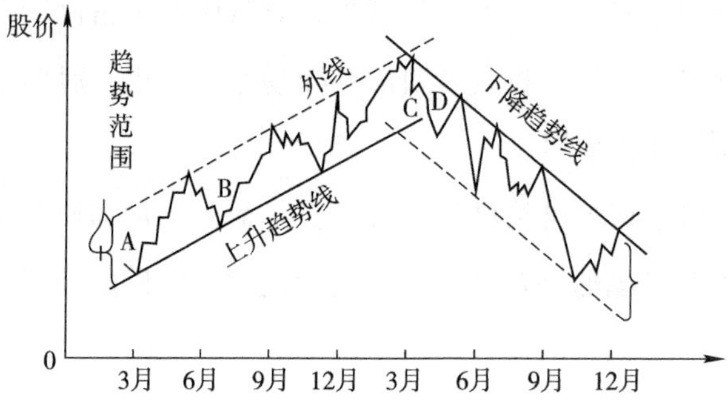

图4–5　中期趋势与长期趋势关系

道氏理论认为，长期趋势上升与下降的拐点应根据道琼斯工业股平均股价及铁路股平均股价的运动方向确定。一般来说，比较连续两次的波谷或波峰高度就可发现这种趋势。如果两种指数同时在某点开始上升或下降，就可确认长期趋势改变方向。

（3）短期趋势分析

短期趋势是指连续6天以内的股票价格变化趋势。短期趋势可能是人为操纵造成的，与客观反映经济动态的中长期趋势有本质的不同。因此，股票市场的短期趋势一般不被视为重要的趋势分析对象。但不可否认的是，短期趋势也是形成中长期趋势的基础。

根据道氏理论对股票市场作出的趋势分析，对于投资者而言，其重要意义在于把握买卖时机获取收益。投资者需要重点把握两点：一是准确判断股票市场的上升、下降趋势；二是认清自己所处的位置。若长期趋势处于上升阶段，则在中期趋势上升到波峰前不要急于将股票脱手。同理，当长期趋势处于上升阶段而中期趋势处于下跌阶段时，也不必因持有股票而恐慌。若长期趋势处于下跌阶段，即使中期趋势处于上升状态，甚至处于高位，也不要盲目乐观，应迅速将股票出手。

2. 波浪理论

波浪理论又称为艾略特波浪理论，是以R.N.艾略特（R.N. Elliott）的名字命名的，并由柯林斯（Collins）发展完善而形成的技术分析理论。

艾略特最初的波浪理论是以周期为基础，把大的运动周期分为长短不一的周期。该理论指出，一个大周期可能包含小周期，而小周期又可再细分为更小的周期。每个周期无论时间长短都以一种模式进行，即都包含上升/下降的5个过程和下降/上升的3个过程。只有上述8个过程完结后，才可称该周期已完结。

波浪理论考虑三个方面的因素：股价走势形成的形态、股价走势图中各高点和低点所处的相对位置、完成某个形态所需时间。在上述三个方面因素中，股价形态最重要，指波浪的形态和构造。高点和低点所处的相对位置是波浪理论中各波浪开始和结束的位置。通过这些位置，可了解各波浪间的关系，确定股价的回撤点和将来股价可能达到的位置。而完成某个形态所需时间可提示某个大趋势即将来临。波浪理论中各波浪间在时间上是互联的，用时间可验证某个波浪形态是否已经形成。

艾略特认为，股票市场遵循一定的周期，周而复始地向前发展。股价的上下波动也是按照某种规律进行，即每个周期可分为8个小过程。8个小过程结束后，一个大周期完结，紧接着进入下一个大周期。现以一个上升周期为例说明这8个小过程。

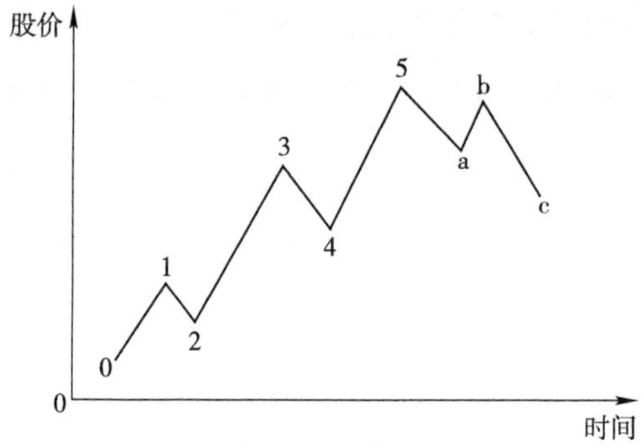

图 4-6　8 浪结构的基本形态图

图4-6揭示了一个上升周期的8个波浪的全过程。0～1是第一浪，1～2是第二浪，2～3是第三浪，3～4是第四浪，4～5是第五浪。这5浪中，第一浪、第三浪和第五浪称为上升主浪，而第二浪和第四浪称为第一浪和第三浪的调整浪。上述5浪完成后会出现一个3浪的向下调整：5～a为a浪，a～b为b浪，b～c为c浪。当然，波浪的划分可能因人而异，但8浪的基本形态结构是不会发生变化的。

明确了一个大周期的运行全过程，就可方便地对大势进行预测。首先要明确当前所处的位置，正确认识5浪结构和3浪结构。5浪结构和3浪结构具有不同的预测作用。如果发现一个5浪结构，且目前处于此5浪结构的末尾，就可预测一个3浪的回头浪即将出现。若该5浪结构还是更上一层次波浪的末尾，便可预测一个更深、更大规模的3浪结构将会出现。

波浪理论最大的不足是应用上存在困难。从理论上讲，波浪理论是8浪完成一个周期。但主浪和调整浪会产生复杂多变的形态，且波浪的层次又会出现大浪套小浪、浪中有浪的局面，使投资者在识别波浪时出现偏差。波浪层次的确定和波浪起始点的确认是波浪理论应用的两大难点。

3. 过滤法则与止损指令

过滤法则（Filter Rulers）是美国学者亚历山大（Alexander）于1961年提出的检验市场是否达到弱式有效的方法。过滤法则是指当某只股票的价格变化突破事先设置的百分比时，投资者就选择交易该股。该法则的基本指导思想是：在无新消息进入市场时，股票价格应在其“正常价格”的一定范围内随机波动。若某只股票的价格远远偏离其“正常价格”，市场上的投资者便会选择买入或卖出该股，使其价格回到合理范围内。这样股票价格就会有一个上下限。但是当新（好/坏）消息出现时，股票均衡价格将改变（上升/下降），围绕均衡价格的上下限也会因此改变（上升/下降）。投资者在股票价格突破原设定上限/下限后立即购买/卖出，便可获得超额收益。

与过滤法则相关的技术分析法是止损指令（Stop Loss Order）。与过滤法则类似，该策略认为股票价格是序列正相关的，即曾经价格攀升/下挫的股票，价格继续上涨/下跌的可能性高，因此可以设定买入点或卖出点。如果某只股票价格触底上涨，如上涨5%，则可以推断一个上升趋势已经产生；反之，如果某只股票价格见顶下跌，如下跌5%，则同样可认为该股票价格已进入下降通道。应当买进自低点上涨5%的股票并持有到股价从此后的高点下挫5%为止，之后应维持空头头寸，直到股价自下一个低点再次反弹5%。

上述两类法则最主要的区别在于策略执行的目的不同。过滤法则是一种留有余地的投资策略，主张投资者勿奢望在最高/低价卖出/买入股票，而应只求按次优价卖出/买入，以保证获得一定收益而不被套牢。而止损指令意在锁定利润、减少损失。

4. “量价”理论

利用量价关系判断买卖时机是较为重要的技术分析法。按照“量价”理论，当一只股票（或大盘）出现量价齐升的态势时，表明买方意愿强烈，股票价格有望再续升势。相反，如果一只股票（或大盘）出现量价齐跌的局面时，则表明卖压较为沉重，空头信号较为明显。

5. “相对强度”理论

根据“相对强度”理论，投资者应购买并持有近期走势明显强于大盘指数的股票，即购买强势股。相反，投资者应尽量避免甚至卖空走势明显弱于大盘指数的股票。实证数据表明，该策略有可能战胜“买入持有”策略，但并无证据证明其获益性是始终如一的。

（三）市场异常分析法

基于对市场有效性的认知不同，基金管理人选择不同的投资管理策略，并以一定的理论依据和实证数据支持自己的选择。历史数据表明，的确存在一些投资策略在一定时期内创造了超额利润。这些投资策略包括规模效应（Size Effect）、账面市值比效应（Book-to-Market Effect）、日历效应（Calendar Effect）等策略。

1. 规模效应

规模效应策略认为，投资小公司股票的投资组合的表现要优于投资大公司股票的投资组合。其依据如下：小公司的特点通常表现为业绩较差、具有高杠杆和不良现金流，且对经济环境的变化较为敏感，而大公司的特点表现为高效运作，且对经济环境变化不敏感。因此，投资于前者的风险高于后者，要求的预期回报自然高于后者。国内外的部分研究成果都在一定程度上支持了这一效应。

2. 账面市值比效应

账面市值比效应策略认为，投资于高账面市值比公司股票的投资组合的表现要优于投资于低账面市值比公司股票的投资组合。其依据如下：高账面市值比意味着持续糟糕的盈利状况，而低账面市值比意味着强劲的获利能力。因此，投资于前者的风险和收益皆高于后者。这一观点也得到了一些研究的支持。

3. 日历效应

日历效应是在统计监测的基础上提出实施某些策略的最佳时机，如月效应、节假日效应等，即证券市场上存在某个特定时间段的平均收益总是显著异于其他时间段平均收益的现象。

从国内外研究的实证检验结果来看，实施日历效应策略有可能获得超额收益。但学术界也存在对日历效应的质疑，认为日历效应是基于历史数据的统计检验结果，没有理论基础，无法合理解释这一现象存在的原因。

【知识链接4-2】

2018年四季度主动型股票基金季报分析

1．四季度主动基金业绩权限下跌

2018年四季度，市场大幅下跌，上证综指下跌11.61%，创业板指数下跌11.39%，大部分主动型基金净值下跌。在统计的273只普通股票型基金中，2018年四季度有272只基金收益率下跌，占比99.63%。仅有1只基金逆势上涨，占比0.37%。598只混合型基金中，没有基金在2018年四季度收益率为正。收益率低于–10%的有366只，占比61.20%。

具体来看，截至2018年四季度末，普通股票型基金中，金鹰信息产业A表现相对较好，四季度收益率为8.43%。紧随其后的是嘉实智能汽车和嘉实环保低碳，季度涨跌幅分别为–0.97%和–1.14%。

混合型基金方面，四季度表现最好的为东方新价值A、华夏睿磐泰茂A和鹏华优质治理，季度涨跌幅分别为–0.48%、–1.02%和–1.30%。

2．大部分主动型基金规模下降

2018年四季度，股票型基金资产净值多数下降。总体来看，华夏经济转型资产净值增长最多，四季度增长4.41亿元。其次是国富中小盘和嘉实金融精选A，四季度分别增长3.02亿元、2.36亿元。混合型基金中，中欧价值发现、景顺长城能源基建、工银瑞信金融地产资产净值增长靠前，四季度分别增长38.11亿元、12.91亿元和7.13亿元。

与三季度末规模数据相比，普通股票型基金中共有251只基金资产规模减少，占比92.28%。混合型基金中共有563只基金规模较三季度末有所减少，占比为94.30%。资产净值变动在3亿元以内的股票型基金和混合型基金占比分别高达91.18%和85.43%。

3．开基仓位继续下降，开基增持信息技术业，减持制造业

（1）开基仓位下降2.01%～79.16%

2018年四季度末，主动股票型基金平均仓位为79.16%，相比2018年三季度末下跌了2.01%。从基金仓位分布情况来看，四季度权益类基金仓位有所下降，普通股票型基金中有80只基金仓位超过90%，占比29.09%，无基金仓位超过95%。混合型基金中仓位超过80%的有250只，占比达到41.67%。

（2）开基增持信息技术业，减持制造业

股票型基金与混合型基金中持仓比例最高的三个行业一致。股票型基金中持仓比例最高的三个行业分别为制造业、金融业、信息技术业，在这三个行业上的配置比例分别为59.60%、9.31%、8.14%。混合型基金持仓比例最高的三个行业分别为制造业、金融业、信息技术业，配置比例分别为55.08%、10.95%、8.05%。

与2018年三季度相比，股票型基金在2018年四季度的行业配置上较多地增持信息技术业、文化体育业、房地产业，增持比例分别为1.90%、0.81%、0.71%，同时较多地减持制造业、租赁商务业、批发零售业，减持比例分别为4.22%、0.79%、0.77%。混合型基金方面，增持比例较大的三个行业是信息技术业、房地产业、文化体育业，增持比例分别为1.90%、1.70%、0.95%，同时较多地减持制造业、金融业、租赁商务业，减持比例分别为4.87%、0.52%、0.51%。

4．十大重仓股：中国平安、贵州茅台、招商银行基金持仓市值最高

（1）十大重仓股分布情况分析

从主动型股票基金2018年四季度持股情况来看，共有546只基金十大重仓股占股票资产的比重在40%～70%，占所有主动型股票基金的63.19%。十大重仓股比重在40%以下的基金有193只，占所有主动型股票基金的22.34%。十大重仓股比重在70%以上的基金有125只，占所有主动型股票基金的14.47%。

与2018年三季度相比，2018年四季度末，主动型股票基金的十大重仓股占股票资产的比重有所降低，说明主动型基金持股相对分散。

（2）中国平安、贵州茅台、招商银行为基金前三大重仓股

根据基金四季报披露的十大重仓股票信息，2018年四季度末主动型股票基金的重仓股票共945只，相较上一季度基金重仓股数量有所增加。从基金持有重仓股市值角度来看，2018年四季度基金持有市值最高的股票依次是中国平安、贵州茅台、招商银行，分别有174只、146只、120只基金重仓，重仓市值分别为112.13亿元、96.56亿元、73.43亿元。

从基金持股比例来看，通策医疗、晨光文具、健帆生物的基金持仓市值占A股总市值比重最高，分别为28.33%、26.47%、25.26%。

此外，四季度共有232只新进重仓股。其中，基金重仓市值最高的个股依次是迈瑞医疗、科沃斯和游族网络，分别有55只、11只和20只基金重仓，重仓市值分别为22.14亿元、3.39亿元和3.35亿元。

（3）基金重仓股超配医药生物、食品饮料、房地产

通过对重仓股票行业分布进行分析，可以看出基金在行业选择上的偏好：基金在2018年四季度重仓股票中配置最高的三个行业分别是医药生物、食品饮料、电子，配置比例分别为14.10%、11.60%、7.47%。相对于全市场股票行业分布来看，基金重仓股中医药生物、食品饮料、房地产超配明显，分别超配6.29%、6.19%和2.28%。超配比例最低的行业是银行、非银金融、化工，分别低配3.03%、2.78%和2.31%。

2018年四季度十大重仓股市值			2018年四季度基金集中持有		
股票名称	基金持有市值（亿元）	持有基金数量（只）	股票名称	基金持有市值（亿元）	持有基金数量（只）
中国平安	112.13	174	通策医疗	25.17	38
贵州茅台	96.56	146	晨光文具	17.94	31
招商银行	73.43	120	健帆生物	10.86	21
格力电器	71.11	106	佩蒂股份	3.68	6
万科A	69.67	173	南极电商	22.07	30

续表

2018年四季度十大重仓股市值			2018年四季度基金集中持有		
股票名称	基金持有市值（亿元）	持有基金数量（只）	股票名称	基金持有市值（亿元）	持有基金数量（只）
保利地产	63.26	133	恒华科技	8.44	19
伊利股份	48.09	89	奥佳华	9.28	12
长春高新	47.46	97	国瓷材料	12.33	20
泸州老窖	39.18	37	芒果超媒	15.65	36
五粮液	35.93	35	安井食品	7.71	16

资料来源：http://www.microbell.com/docdetail_2536491.html#.

二、消极型投资策略下的股票价值分析法

消极型投资策略以市场有效性假说为依据，认为股票价格能即时对新信息作出反应，投资者无法准确预测股价未来的运动轨迹，因而不能获得超额收益。该策略否定了基本面分析法和技术分析法的有效性，认为择时和选股皆不可行，因此不对股票价值进行任何判断，只是被动地跟踪目标指数以期获得指数的回报。

指数跟踪即指数复制，是用指数成分股创建一个与目标指数相比差异尽可能小的证券组合的过程。复制指数理论上非常简单，但在实际操作中是一个非常复杂的过程。为说明问题，以下以指数编制为基础进行阐述。

目前股价指数编制方法主要有三种：算术平均法、几何平均法和加权平均法。其中算术平均法强调先选择具有代表性的样本股，确定基期指数，然后计算某日样本股价格的平均数，将其与基期的平均数比较，最后乘以基期指数得出该日的股价平均指数；几何平均法与算术平均法类似，唯一不同之处在于计算均价采用的是几何平均数；加权平均法强调将样本股按其在市场上的不同地位（如市值、流通股数、成交金额等）赋予其不同权重计算股价平均指数。

与指数编制不同，指数复制更为复杂：首先，指数编制无须考虑费用，而指数复制需考虑各类成本，如佣金等交易成本及建立、管理指数的各种费用（这部分成本较难控制）。其次，多数指数的变动（如成分股的增加或减少、成分股权重的变更）都是在某个交易日收盘时生效。但在跟踪指数的过程中，大规模交易无法在短期内完成，权重调整往往需要经过多次交易，导致指数复制的价格变为成交均价，与指数编制使用的收盘价出现偏差。

（一）指数复制方法

根据市场条件的不同，指数复制方法通常分为三种：完全复制、抽样复制和优化复制。三种方法使用的样本股数量依次递减，跟踪误差依次递增。

1. 完全复制

完全复制亦即购买目标指数中的所有成分股票，并按照每种成分股在目标指数中的权重确定买卖比例，并根据目标指数结构的变化进行动态调整，从而达到复制指数的目的。此方法简单明了，跟踪误差较小。

理论上，完全复制是最好的策略，但实际实施难度较大。对于流动性较差的成分股，在复制过程中买卖会产生冲击成本，从而对复制效果造成较大影响。

2. 抽样复制

指数的风险收益特征可分为若干因子（如行业因子、风格因子）的变动。抽样复制是在尽可能保留因子个数及结构不变的情况下，使用较少股票来复制因子。由于因子模型无法完全描述指数的风险收益特征，因此容易造成跟踪误差。

通常，抽样复制可分为市值优先、分层抽样两种方法。市值优先是把股票按市值从大到小排列，选择排名靠前的股票（如70%的成分股），然后统计出所选成分股的总权重，使每只成分股的配比等于该成分股在总权重中的比例。

分层抽样则是把指数成分股按是否有共同因子进行分类，在每一类中选择若干成分股，从而达到提高样本成分股代表性的目的。例如，可按行业因子分组，再在每个行业内按公司市值进行分组，最后在每个二维组中随机或按一定规则选出一定数量的股票。

3. 优化复制

优化复制是从“一篮子”样本股开始，用数学方法计算一定历史时期内各样本股的最优组合，使其在样本期内能够达到对目标指数的最佳拟合状态。该方法的优点在于其使用的样本股最少，缺点是该方法假设成分股间的相关性在一段时间内是可预测的，会导致较高的跟踪误差（Tracking Error）。

（二）指数跟踪误差

跟踪误差是复制性组合相对目标指数的跟踪偏离度的标准差，衡量的是复制性组合收益率与目标指数收益率之间的偏离程度，可用于考核基金业绩。其中，跟踪偏离度的计算公式如下：

跟踪偏离度=复制性组合收益率－目标指数收益率　　（4–18）

需要特别指出的是，跟踪偏离度可为正也可为负。负/正跟踪偏离度表明复制性组合的收益率低于/高于基金指数的业绩。

计算跟踪误差分为三步：选择目标指数、计算复制性组合相对于目标指数的跟踪偏离度、计算跟踪偏离度的标准差。其中目标指数的选择与基金管理人的投资理念密切相关。只有选择适合投资组合类型和风格的目标指数才能准确衡量基金管理人的业绩。

表4–6中列举了在过去30周中某复制性组合的收益率、目标指数的收益率及跟踪偏离度。由此计算得出的跟踪偏离度的均值为0.04%，跟踪误差为0.54%。对于被动型投资策略，跟踪偏离度理论上为0，跟踪误差理论上也为0。但在不完全复制的情况下，跟踪误差在所难免。即使是完全复制，由于存在成本费用，跟踪误差也不可能为0。基金管理人只能在成本允许的情况下，尽量减少跟踪误差。

表 4-6　跟踪偏离度与跟踪误差的计算

周次	复制性组合收益率	目标指数收益率	跟踪偏离度
1	3.69%	3.72%	-0.03%
2	-0.56%	-1.09%	0.53%
3	-1.41%	-1.35%	-0.06%
4	0.96%	0.34%	0.62%
5	-4.07%	-4.00%	-0.07%
6	1.27%	0.91%	0.36%
7	-0.39%	-0.08%	-0.31%
8	-3.31%	-2.76%	-0.55%
9	2.19%	2.11%	0.08%
10	-0.02%	-0.40%	0.38%
11	-0.46%	-0.42%	-0.04%
12	0.09%	0.71%	-0.62%
13	-1.93%	-1.99%	0.06%
14	-1.91%	-2.37%	0.46%
15	1.89%	1.98%	-0.09%
16	-3.75%	-4.33%	0.58%
17	-3.38%	-4.22%	0.84%
18	0.60%	0.62%	-0.02%
19	-10.81%	-11.60%	0.79%
20	6.63%	7.78%	-1.15%
21	3.52%	2.92%	0.60%
22	1.24%	1.89%	-0.66%
23	-0.63%	-1.66%	1.03%
24	3.04%	2.90%	0.14%
25	-1.73%	-1.58%	-0.15%
26	2.81%	3.05%	-0.24%
27	0.40%	1.64%	-1.24%
28	1.03%	1.03%	0.00%
29	-0.94%	-0.95%	0.01%
30	1.45%	1.66%	-0.21%

（三）跟踪误差的影响因素

一般来说，跟踪误差是不可避免的。影响跟踪误差的因素主要包括股票数量、各项费用、现金留存及动态跟踪过程。

1. 股票数量

股票数量与跟踪误差成反比：股票数量的增加/减少将降低/提高跟踪误差水平，提高/降低复制投资组合的拟合度。

2. 各项费用

基金的运行涉及多项费用，如管理费、托管费、交易股票的佣金、印花税等，这些都构成了复制指数的成本。费用越高，跟踪误差就越大。

3. 现金留存

由于存在现金留存，复制投资组合不能将所有资金都用于投资指数成分股，导致实际的股票仓位未达100%，造成与目标指数的偏离。

4. 动态跟踪过程

随着时间的推移，目标指数中的成分股数量及各股权重可能会发生变化，这就要求复制组合也作相应的调整，以降低跟踪误差。但频繁调整也将带来更高的交易成本，反而可能加大跟踪误差。

【知识链接4-3】

华夏沪深300 ETF投资策略

1. 投资目标

紧密跟踪目标指数，追求跟踪偏离度和跟踪误差的最小化。

2. 目标指数

该基金的目标指数为沪深300指数。若指数发布机构变更或停止沪深300指数的编制及发布，或沪深300指数被其他指数所替代，或由于指数编制方法等重大变更导致沪深300指数不宜作为目标指数，或证券市场有其他代表性更强、更适合投资的指数推出，该基金管理人可以根据维护投资者合法权益的原则，变更该基金的目标指数。

3．投资范围

该基金主要投资于目标指数的成分股、备选成分股。为了更好地实现投资目标，基金还可投资于非成分股、债券、股指期货、权证及法律法规或中国证监会允许基金投资的其他金融工具。例如，法律法规或监管机构以后允许基金投资其他品种的，基金管理人在履行适当程序后，可将其纳入投资范围。基金投资于目标指数成分股及备选成分股的比例不得低于基金净资产的90%。

4．投资策略

该基金主要采用组合复制策略及适当的替代性策略以更好地跟踪目标指数，实现基金投资目标。

（1）组合复制策略

该基金主要采取完全复制法，即按目标指数成分股及其权重构建基金的股票投资组合，并根据目标指数成分股及其权重的变动对股票投资组合进行相应调整。

（2）替代性策略

对于出现市场流动性不足、因法律法规原因个别成分股被限制投资等情况，导致该基金无法获得足够数量的股票时，基金管理人将通过投资成分股、非成分股及中国证监会允许监投资的其他金融工具进行替代。

（3）股指期货投资策略

该基金投资股指期货将根据风险管理的原则，以套期保值为目的，主要选择流动性较好、交易活跃的股指期货合约，以降低股票仓位调整的交易成本，提高投资效率，从而更好地跟踪目标指数，实现投资目标。

（4）权证投资策略

该基金将通过对权证标的证券基本面的研究，结合多种期权定价模型，在确定权证合理价值的基础上，根据基金资产组合情况，适度进行权证投资。

该基金力争日均跟踪偏离度的绝对值不超过0.2%，年跟踪误差不超过2%。

5．风险收益特征

本基金属于股票基金，风险与收益高于混合基金、债券型基金与货币市场基金，属于高风险、高收益的产品。

资料来源：http://vip.stock.finance.sina.com.cn/fund/go.php/vAkFundInfo_JJGKXX/q/1676007.phtml.

本章小结

权益类证券是指代表发行企业所有者权益的证券，主要包括股票、存托凭证、可转换债券和权证。

投资权益类证券的风险与收益远高于投资固定收益类证券。其中，投资风险包括系统性风险和非系统性风险，投资收益由无风险收益与风险溢价构成。

作为权益类证券中最常见的金融投资工具，股票备受投资者青睐和关注。根据基金管理人奉行的投资策略的不同，股票价值分析法可分为积极型投资管理策略下的股票价值分析法与消极型投资管理策略下的股票价值分析法。其中积极型投资管理策略主张积极寻找市场中的套利机会，根据自身的判断调整股票投资组合，以求收益最大化。该策略下的股票分析法主要包括基本面分析法、技术分析法和市场异常分析法。而消极型投资管理策略建立在市场有效的基础之上，主张消极被动地跟踪目标指数，以期获得指数的回报。该策略不对股票价值进行任何判断，而是强调复制指数。我国现有基金多数奉行积极型投资管理策略。

思考题

1. 权益类证券分为哪些种类？它们之间的联系与区别体现在哪些方面？

2. 投资权益类证券的风险与收益特点有哪些？

3. 积极型投资管理策略与消极型投资管理策略有哪些区别？

4. 试述积极型投资管理策略下的股票分析法。在实际操作过程中如何使用这些方法获利？

5. 与积极型投资管理策略下的股票分析法相比，消极型投资管理策略下的股票分析法有什么特点？

扫码获取
本章课件

第五章　证券投资基金固定收益投资

学习目标

· 熟悉债券的分类标准及相应的类型

· 了解债券的投资风险主要来自哪几个方面

· 了解常用的货币市场工具

· 掌握债券的估值和风险度量方法

第一节 固定收益证券的种类

固定收益证券是指能够提供固定现金流或能够提供可以根据固定公式计算出来的现金流的证券。以公司债券为例，其发行人承诺每年以固定利率向债券持有者支付利息。

有些债券的利率是浮动的，但有明确的计算方法。例如，某公司债券规定按国库券利率上浮2个百分点计算并支付利息。固定收益证券是公司筹资的重要形式，其收益与发行人的财务状况相关程度低，除非发行人破产或违约，债券持有者将按规定数额取得收益。固定收益证券主要包括债券和货币市场工具。

一、债券

（一）债券的概念

债券（Bonds/Debenture）是一种金融契约，是政府、金融机构、工商企业等为筹集资金向投资者发行的，同时承诺按一定利率支付利息并按约定条件偿还本金的债权债务凭证。作为债权债务凭证，它具有以下几个基本要素：

第一，发行单位的名称。债券票面应该明确记载发行单位的名称即债券的债务主体。发行单位的名称应为全称，不能简写，以便投资者了解发行单位的状况。债券票面记载发行单位名称为债权人到期追索本金和利息提供了依据，同时也起到区别于其他债券的作用。

第二，债券的票面价值。债券的票面价值代表投资者购买债券的本金数额，是到期偿还本金及计算利息的基本依据，包括面值的币种和面值的大小两项基本内容。前者主要取决于发行人的需要和债券的种类，而后者则依具体情况而定。在我国，债券的票面价值一般为100元人民币。债券票面必须载明面值金额，否则债权人的权益将无法得到保障，且不同的票面金额会对债券的发行成本、发行数额和投资者的分布产生不同的影响。

第三，债券的票面利率和计息方法。债券的票面利率也称名义利率，是债券利息与债券面值之间的比值。计息可分为单利、复利、固定利率及浮动利率等计算方法。不同的债券有不同的票面利率和计息方法，它们直接影响投资者的利益，因此债券应明确记载其票面利率和计息方法。

第四，债券的偿还期限。债券的偿还期限是指从债券发行日起到本息偿还日止的时间。偿还日一到，债券的持有者就可以按照票面金额从债券发行人处收回本金。受发行人资金使用方向，对未来利率的预期，证券市场的发达程度以及投资者的购买意向、心理状态和行为偏好等因素的影响，债券的偿还期限长短不一，有的只有几个月，有的却长达几十年。债券的偿还期限将直接决定债券的名义利率，影响投资者利益。

第五，债券的发行日期。债券的发行日期是确定其计息时间的基础，是影响投资者权益的重要因素。因此，债券票面必须载明其发行日期。

第六，发行单位的地址。除众所周知的单位外，其他单位发行的债券都应明确记载发行单位地址，以便投资者与发行人进行联系和核实。

（二）债券的类型

债券种类繁多，且在不同国家、不同地区其分类方法也不一致。总体来说，债券的基本分类方法主要有以下几种。

1. 按发行单位性质分类

根据债券发行单位的性质，可将其分为政府债券、金融债券、公司债券和国际债券。

（1）政府债券

政府债券是政府或政府代理机构为弥补预算赤字、筹集建设资金及归还旧债本息等发行的债券，又可具体分为国家债券、政府机构债券、地方政府债券等。

国家债券即国债，是指由中央政府或财政部门发行的债券。它是政府筹集资金的一种方式，是国家信用的主要形式。根据举借国债对筹集资金使用方向的规定，可将国债分为赤字国债、建设国债、战争国债和特种国债。国债由中央政府承担还本付息义务，具有期限短、风险小、流动性强、安全性高、收益稳定、享受免税待遇的特征。国债的发行量和交易量往往在债券市场上占较大比重，在资本市场中起着重要的融资作用。特别是短期国库券，作为货币市场的重要融资工具，具有“准货币”之称，成为国家实施宏观经济政策、进行宏观调控的工具，也是最受投资者欢迎的金融资产之一。

政府机构债券，是指各国政府有关机构发行的债券，如美国的联邦政府代理机构债券、日本的政府保证债券等。它一般由中央政府担保，具有准国债的性质，有较高的信誉，也是债券投资者的重要投资对象。

地方政府债券，又称市政债券（Municipal Bond），是指市、县、镇等地方公共机关为进行当地经济开发、公共设施建设等发行的债券，如美国的市政府债券、日本的地方债券、英国的地方当局债券等。地方政府债券一般以地方财政作担保，其安全性与国家债券类似。但由于其地方性，地方政府债券流通区域有限，因此不易转让，证券市场的流通量也较小。此外，地方政府债券也享有免税待遇。

（2）金融债券

金融债券是银行或非银行金融机构为筹措中长期信用资金向社会发行的一种债务凭证，如日本的附息金融债券、贴现金融债券，美国的国民银行从属债券等。它是银行或非银行金融机构除发行股票、发行大额可转让存单等方式外，经过特别批准的又一种资金筹措方式，也是银行资产负债管理的重要手段，其利率往往介于国债和公司债券之间，也是很受欢迎的一种投资工具。金融债券又可具体分为全国性金融债券和地方性金融债券。全国性金融债券是由全国性金融机构在全国范围内发行的金融债券，其安全性较强，也有较好的流动性；地方性金融债券是由地方性金融机构在本地区范围内发行的金融债券，其安全性和流动性均低于全国性金融债券。

（3）公司债券

公司债券是公司依照法定程序发行的、约定在一定期限还本付息的有价证券。与政府证券相比，其风险性相对较大，因此利率较高。通常，国家为保护投资者利益，在发行数额、发行时间、债券期限、利率等方面都对公司债券有较严格的规定。公司对公众发行债券，要经有关部门审查批准。公司债券按发行对象又可具体分为公司企业债券和非公司企业债券两大类。有法人地位的公司企业，是指依法成立、以营利为目的的社团法人；而不具备此特征的独资企业或合伙企业，则被称为非公司企业。非公司企业发行的债券与公司企业发行的债券没有很大的区别，只是在发行程序上有不同的要求。

各国在实践中曾创造出许多种类的公司债券，现列举几个主要的品种。

信用公司债券，又称无抵押公司债券，是指仅以债券发行单位的信用作保证而发行的，没有抵押品或担保人作担保的公司债券。由于无抵押品担保，发行此类债券的企业须具有较好的声誉，并且必须遵守一系列的规定和限制，以提高债券的可靠性。如企业不得随意增加其债务，在信用债券未清偿前股东分红须有限制等。

抵押公司债券，是指本金和利息的支付有抵押品作保证的债券，具体分为不动产抵押债券和证券抵押信托债券。不动产抵押债券是指为保证本金的偿还，将土地、设备、房屋等不动产作为抵押品而发行的债券。当债券发行单位不能履行还本付息义务时，债券持有者有权变卖抵押品来抵付。在现代抵押公司债券中，不动产抵押债券占很大的比重。抵押债券所提供的抵押品多为整个企业或全部机器设备。当抵押品价值很大时，可以设定若干个抵押权，并按债权人受偿的先后次序，分为第一抵押权、第二抵押权、第三抵押权等。抵押品被拍卖后，所得的价款按次清偿，直至价款用完；如有剩余，应退还抵押人。而证券抵押信托债券（质押债券）是指以自身拥有的其他单位债券或股票等证券作为抵押品而发行的债券。通常，发行这种债券的单位须将作为担保品的证券交给作为受托人的信托机构。当债券发行单位到期不能清偿时，即由受托人处理抵押的证券，并代为偿债。发行证券抵押信托债券的目的是保障投资者财产的安全，吸引投资者。

保证公司债券，又称为担保债券，是指债务的偿还由第三者作担保而发行的一种债券。发行此类债券的担保人可以是政府、银行、母公司、其他企业等。担保人在其背面"背书"，或担保全部本息，或仅担保利息。它可以提高债券信誉，扩大销路，减轻发行单位的利息负担。一般来说，投资者比较愿意购买保证公司债券，因为一旦公司不能偿还债务，担保人将负清偿之责。实践中，保证行为常见于母子公司之间。

收益公司债券是一种具有特殊性质的债券。一方面，它与一般债券相似，到期清偿时债权排列顺序先于股票；另一方面，它又与一般债券不同，发行公司虽承担偿还本金的义务，但是否支付利息则完全根据公司盈亏情况而定，即有盈余则付息，无盈余则不付息。一般公司在重新整顿时，为减轻债务负担，通常都要求债权人将原来的公司债券换成收益公司债券。

参加公司债券，又称分红公司债券，是指在债券发行时规定债权人除可得到利息收入外，当公司盈余超过应付利息时，还可以参加公司红利分配的债券。一般来说，此类债券与其他债券相比利率较低，但在分红时可获得更多的收益。公司发行这种债券一般是由于其信誉不好、经营不善，只能以股东们放弃部分红利为条件吸引投资者。此类债券在欧洲被广泛使用。

通知公司债券，又称可提前偿还的公司债券，是指发行公司可以在债券到期前（通常为30天或60天）通知持券者偿还本息的债券。

附新股认购权债券，是指发行单位规定认购此类债券即可享有公司新股认购权的债券，分为分离型和非分离型两类。前者要在债券之外额外发行新股认购权证券，该证券可独立转让。而非后者则不允许单独转让新股认购权。

可转换债券，如第四章第一节所述，是指发行人依法发行，持有者在一定时间内可依据约定的条件转换成一定数量的普通股股票的公司债券。可转换债券具有二重性，既是固定利率债券，又是潜在的股本。购买此类债券所付出的代价是其与无转换权债券在同等条件下的收益额。可转换债券与附新股认购权债券的区别在于债券本身是否存在。可转换债券行使转换权后，债券变成了股票，债券本身就消失了。而附新股认购权债券在行使认购权后，债券依然存在。

（4）国际债券

国际债券一般是各主权国家政府、金融机构、信誉好的大公司以及国际机构等在本国以外的国际金融市场上发行的债券，其发行目的主要是弥补发行国政府的国际收支逆差或国内预算赤字、实施国际金融组织的经济开发计划、增加大型工商企业或跨国公司的营运资金及扩大其经营范围。换言之，国际债券的发行人属于某一国家，发行地点属于另一国家，并且债券面额不以发行国货币为面值，而是以外国货币或其他货币为面值。

与国内债券相比，国际债券具有以下特点：第一，国际债券资金来源更广，发行规模更大。第二，发行国际债券筹集到的资金是外国货币，汇率一旦发生波动，发行人和投资者都有可能蒙受意外损失或获取意外收益，因此汇率风险是国际债券的重要风险。第三，发行国际债券有时可以得到一个主权国家政府最终偿债的承诺保证，使国际债券市场具有较高的安全性。第四，国际债券以自由兑换的货币（主要是美元，其次为英镑、欧元、日元和瑞士法郎等）作为计量单位，发行人筹集到的资金是一种通用的自由兑换的外汇资金。

依所用货币与发行地点的不同，国际债券又主要分为外国债券和欧洲债券。

① 外国债券（Foreign Bonds）。外国债券是指一国借款人在本国以外的国家发行以发行所在地国家货币为面值并还本付息的债券。它的特点是债券发行人属于一个国家，债券的面值货币和发行市场则属于另一个国家。

外国债券是一种传统的国际债券，主要有美国、日本等市场。在美国发行的外国债券被称为扬基债券（Yankee Bonds），是由非美国居民在美国市场发行的、以美元为面值并还本付息、吸引美国资金的债券。在日本发行的外国债券被称为武士债券（Samurai Bonds），是非日本居民在日本债券市场发行的、以日元为面值并还本付息、吸引日本资金的债券。外国债券同样也在中国发行，被称为熊猫债券（Panda Bonds），是国际多边金融组织在中国发行的人民币债券。2005年10月14日，亚洲开发银行（Asian Development Bank，ADB）与国际金融公司（International Finance Corporation，IFC）在银行间债券市场正式推出熊猫债券，发行额度为10亿元人民币，期限为10年，票面利率采用簿记建档方式确定，募集资金用于满足普通业务的需要，特别是中国的融资项目。中银国际是熊猫债券的主承销商。2006年11月15日，国际金融公司又成功发行了8.7亿元熊猫债券。

② 欧洲债券（Euro-Bonds）。欧洲债券是指一国借款人在本国境外市场发行的，不以发行市场所在国货币为面值，而是以另一种货币为面值并还本付息的债券。它的特点是债券发行人、债券发行地点和债券面值使用的货币分别属于不同的国家。由于它不以发行市场所在国的货币为面值，故也被称为无国籍债券。欧洲债券除可以用单独货币发行外，还可以用复合货币单位发行，如特别提款权。欧洲债券一般不记名，可以通过国际债券市场上的经纪人或包销商来出售，而不必在任何特定的国内资金市场上注册或者销售。因此，欧洲债券无须像外国债券那样受发行所在地有关法规的限制。欧洲债券是在20世纪60年代初期随着欧洲货币市场的形成而出现和发展起来的，到20世纪80年代，欧洲债券发行规模已超过国际债

券发行总额的50%。目前，欧洲债券已成为各经济体在国际资本市场上筹措资金的重要手段。

③龙债券（Dragon Bonds）。龙债券亦称小龙债券，是一种国际性债券，在亚洲地区相当于欧洲债券。它是指在除日本外的亚洲地区发行的一种以非亚洲国家和地区的货币标价（多数以美元标价，也有的用加拿大元、澳元和日元标价）的债券。龙债券的发行人来自亚洲、欧洲、北美洲和南美洲，投资者则主要来自亚洲主要国家。龙债券最少要在三个亚洲金融中心（中国香港、新加坡及中国台北）中的两个上市，并在亚洲地区买卖。龙债券的期限一般都在3～10年，以3年、5年居多，一般属于一次到期还本、每年付息一次的长期固定利率债券，或者是以美元计价、以伦敦银行间同业拆放利率（LIBOR）为基准、每一季或每半年重新确定一次利率的浮动利率债券。1993年10月，我国财政部首次发行龙债券，受到了投资者的欢迎。

2. 按债券期限分类

根据债券偿还期限的长短，可将其分为短期债券（Treasury Bill）、中期债券（Treasury Note）和长期债券（Treasury Bond）。

（1）短期债券

短期债券是指偿还本金的期限在1年以下的债券，通常有3个月、6个月、9个月、12个月等。例如，美国短期国库券的期限通常为3个月、6个月，最长不超过1年；英国短期国库券的期限通常为3个月；日本短期国债的期限为2个月；等等。

（2）中期债券

中期债券是指本金偿还期限在1年以上、10年以下的债券。例如，美国联邦政府发行的中期债券的期限为1～10年；日本的中期附息国家债券的期限为2～4年，贴现国家债券的期限为5年；中国发行的国库券的期限大多为3～5年；等等。

（3）长期债券

长期债券是指本金偿还期限在10年以上的债券。例如，美国联邦政府债券中有10～30年期的国家债券；日本的长期附息国家债券按期支付利息，除因发行公司破产或有重大债务不能履行其义务等情况外，一般不能要求偿还本金，也有人称这种债券为无期债券。当然，在现实生活中，由于不同国家、不同地区、不同性质的债券有不同的特点和划分习惯，因此其期限划分标志也不完全一致。

3. 按利息支付方式分类

债券的利息支付方式与债券的形态、期限等有关，通常可分为贴现债券（Discount Bond）、附息票债券（Coupon Bond）和息票累积债券。

（1）贴现债券

贴现债券是指以面额为基础，将债券利息用贴现的方式先行扣除，采用低于面额的价格发行，到期后按面额偿还的债券。此类债券的利息是预先支付的，债券发行价格与其面额的差额即为利息。这种利息支付方式主要适用中短期债券。

（2）附息票债券

附息票债券又称定息债券，是指债券上附有各期领取利息凭证，每年在付息日以息票领取利息的债券。附息票债券发行时规定的利率不变。在利息到期时，将息票剪下来，凭此领取本期的利息。息票一般要求必须有编号，并载有应付利息的日期和金额。这种利息支付方式主要适用于中长期债券。另外，息票本身也是一种有价证券，也可流通转让。

（3）息票累积债券

息票累积债券也称到期一次性还本付息债券，是指债券利息按票面利率计算，债券到期后一次还本付息的债券。这种利息支付方式一般适用于中短期债券，多数采取债券到期后一次偿还本金支付利息的方法，是现实生活中常见的债券形式。

4. 按债券形态分类

债券按形态分类可分为实物债券、凭证式债券和记账式债券。

（1）实物债券

实物债券是指以货币表示票面价值，按预先约定的商品折价偿还本金的债券。在我国现阶段的国债种类中，无记名国债便属于这种实物债券。实物债券是一般意义上的债券，其特点是不记名、不挂失，可以上市流通。由于不记名、不挂失，实物债券的持有安全性不如凭证式债券和记账式债券，但购买手续简便。同时，由于可上市流通，实物债券的市价随二级市场的供求状况而定。当市场因素发生变动时，其价格会有较大波动，因此具有获取较大利润的机会，但也伴随着一定的风险。一般来说，实物债券更适合金融机构和投资意识较强的购买者。

（2）凭证式债券

凭证式债券是指不印刷实物券，用填制债券收款凭证的方式发行的债券。我国发行的凭证式国债便属于此类债券。它以凭证式国债收款凭证记录债权，不能上市流通，从购买之日起计息。在持有期内，持券人如果遇到派息，利息按实际持有天数及相应的利率档次计算，经办机构按兑付本金的0.2%收取手续费。凭证式国债是一种安全、灵活、收益适中的理想的投资方式，是集国债和储蓄的优点于一体的投资品种。

（3）记账式债券

记账式债券又称无纸化债券，是指没有实物形态，利用证券账户通过电脑系统完成债券发行、交易及兑付全过程的债券。我国从1994年推出的记账式国债便属于此类债券。它通过上海证券交易所、深圳证券交易所的交易系统发行和交易，投资者必须在证券交易所设立账户才能进行记账式债券的买卖。记账式债券可记名、挂失，安全性较高。同时，由于发行和交易的无纸化，记账式债券的发行时间短、发行效率高、交易手续简便，具有成本低、收益高、安全性好、流通性强的特点。

5. 按计息方式分类

按计息方式分类，债券可分为单利债券（Simple Interest Bond）、复利债券（Compound Interest Bond）和累进利率债券。

（1）单利债券

单利债券是指在计算利息时，无论期限长短，仅按本金计息，所生利息不再加入本金计算下期利息的债券。

（2）复利债券

与单利债券相对应，复利债券是指计算利息时，按一定期限将所生利息加入本金再计算利息，逐期滚算的债券。

（3）累进利率债券

累进利率债券是指以利率逐年累进方法计息的债券。与单利债券和复利债券利率在偿付期内固定不变不同，累进利率债券的利率随着时间的推移而递增，后期利率比前期利率高，呈累进状态。此类债券的期限往往是浮动的，但有最短持有期和最长持有期的规定。累进利率债券有利于调动投资者的投资积极性，刺激投资者长期持有债券。

6. 按利率是否固定分类

按利率是否固定，可将债券分为固定利率债券（Fixed Rate Bond）和浮动利率债券（Floating Rate Bond）。

（1）固定利率债券

固定利率债券是在债券发行时就已经明确规定了债券存续期内票面利率固定不变的债券。此类债券在偿还期内，无论市场利率如何变化，债券持有者只能按债券票面载明的利率获取债息。固定利率债券不考虑市场变化因素，因而其筹资成本和投资收益可以实现预期，不确定性较小，但债券发行人和投资者必须承担市场利率波动的风险。当偿还期内的市场利率上升且超过债券票面利率时，新发行债券的成本增大，则原来发行的债券的成本相对较低，债券持有者就要承担收益率相对降低的风险。当然，在偿还期内，如果市场利率下降且低于债券票面利率，发行人能以更低的利率发行新债券，则原来发行的债券的成本就相对高昂，债券投资者就获得了利率下降带来的额外收益。

（2）浮动利率债券

浮动利率债券是在债券发行时规定其利率是在票面利率基础上参照预先确定的某一基准利率予以定期调整的债券。此类债券的利率与市场利率挂钩，一般高于市场利率一定百分点。当市场利率上升时，债券的利率也相应上浮。反之，当市场利率下降时，债券的利率就相应下调。这样，浮动利率债券就可以避开市场利率波动产生的债券实际收益率与市场收益率之间的重大差异。但债券利率的浮动性也给发行人的实际成本和投资者的实际收益带来了很大的不确定性，从而面临较高的风险。

7. 按信用形式分类

按信用形式可将债券分为信用债券、抵押债券和担保债券三大类。

（1）信用债券

信用债券是指仅以债券发行单位的信用作保证而发行的，没有抵押品作担保的债券。一般政府债券、地方政府债券和金融债券都属于信用债券。当然，一些信誉较好的企业也可以发行信用债券，但为保证投资者利益，企业发行信用债券有许多约束，如企业不得随意增加其债务、在信用债券未清偿前股东分红须有限制等。

（2）抵押债券

抵押债券是指本金和利息的支付有抵押品作保证的债券，具体可分为抵押债券和抵押信托债券。由于抵押债券与前述抵押公司债券类似，此处不再赘述。

（3）担保债券

担保债券又称保证债券，是指由第三者担保偿还本息的债券。发行这种债券的担保人可以是政府、银行、其他企业等。它可以提高债券信誉，扩大销路，减轻发行单位的利息负担。

8. 按是否记名分类

按是否需要记名，债券可分为记名债券、无记名债券和交换债券。

（1）记名债券

记名债券是券面需要记载债权人姓名的债券。此类债券在领取本息时，除需凭债券本身外，还需凭持有者印鉴。另外，在转让时要重新登记，因此流动性较差。

（2）无记名债券

无记名债券是券面无须记载债权人姓名的债券。这种债券可凭债券本身或息票领取利息，转让时无须重新登记，流动性较好。

（3）交换债券

交换债券是指在公司同时发行记名债券和无记名债券时，债权人可随时提出将记名债券转换成无记名债券，或将无记名债券转换成记名债券的债券。

9. 按募集方式分类

按其是否公开募集，债券可分为私募债券和公募债券。

（1）私募债券

私募债券是指仅向发行单位内部或与发行单位有特殊关系的投资人发售的债券。私募债券发行范围较小，不需要公开申报，债券的转让也受到一定限制，因此流动性较差。

（2）公募债券

公募债券是指向社会公开销售的债券。由于此类债券面向公众发行，因此必须遵守信息公开制度以保护投资者利益。一般发行公募债券需要有关部门审批，并需经公认的资信评价机构评级。

（三）债券投资的风险

与证券市场其他金融工具一样，投资债券也面临一系列的风险。这些风险主要分为信用风险（Credit Risk）、利率风险（Interest Rate Risk）、通货膨胀风险（Inflation Risk）、流动性风险（Liquidity Risk）、再投资风险

（Reinvestment Risk）和提前赎回风险（Prepayment Risk）。

1. 信用风险

债券的信用风险又称违约风险（Default Risk），是指债券发行人无法按契约的规定按时足额偿还债券的本金和利息，给债券投资者带来损失的可能性。通常情况下，发行人的财务状况越差，债券的信用风险越大。例如，我国A股上市公司*ST超日（股票代码：002506）于2014年3月4日正式宣布“11超日债”当期利息将无法按期全额支付，仅能按期支付本金的4.5%即400万元利息，成为国内首例违约债券。

判断债券信用风险的方式有多种，如投资者可根据宏观经济和发行人的状况来估计某一债券是否存在违约的可能：当宏观经济或企业经营状况恶化时，该发行人的债券信用风险可能加大。此外，投资者也可借助独立信用评级机构发布的信用评级作判断。国际上知名的评级机构主要有三家：穆迪投资者服务公司（Moody's Investor Service）、标准普尔评级服务公司（Standard & Poor's Ratings Services）、惠誉国际信用评级有限公司（Fitch Investor Service）。这些评级机构一般将债券按信用风险的大小从低到高排列，最高的信用等级表明债券几乎无风险，如国债，而最低的信用等级则表明债券违约的可能性很大或债务人已违约。介于两者之间的债券可分为投资级与投机级两类。前者源于监管机构规定保险公司和共同基金等机构投资者持有的高信用等级的债券；后者又被称为垃圾债券（Junk Bond），信用风险较大。表5-1列示了三大国际信用评级机构的债券信用评级分类。

表5-1　国际信用评级机构的债券信用等级

类别	穆迪	标准普尔	惠誉	等级
投资级债券	Aaa	AAA	AAA	最高级别
	Aa1	AA+	AA+	
	Aa2	AA	AA	
	Aa3	AA-	AA-	

续表

类别	穆迪	标准普尔	惠誉	等级
投资级债券	A1	A+	A+	中高级别
	A2	A	A	
	A3	A-	A-	
	Baa1	BBB+	BBB+	中下级别
	Baa2	BBB	BBB	
	Baa3	BBB-	BBB-	
	Ba1	BB+	BB+	低级别或投机级别
	Ba2	BB	BB	
	Ba3	BB-	BB-	
	B1	B+	B+	
	B2	B	B	
	B3	B-	B-	
投资级债券	Caa1	CCC+	CCC	低级别或投机级别
	Caa2	CCC		
	Caa3	CCC-		
	Ca			
	C			
	C	D	DDD	已违约
			DD	
			D	

2. 利率风险

利率风险是指利率变动引起债券价格波动的风险。债券的价格与利率呈负相关关系：利率上升，债券价格下跌；利率下降，债券价格上升。此类风险对于零息债券和固定利率债券而言尤为重要。相对来说，浮动利率债券的利息在支付日会根据当前的市场利率进行调整，因此在市场利率上升的情况下具有较低的利率风险，而在市场利率下行的情况下具有较高的利率风险。

3. 通货膨胀风险

通货膨胀风险又称购买力风险，几乎所有债券都面临通货膨胀风险，因为利息和本金是不随通货膨胀水平变化的名义金额。通货膨胀导致物价上涨，使债权持有者获得的本金和利息的购买力下降。浮动利率债券的利率在付息日会根据实际状况进行调整，在一定程度上降低了通货膨胀风险，但其本金因购买力下降带来的损失是无法避免的。当然，投资者可购买通货膨胀链接债券（Inflation-Linked Bond），在这种情况下投资者的本金和利息会根据通货膨胀水平的变化而变化，从而避免通货膨胀风险。

4. 流动性风险

债券的流动性是指债券投资者将手中持有的债券变现的能力。若变现速度快且没有遭受变现损失，则此类债券的流动性较高。相反，如果变现速度慢，或为变现需承担额外的损失，则此类债券的流动性较低。通常情况下，债券买卖差价的大小反映了债券流动性的大小。流动性越高，债券的买卖差价越小。相反，流动性越低，债券的买卖差价越大。

相应地，债券的流动性风险是指未到期的债券持有者无法以市价，只能以明显低于市价的价格变现债券而形成的投资风险。通常情况下，交易不活跃的债券流动性风险高。

5. 再投资风险

再投资风险是指在市场利率下行的情况下，附息债券收回的利息或提前于到期日收回的本金只能以低于原债券到期收益率的水平再投资于相同属性的债券而产生的风险。

6. 提前赎回风险

提前赎回风险又称回购风险（Call Risk），是指债券发行人在债券到期日前赎回有提前赎回条款的债券带来的风险。债券发行人通常会在市场利率下行的情况下选择执行提前赎回条款，导致投资者面临再投资风险。

二、货币市场工具

（一）货币市场工具的概念及特点

要介绍货币市场工具，首先要了解货币市场。货币市场是指以短期金融工具为媒介，进行期限在一年以内的融资活动的交易市场，具有低风险性和高流动性的特征。货币市场工具则是指在货币市场这类短期资金的借贷市场上可供交易的金融工具，具体包含的内容已在第二章第三节介绍过，在此不再赘述。货币市场工具产生于信用活动，交易价格为利率，是固定收益证券的一部分。因其具有良好的流动性和对经济环境的敏感性，在金融市场中发挥着十分重要的作用：一方面，货币市场工具为商业银行管理流动性及企业融通短期资金提供了有效手段；另一方面，因货币市场工具交易而形成的短期利率在整个市场的利率体系中充当了基准利率，为市场上其余证券利率的确定提供了重要的参考依据，是判断市场银根松紧程度的重要指标。

货币市场工具有以下特点：均为债务契约；期限在1年以内（含1年）；流动性高；属大宗交易，主要由机构投资者参与，个人投资者很少有机会参与买卖；本金安全性高，风险较低。

（二）常用的货币市场工具

常用的货币市场工具有短期国债、大额可转让定期存单、商业票据、银行承兑汇票、回购协议等。

1. 短期国债

短期国债是一国政府为满足“先支后收”所产生的临时性资金需要而发行的短期债券。短期国债在英国、美国被称为国库券，英国是最早发行短期国债的国家。19世纪70年代，英国政府因地方政府融资和开拓苏伊士运河的需要，缺乏短期周转资金，遂接受经济学家及财政专家W.拜基赫特的建议，于1887年发行了国库券。短期国债自英国创立以后，在美国得到极大的发展，成为最重要的货币市场工具。

（1）短期国债的发行

短期国债以折价的方式发行，到期时按照票面金额还本，票面金额和发行价格的差额就是短期国债持有者的利息收入。短期国债的发行定价方式包括两种：单一价格拍卖方式和多价格拍卖方式。前者是在拍卖中，所有中标者付出的价格相同。后者分为竞争性出价方式和非竞争性出价方式两种。在竞争性出价方式中，拟购买短期国债者要将其要购买的数量和愿意支付的价格在规定时间内报至中央银行，由中央银行汇总后按出价的高低排序，进行售卖，直至足额完成为止。大经纪人、商业银行、保险公司、证券公司多采用这种方式。在非竞争性出价方式中，拟购买短期国债者以竞争性出价方式竞出的平均价格购买。小额投资者通常采用这种方式。在多价格拍卖方式中，通常要先从发行总额中扣除非竞争性出价方式购买的短期债券数量，剩余的短期债券再由大投资者竞价购买。

（2）短期国债的交易

短期国债由于其自身的安全性（无违约风险）、收益的稳定性、市场的广泛性以及高度的流动性等优势，受到了投资者极大的欢迎。投资者可以随时将短期国债变现、交易，也可以将国债作为抵押品进行回购和反回购，灵活地运用资金。此外，短期国债的交易市场也是政府进行宏观调控的重要场所。中央银行通过增加或减少短期国债的发行、流通以及调整短期国债的利率和贴现率，来执行其货币政策。短期债券的交易并不一定要等到短期债券发行完毕之后才开始进行。例如，美国的假定发行（When Issued，WI）交易就是在拍卖消息宣布之后到拍卖完成之前，对已宣布拍卖但尚未拍卖的短期国债进行交易。这种交易方式有利于发行人和投资者双方发现价格。WI交易意味着短期国债交易向前延伸到发行过程中，短期国债一级市场和二级市场的界限不再清晰。

（3）短期国债的利率

短期国债利率是一种非常重要的利率，在一定范围内和一定程度上起着基准利率的作用，反映了货币市场上的供求状况和筹资成本。另外，它一般被看成无风险利率，可以作为测算其他有价证券的风险程度和价值的基本依据，也可以作为其他金融工具利率确定的基础。其他金融工具按照与短期国债风险程度的差别，在短期国债利率的基础上，上浮一定的百分点，作为投资者承担较高投资风险的补偿。

2. 大额可转让定期存单

大额可转让定期存单（Negotiable Certificate of Deposit，NCDS），指银行发行的可以在金融市场上转让流通的一定期限的银行存款凭证。作为可转让性质的定期存款凭证，大额可转让定期存单注明了存款期限和利率，到期持有者可向银行提取本息。

（1）大额可转让定期存单的产生

大额可转让定期存单于1961年由花旗银行创设。当时，市场利率上涨，但按规定，商业银行对活期存款不付利息，定期存款的利率又受“Q条例”上限限制，低于市场利率。① 在这种情况下，各大企业纷纷把闲置的资金从银行账户中提取出来，投资于国库券、商业票据等短期债券，从而使商业银行的存款大为减少，形成了所谓的存款非中介化——资金“脱媒”现象。作为扩大存款规模、稳定资金来源的对策，花旗银行率先发行大额可转让定期存单，同时取得一些大证券经纪人的支持，为大额可转让定期存单提供二级交易市场。其他银行也陆续发行。大额可转让定期存单的创新，使存单的购买者可以根据资金状况买进或卖出，调节自身的资产组合，因而具有较大的吸引力。同时，该产品使银行从被动等待顾客上门存款变为主动发行存单以吸收资金，更主动地进行负债管理和资产管理。因此，大额可转让定期存单市场发展迅速。后来，英国、日本等国家的银行也先后开展了此项业务。

（2）大额可转让定期存单市场的发展

在美国，大额可转让定期存单有着非常活跃的二级市场。90%的大额可转让定期存单是由大银行发行的，其余的则由中小银行发行。大额可转让定期存单的投资者多为企业。企业在确保资金安全性和流动性的前提下，投资大额可转让定期存单，可以将自身资金的支出日期与大额可转让

---

① “Q条例”是美联储对存款利率进行管制的代名词。具体内容为禁止美联储的会员银行对其吸收的30天以下的活期存款支付利息，并对上述银行吸收的储蓄存款和定期存款规定了利率上限。

定期存单的到期日期相联系，为企业有效利用闲置资金提供了途径。当企业经营状况出现临时波动时，也可以通过大额可转让定期存单的二级市场将存单出售。金融机构、政府机构、外国政府机构及个人也是大额可转让定期存单的主要投资者。大额可转让定期存单的成功不仅有力地支持了美国银行资产负债业务的扩张，而且使商业银行的经营思想发生了变化，由注重资产管理转为负债管理。目前，随着银行经营环境和策略的转变，大额可转让定期存单的结构变得日益复杂，一些新型的大额可转让定期存单正在崛起。例如，美国发行的“与市场相联系的存款单”，既可以享受联邦存款保险公司10万美元本金的保险，又可以提供各种收益率。

（3）大额可转让定期存单的特点

大额可转让定期存单是存单的一种，与普通的定期存款相比，其具有以下特点：大额可转让定期存单不记名，可以在市场上流通；大额可转让定期存单金额一般较大，并且一般为整数；大额可转让定期存单不可以提前支付，存单持有者需要资金时只能在二级市场上转让出售兑现；大额可转让定期存单期限较短，多在1年以内，最短的仅为14天；大额可转让定期存单的利率在存款期内随市场利率的变化而调整，既有固定利率也有浮动利率。

3. 商业票据

商业票据是指由金融公司或某些信用较好的企业开出的无担保短期票据。商业票据的可靠程度依赖于发行企业的信用，可背书转让，也可贴现。商业票据的期限在1年以下，利率高于同期银行存款利率。商业票据可以由企业直接发售，但对出票企业信誉审查十分严格，也可以由经销商代为发售，经销商实际在幕后担保了售给投资者的商业票据。商业票据有时也以折扣的方式发售。

（1）商业票据的产生和发展

商业票据是一种短期、无担保的，在公开市场上发行的期票，代表了发行公司应负的还债义务。最初，发行商业票据是为公司筹集短期的季节性资金和营运资金，为信用级别高的公司提供了一种比银行借款成本更低的筹资途径。20世纪80年代以后，货币市场逐渐发展起来，商业票据的发行条件具备。假如一家公司不必马上开始筹集所需的长期资金，则可以选择发行商业票据，一方面可以获取流动性资金，另一方面也推迟了发行债券或股票的时间，直到资本市场上出现有利的融资条件。

商业票据与短期债券一样，也是一种贴现凭证，即它是按照低于面值的价格售卖的。但是由于风险、缴纳所得税和流动性等原因，商业票据的收益率要高于同期国库券的利率。20世纪60年代末，商业票据开始与商品、劳务的交换相分离，成为一种建立在信用基础上的单纯的债权债务关系。之后，商业票据市场得到了迅猛发展，在全球范围内不断扩张。商业票据市场之所以能够得到迅速的发展，主要是因为其不同于其他融资工具的一些特点。无论对发行人还是对投资者而言，商业票据都是一种理想的金融工具。

（2）商业票据的优点

对于发行人而言，发行商业票据融资具有以下优点：

① 成本较低。商业票据一般由大型企业发行，大型企业的信用级别通常高于中小型银行。另外，发行商业票据融资减少了银行从放贷中赚取的一部分利润。因此一般来说，商业票据的融资成本要低于市场上短期借贷的成本。

② 具有灵活性。发行机构可以根据与经销商的协议，在某一段约定的时间内，根据自身的资金需要以及证券市场状况，不定期、不限次数地发行商业票据。

③ 可以提高发行公司的声誉。由于商业票据的发行人都是经过评级机构认真审查评出的信用卓著的大型企业，因此在市场上商业票据的发行本身就是发行机构信用的标志。

对于投资者而言，投资商业票据能获得比银行短期存款更高的利息收益，商业票据又具有比存款更高的流动性，另外，商业票据的风险也较小。

（3）商业票据市场的局限性

虽然商业票据市场是一个巨大的融资市场，但它的二级市场并不活跃，交易规模很小。这主要是因为：

① 期限短。商业票据的期限都非常短，直接销售的商业票据的平均偿还期仅为20～40天，经销商销售的商业票据的平均偿还期通常为30～45天。

② 流动性较差。典型的商业票据投资者都是采用购买并持有的策略，在经济状况发生改变时，投资者可以把它卖给经销商，或直接由发行机构回购。因此，大多数情况下并不需要二级市场增强商业票据的流动性。

③ 异质性高。商业票据是高度异质性的票据，在期限、面值、利率等条款上均有所不同，交易中存在诸多不便。

4. 银行承兑汇票

银行承兑汇票是商业汇票的一种，是指由在承兑银行开立存款账户的存款人签发、向开户银行申请并经银行审查同意承兑、保证在指定日期无条件支付确定的金额给收款人或持票人的票据。对出票人签发的商业汇票进行承兑是银行基于对出票人资信的认可而给予的信用支持。总体来说，信用好、承兑性强、灵活性高、可以有效节约资金成本是银行承兑汇票的特点。银行承兑汇票通常采取折价的方式销售，销售对象主要为货币市场共同基金和市政实体。

5. 回购协议

回购协议是指在货币市场上出售证券的同时，出售证券的一方同意在约定的时间按约定的价格或约定的利率重新购回该项证券的协议。回购协议虽然表现为买卖证券的形式，但实质上是一笔以证券为抵押品的短期资金融通，出售证券的一方为资金的借入者，买入证券的一方为资金的借出者。与回购协议相对应的还有一种逆向回购协议。事实上，它们是同一事物的两个方面。在回购协议中，卖出证券取得资金的一方同意按照约定期限和约定价格购回卖出的证券。而在逆向回购协议中，买入证券的一方同意按照约定期限和约定价格出售其买入的证券。通常根据交易中哪方是主动的一方来决定这笔交易应该被称为回购协议还是逆向回购协议。当一个自营商预测市价将下降时，他可以采用逆向回购协议的办法，向客户购入证券，同时在市场上出售。一段时间后，如果市价下降了，他可以以较低的价格从市场上买回证券，并将证券按原来约定的较高价格卖给对方，从中赚取差价。反之，当他预测市价将上升时，他可以采用回购协议的办法，将自身持有的证券卖给客户，同时以所得资金在市场上购回同样的证券。一段时间后，如果市价上升，他可以将证券按较高价格在市场上出售，同时用该笔资金向客户按原先约定的较低价格购回证券，从而赚取差价。

第二节　债券价值分析方法

一、债券的估值方法

目前债券估值方法主要是贴现现金流估值法，即任何资产的内在价值都等于投资者对持有该资产预期的未来的现金流的现值。

（一）零息债券估值法

零息债券是一种以低于面值的贴现方式发行，不支付利息，到期按债券面值偿还的债券。债券的发行价格与面值之间的差额即为债券的利息。零息债券的现金流为本金即面值，其内在价值计算公式可表示为

$$V = M \times \frac{1}{(1+r)^n} \tag{5-1}$$

其中，V表示债券的内在价值；M表示面值；r表示年化市场利率；n表示债券到期时间，单位为年。

由于多数零息债券的期限都小于1年，因此式（5-1）可简化为

$$V = M \times (1 - \frac{n}{360} \times r) \tag{5-2}$$

【例5-1】假设某贴现式国债的面额为100元，贴现率为3.82%，到期

时间为90天，那么该国债的内在价值是多少？

【**解析**】根据式（5-2），国债的内在价值=100×（1-$\frac{90}{360}$×3.82%）=99.05（元）。

（二）固定利率债券估值法

固定利率债券是一种按票面金额计算利息，票面上或附有作为定期支付利息凭证的期票的债券。投资者可定期获得固定的利息收入，于债券期满时收回本金，因此投资者未来的现金流包括两个部分：本金和利息。固定利率债券内在价值用公式可表示为

$$V=\frac{c}{1+r}+\frac{c}{(1+r)^2}+\cdots+\frac{c}{(1+r)^n}+\frac{M}{(1+r)^n} \quad (5\text{-}3)$$

其中，c表示每期支付的利息；其他变量含义与式（5-1）同。

【**例5-2**】假设某附息国债面值为100元，票面利率为5.21%，市场利率为4.89%，到期时间为3年，每年付息1次，该国债的内在价值是多少？

【**解析**】根据式（5-3），国债的内在价值=$\frac{5.21}{1+4.89\%}+\frac{5.21}{(1+4.89\%)^2}+\cdots+\frac{5.21}{(1+4.89\%)^3}+\frac{100}{(1+4.89\%)^3}$=100.87（元）。

二、债券收益率的度量

债券收益率（Bond Yield）分为当期收益率和到期收益率两类。

（一）当期收益率

当期收益率（Current Yield）又称当前收益率，是债券的年利息收入与当前债券市场价格的比率，用公式可表示为

$$I=\frac{C}{P} \quad (5\text{-}4)$$

其中，I表示当期收益率；P表示债券的市场价格；其他变量含义与式（5-3）同。

由式（5-4）可以看出，当期收益率仅考虑某一期间所获的现金收入，未考虑债券投资的资本利得或损失。

（二）到期收益率

到期收益率（Yield to Maturity，YTM）又称内部收益率，是指可以使投资购买债券获得的未来现金流的现值等于债券当前市价的贴现率。它类似于投资者按当前市价购买债券并一直持有到期可获得的年平均收益率。由此可见，到期收益率隐含两个假设：一是投资者持有至到期；二是利息再投资收益率不变。

用y表示到期收益率，则债券的市价与到期收益率的关系可表示为

$$P=\sum_{t=1}^{n}\frac{C}{(1+y)^t}+M\times(\frac{1}{1+y})^n \tag{5-5}$$

其中，变量含义与式（5–3）、式（5–4）同。

【例5–3】假设某债券票面金额为100元，第一年付息6元，第二年付息6元，当前市场价格为95元，则该债券的到期收益率是多少？

【解析】根据式（5–5），该债券的市场价格与到期收益率可表示为：$95=\frac{6}{1+y}+\frac{106}{(1+y)^2}$，进一步得出$y$=8.84%。

由式（5–5）可以看出，影响债券到期收益率的主要因素如下：

第一，票面利率。在其他因素相同的情况下，票面利率与债券到期收益率呈正相关关系。

第二，计息方式。不同的计息方式令投资者获得利息的时间不同，在其他因素相同的情况下，固定利率债券比零息债券的到期收益率高。

第三，债券市场价格。在其他因素相同的情况下，债券市场价格与到期收益率呈负相关关系。

第四，再投资收益率。在计算到期收益率时假设利息以预期收益率的水平进行再投资，但如果市场利率发生剧烈波动，再投资收益率会随之改变，因而会影响投资者实际的持有到期收益率。

三、债券风险的度量

利率变化是影响债券市场价格的主要因素之一，也是债券风险的主要

来源。衡量债券价格随利率变化的主要指标包括久期（Duration）和凸性（Convexity）。

（一）久期

一般来讲，债券的期限指的是最后归还本金的期限，没有反映附息债券在存续期内利息的偿付。例如，利率为8%的5年期固定利率债券和利率为8%的5年期零息债券，前者在到期还本前有多次利息支付，每一次付息意味着该债券有一部分到期，而后者的所有本息都是到期时才支付。因此债券的期限或到期时间不能准确反映债券的期限特征。

为解决上述问题，1938年美国学者麦考利（Macaulay）引入久期的概念。麦考利久期根据债券的每次息票利息或本金支付时间加权平均计算得出。他认为，与每次支付时间相关的权重应当与支付对债券价值的"重要性"相联系。他还进一步指出，与每次支付时间相关的权重应该是这次支付在债券总价值中所占的比例，这个比例正好等于支付的现值除以债券价格。

以每年付息一次且无内含选择权的固定利率债券为例，其价格计算公式为

$$P=\frac{C}{1+r}+\frac{C}{(1+r)^2}+\cdots+\frac{C}{(1+r)^n}+\frac{M}{(1+r)^n} \tag{5-6}$$

为确定收益率发生细微变化时债券价格的变化，在式（5-6）的基础上对收益率求一阶导：

$$\frac{dP}{dy}=-\frac{1}{1+y}\times\left[\frac{1C}{1+y}+\frac{2C}{(1+y)^2}+\cdots+\frac{nC}{(1+y)^n}+\frac{nM}{(1+y)^n}\right] \tag{5-7}$$

对式（5-7）不断变化，最后得到

$$D_{mac}=\left[\frac{1C}{1+y}+\frac{2C}{(1+y)^2}+\cdots+\frac{nC}{(1+y)^n}+\frac{nM}{(1+y)^n}\right]\times\frac{1}{P}=\frac{\sum_{t=1}^{n}\frac{tC}{(1+y)^t}+\frac{nM}{(1+y)^t}}{P} \tag{5-8}$$

式（5-8）强调，麦考利久期的计算实际上是计算每次支付金额的现值占当前债券价格的比率，然后以此比率为权重，乘以每次支付的期限，

得到每次支付的加权期限，再将每次的加权期限加总，得到债券的久期。零息债券的久期正好等于其到期时间。这很好理解，由于只支付一次，到支付的平均时间一定就是债券的期限。相比之下，两年期债券的久期就稍微短一些，为1.89年。

式（5–8）可改写为

$$\frac{dP}{dy}\times\frac{1}{P}=-\frac{1}{1+y}D_{mac} \tag{5–9}$$

将麦考利久期除以1+y得到修正久期：

$$D_{mod}=\frac{D_{mac}}{1+y} \tag{5–10}$$

将式（5–10）代入式（5–9）可得

$$\frac{dP}{P}=-D_{mod}dy \tag{5–11}$$

式（5–11）表示给定收益变化时，债券价格的变化与修正久期的变化呈反向关系。修正久期越大，收益率变化引起的价格变化越大。

【例5–4】假设某3年期债券的面值为100元，票面利率为8%，半年付息一次。目前的市场收益率为10%，该债券的久期和修正久期各是多少？

【解析】由已知条件可知，债券每期付息4元，每期收益率$y=\frac{10\%}{2}=5\%$。

期数（t）	现金流（CF）	贴现因子［$1/(1+y)^t$］	现金流现值（$PVCF$）	$t\times PVCF$
1	4元	0.95	3.81元	3.81元
2	4元	0.91	3.63元	7.26元
3	4元	0.86	3.46元	10.37元
4	4元	0.82	3.29元	13.16元
5	4元	0.78	3.14元	15.67元
6	104元	0.75	77.61元	465.64元
总计			94.92元	515.90元

$$D_{mac}（半年）=\frac{515.90}{94.92}=5.44$$

$$D_{mac}（年）=\frac{5.44}{2}=2.72$$

$$D_{mod}=\frac{2.72}{1.05}=2.59$$

久期的概念得以将敏感性量化，大大提高了投资者的投资决策能力。例如，如果投资者希望推算利率，从久期中就可知要下的这个赌注有多大。如果投资者希望保持利率的“中等水平”，并且仅与所选债券市场指数的利率敏感性相匹配，则通过久期可衡量这一敏感性，并在组合中进行模拟。

【例5-5】某3年期债券的息票利率为6%，每半年付息一次。债券当前的市场价格为97.34元，到期收益率为7%，麦考利久期为2.79年。假设债券的到期收益率从7%上升至7.1%，债券的价格将如何变化?

【解析】

$$D_{mod}=\frac{D_{mac}}{1+y}=\frac{2.79}{1+\frac{7\%}{2}}=2.70$$

$$\frac{dP}{P}=-D_{mod}\,dy=-2.70\times(7.1\%-7\%)=-0.27\%$$

$$D_{mod}\,dy=0.27\%$$

$$dP=-PD_{mod}\,dy=-97.34\times0.27\%=-0.26\text{（元）}$$

（二）凸性

久期适用于衡量到期收益率的较小变化对债券价格的影响，当市场利率波动幅度较大时，根据久期作出的估计就不那么准确了，因为债券价格与到期收益率之间不再是近似线性的关系。此时可以采用凸性作为衡量标准。凸性是对债券价格曲线弯曲程度的度量，弥补了久期本身会随利率的变化而变化的不足。

图5-1印证了上述观点。该图反映了债券到期收益率变化对债券价格变化的影响。图中的曲线描述了30年期、8%息票利率、最初以8%的到期收益率出售的债券价格的变化，而直线则描述了用久期法则预期的债券价格的变化。对于债券到期收益率的小变化，久期法则是准确的。但是对于到期收益率的大变化，两条线之间有不断扩大的“间隙”，表明久期法则越来越不准确。

我们可以将凸性量化为价格—收益率曲线斜率的变化率，计算公式为

$$CV=\left[\frac{1\times2\times C}{1+y}+\frac{2\times3\times C}{(1+y)^2}+\cdots+\frac{n\times(n+1)\times C}{(1+y)^n}+\frac{n\times(n+1)\times M}{(1+y)^n}\right]\times\frac{1}{P}$$

$$=\frac{\sum_{t=1}^{n}\frac{t\times(t+1)\times C}{(1+7)^t}+\frac{n\times(n+1)\times M}{(1+y)^t}}{P} \qquad (5-12)$$

修正凸性为

$$CV_{mod}=\frac{CV}{(1+y)^2} \qquad (5-13)$$

凸性对于投资者是有利的，在其他情况相似时，投资者应选择凸性较大的债券，尤其是在预期利率波动较大时，较大的凸性更有利于投资者。[①]

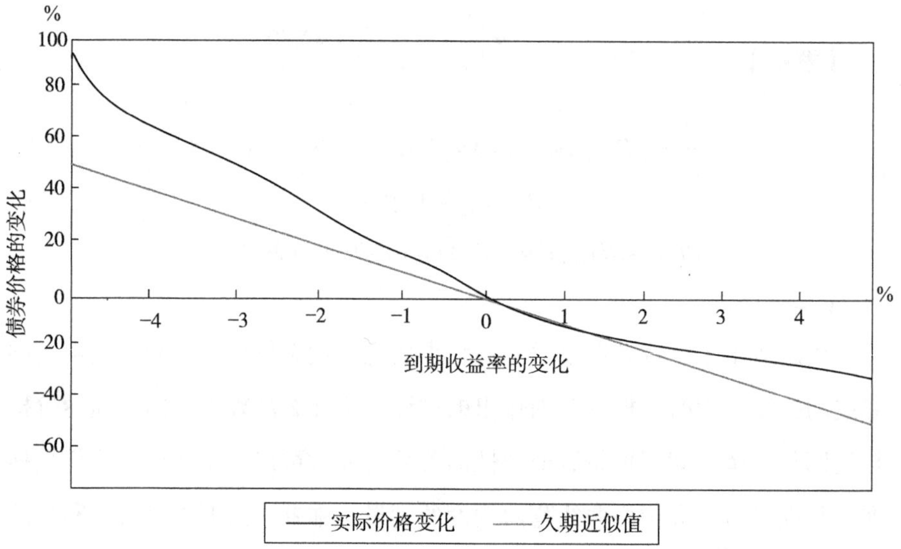

注：30年期，8%息票利率，初始到期收益率为8%。

图 5-1　债券的价格—收益率曲线

（三）久期和凸性的应用

久期和凸性对债券价格波动的风险管理具有重要意义，债券基金经

① 凸性越高的债券，其到期收益率上升时用百分比表示的债券价格的跌幅总是小于到期收益率下跌时用百分比表示的债券价格的升幅。换言之，凸性越高的债券，其价格的上升空间越是大于下降空间。

理可以将二者进行合理整合实现资产组合现金流的匹配和资产负债的有效管理。如果债券基金经理能够确定债券的持有期，就能找到久期与持有期相同或相近的债券，并选择凸性最高的债券。此类策略称为免疫策略（Immunization Strategies）。采用免疫策略的目的是在尽量避免到期收益率变化产生负效应的同时，尽可能从利率变化中获得收益。[①] 常用的免疫策略有所得免疫（Income Immunization）策略、价格免疫（Price Immunization）策略和或有免疫（Contingent Immunization）策略。

1. 所得免疫策略

所得免疫策略可以保证投资者有充足的现金满足预期现金支付的需要。此类策略对养老保险基金、社保基金等机构投资者有重要意义，因为这类投资者需要留出部分资金随时满足支付需要，对资产的流动性要求很高，其投资成败的关键在于投资组合中是否有足够的流动资产可以满足支付需要。

针对上述投资者，一种有效的投资策略为，使债券投资组合获得的利息和收回的本金恰好满足未来的现金需求。此方法被称为现金配比策略（Cash Matching Strategy）。现金配比策略限制性强，弹性小，可能会排斥许多缺乏良好现金流量特性的债券。另一种可行的投资策略为久期配比策略（Duration Matching Strategy）。该策略只要求负债的久期与投资组合的久期相同，因而可供选择的债券数量更多。但这一策略的缺点在于，为满足负债的需要，债券管理人可能被迫在价格很低时抛售债券。

因此，可以将现金配比策略与久期配比策略的优点结合起来，形成水平配比策略（Horizon Matching Strategy）。在该策略指导下，投资者可以设

① 免疫策略存在的问题有：首先，久期是债券价格波动的近似值，通过资产负债久期匹配无法完全消除利率风险。其次，债券组合（资产）和未来支出（负债）的久期会随着市场利率的变化而变化，且二者的久期变化并不一致，初始的免疫策略将会被破坏。最后，随着时间的推移，资产的久期减少的速度会慢于期限减少的速度，而负债的久期等于到期时间。换言之，资产和负债的久期随时间变化而按不同的速度变化，初始的免疫策略也会被破坏。因此，可以考虑动态免疫策略，即随时间的变化不断对投资组合策略进行调整，以达到免疫效果。

计出一种债券投资组合，在短期内运用现金配比策略，在较长的时间内运用久期配比策略。这样，水平配比策略既具有现金配比策略流动性较强的优点，又具有久期配比策略弹性较大的优点。

2. 价格免疫策略

价格免疫策略使用凸性作为衡量标准，实现资产凸性与负债凸性的配比，确保特定数量资产的市场价格高于特定数量负债的市场价格。

例如，一家保险投资基金有足够的资金支持，能使债券投资组合（资产）的市场价格等于未来支出（负债）的现值。只要资产的凸性高于负债的凸性，二者间的市场价格差额就将随利率的变化而增加。这便是价格免疫策略。

3. 或有免疫策略

与所得免疫策略和价格免疫策略不同，或有免疫策略并非真正意义上的主动或被动策略。该策略指出，投资者允许在一定范围内（保证最低收益率）对投资组合进行主动型投资管理，一旦超出该范围，投资者便会立即停止采用该方法，转而用市场利率来对剩余资产进行免疫。通过这种方式可以确保资产的最终价值。换言之，或有免疫策略的基本指导思想是债券组合的管理人能执行主动型投资策略，只有当债券组合可接受最低回报率的实现受到较大威胁时，管理人才会实施被动型投资策略。该点被称为触发点。在投资期限的剩余时间里，债券投资组合的回报率将被控制在既定水平上。因此，该策略不仅可以满足债券投资管理人实施激进式管理的需求，还能满足投资过程中投资者利率风险最小化的需求。

本章小结

固定收益证券是指能够提供固定现金流或能够提供可以根据固定公式计算出来的现金流的证券，主要包括债券和货币市场工具。

债券是指政府、企业、银行等债务人为筹集资金，按法定程序发行并向债权人承诺在指定时间还本付息的有价证券。债券按发行主体、期限、利息支付方式、形态、计息方式、利息是否固定、信用形式、是否记名、募集方式等可分为不同的类型。与资本市场的其他证券一样，投资债券同样会有风险，主要包括信用风险、利率风险、通货膨胀风险、流动性风险、再投资风险和提前赎回风险。

货币市场工具是指短期资金的借贷市场上可供交易的金融工具，主要包括短期国债、大额可转让定期存单、商业票据、银行承兑汇票、回购协议。

债券估值常用贴现现金流估值法。投资者关心债券投资的收益率，收益率不仅包括当期收益率，还包括到期收益率。除收益外，投资者也关注债券投资的风险。债券投资常见的风险为利率风险，即利率变动导致的债券价格损失。衡量该风险的主要指标有久期和凸性。久期又称平均期限，是在现金流量剩余期限用现值加权的平均数，可用来衡量债券价格的易变性。凸性弥补了久期本身会随利率的变化而变化的不足，是衡量债券利率敏感性的重要工具之一。

思考题

1. 什么是固定收益证券？该类证券有什么特点？

2. 投资者进行债券投资面临的风险主要有哪些？什么类型的投资者适合进行债券投资？

3. 如何区分债券与货币市场工具？

4. 有一5年期债券，面值100元，年票面利率为6%，年折现率为10%，要求：

（1）假设该债券每年按单利计息，到期一次还本付息，计算其价值。

（2）假设该债券2013年1月1日发行，每年6月末和12月末支付利息，到期一次还本，计算其在2013年1月1日的价值。

5. 什么是久期、修正久期、凸性、修正凸性？它们的适用性分别是什么？

6. 有两种债券，面值都是1000元，均还有2年到期。债券A的息票率为8%，利息每半年支付一次。债券B为零息债券，年利率为10%。试计算两种债券的久期。

扫码获取
本章课件

第六章　证券投资基金金融衍生工具投资

学习目标

- 了解金融衍生工具的概念及特点
- 掌握远期合约、期货合约、期权合约、互换合约的概念及区别
- 了解远期合约、期货合约、期权合约的定价

第一节　金融衍生工具概述

一、金融衍生工具的概念及特点

（一）金融衍生工具的概念

金融衍生工具是20世纪七八十年代全球金融创新的重要组成部分。金融衍生工具数量庞大、种类繁多、形式复杂，因此一时很难对其进行准确的界定。经济学界对金融衍生工具有以下几种广为接受的定义。

1. 国际经济学界对金融衍生工具的定义

法博齐等（1998）所著的《资本市场：机构与工具》一书中指出："一些合同赋予合同持有者某种义务或对某一种金融资产进行买卖的选择权。这些合同的价值由其交易的金融资产的价格决定。相应地，这些合约被称为金融衍生工具。金融衍生工具包括期权合约期货合约、远期合约、互换协议、上限与下限协议等。"这是早期对金融衍生工具的定义和分类。

国际会计准则委员会（International Accounting Standards Committee，IASC）（2000）对金融衍生工具的定义为：金融衍生工具指具有以下特征的金融工具：①其价值随特定利率、证券价格、商品价格、汇率价格或利率指数、信用等级或信用指数或类似变量的变动而变动；②不要求初始净投资，或与对市场条件变动具有类似反应的其他类型合同所要求的初始净投资较少；③在未来日期结算。

2. 国内经济学界对金融衍生工具的定义

国内经济学者周立（1997）在《金融衍生工具：发展与监管》一书中对金融衍生工具的解释如下："金融衍生工具是指以另一（或另一些）金融工具的存在为前提，以这些金融工具为买卖对象，价格也由这些金融工具决定的金融工具。它由债券、股票、外汇等基础工具衍生而来，包括远期、期货、互换、期权这四种基础工具和通过变化、组合、合成三种方式再衍生出来的一些变种。”这也是最常被采用的对金融衍生工具的定义。

经济学者陈小平（1997）对金融衍生工具的定义则为：“金融衍生工具是从传统金融工具衍生出来的新型金融工具。理论上来说，金融衍生工具是根据某种相关资产的预期价格变化而进行定价的金融工具。这种相关资产可以是货币、外汇、股票、债券等资产，也可以指利率、汇率等关于金融资产的价格变量。”

综合以上几种观点，可将金融衍生工具的内容概括如下：

第一，金融衍生工具都是在基础性金融工具的基础上产生的。无论金融衍生工具形式多么复杂，它总是以金融现货为基础，而不可能凭空出现或者独立存在。因此，金融现货的价格决定着金融衍生工具的价格。

第二，金融衍生工具交易的标的一定是金融现货。金融现货是和实物商品对应的概念，它是指不具有实物形态的、代表特定权利和义务关系的产品。金融创新的核心是金融工具的创新，而金融工具创新的核心则在于其标的物的创新。20世纪70年代以来的金融创新都是以金融工具标的变化为主要标志的，具体表现为由实物商品向金融现货的转化，金融现货已成为诠释金融衍生工具的重要因素。正是这种极富活力的标的物的再生和再造，使金融工具不断地“衍生”着。因此金融现货是金融衍生工具的标的，而某一金融衍生工具又可以进一步成为金融现货的标的。

第三，金融衍生工具交易是具有杠杆性质的信用交易。金融衍生工具是通过预测证券价格、利率、汇率等金融现货在一定时间内的市场行情变化，支付少量保证金来签订长期合约或互换不同金融现货的衍生交易合约。这种合约通过对金融现货的组合，可以得到多种多样的金融衍生工具。达成金融衍生工具合约并不需要交纳合同的全部金额，只需要交纳百分之几的保证金，即利用少量的资金就可以进行几十倍金额的交易。

第四，金融衍生工具按事先预定价格在未来交割。金融衍生工具中规定的金融现货价格是当前约定的未来交易价格，其高低取决于交易者对未来价格水平的主观判断或心理预期。这种主观考虑得到的结果可能低于实际的市场价格，也可能高于实际的市场价格。这种不确定性也正是金融衍生工具的优势之一：这为日后买入或卖出合约规定的金融现货的当事人提供了预先确定未来成交价格的优势，使金融衍生工具成为转移价格变动风险的极好的保值工具。

第五，金融衍生工具具有逐步演变性。随着历史的发展，金融衍生工具不仅是在金融现货的基础上衍生出来的衍生品，还通过金融衍生工具的再衍生，即在金融衍生工具基本类型的基础上，通过变异、组合、合成等方式进行再衍生，成为满足多种金融需求的混合形态的金融衍生工具。

第六，金融衍生工具的本质为合同。首先，买卖金融衍生工具是一种双方的法律行为，这种行为具体表现为要约和承诺。要约和承诺达成一致，则双方对合同所规定的内容意思表示一致。其次，合同代表的是一种债权债务关系，债权债务关系的设立、变更及终止构成了合同的全部内容。

综合以上内容，本书对金融衍生工具作出如下定义：金融衍生工具是确定交易双方在未来某个时间对某项金融现货所拥有的权利和所承担义务的合同，以另一金融工具的存在为前提，并以杠杆或信用交易为特征。在交易成立时，金融衍生工具即形成一方的金融资产，同时形成另一方的金融负债。

（二）金融衍生工具的特点

结合金融衍生工具的概念，可将金融衍生工具的特征总结如下。

1. 跨期性

金融衍生工具是交易双方通过对利率、汇率、股价等因素变动趋势的预测，约定在未来时间按照一定条件进行交易或选择是否交易的合约。无论哪一种金融衍生工具，都会影响交易者在未来某一段时间内或未来某时点上的现金流，跨期交易的特点十分突出。这就要求交易双方对利率、汇率、股价等价格因素的未来变动趋势作出判断，而判断的准确与否直接决定了交易者的交易盈亏。

2. 高杠杆性

金融衍生工具交易一般只需要支付少量保证金或权利金就可以签订远期大额合约或互换不同的金融工具。例如，若期货交易保证金为合约金额的5%，则期货交易者可以控制20倍于保证金额的交易金额的合约资产，实现“以小搏大”的目标。在收益可能成倍放大的同时，交易者承担的风险与损失也会成倍放大，基础工具价格的轻微变动也许就会导致交易者的大盈大亏。金融衍生工具的杠杆效应在一定程度上决定了它的高投机性和高风险性。

3. 联动性

联动性是指金融衍生工具的价值与基础产品或基础变量紧密联系、规则变动。通常，金融衍生工具与基础变量相联系的特征是由衍生工具合约规定的，其联动关系既可以是简单的线性关系，也可以表示为非线性函数或者分段函数。

4. 不确定性

金融衍生工具的交易结果取决于交易者对基础工具（变量）未来价格（数值）的预测和判断的准确程度。基础工具价格的变幻莫测决定了金融衍生工具交易盈亏的不稳定性，这是金融衍生工具高风险性的重要诱因。

5. 跨越时间长

金融衍生工具一般是对未来一定时期的某种汇率、利率、指数趋势的预测，在双方规定的时间进行交易。因此，金融衍生工具具有跨期交易的特点，会对双方交易者未来的现金流产生影响，预测准确则可获得盈利，反之则会亏损。

6. 高风险性

基础金融工具价格的不确定性仅仅是金融衍生工具风险性的一个方面，金融衍生工具还伴随着其他风险。这些风险包括交易中对方违约，未履行承诺造成损失的信用风险；因资产或指数价格不利变动可能带来损失的市场风险；因市场缺乏交易对手而导致投资者不能平仓或变现带来的流动性风险；因交易对手无法按时付款或交割可能带来的结算风险；因交易人员或管理人员的人为错误或系统故障、控制失灵而造成的操作风险；因合约不符合所在国法律，无法履行或合约条款遗漏及模糊导致的法律风险。

7. 零和博弈

零和博弈（Zero-Sum Game）是博弈论中的一种情况，用于描述合约交易的双方盈亏状况是相反的，一方盈利的代价必定是另一方的损失，双方的净亏损为零的情况，即亏损方亏损量等于收益方收益量。也就是说，交易中不存在所谓的“双赢”或“双亏”。

8. 复合性

随着科学技术的发展，金融衍生工具不再只是一个个单一的工具，而是创新推出了许多种复合型工具，以满足金融市场的需要。不同的投资者有着不同的目的，有的是套期保值，有的是获取利益。不同的需求刺激了复合型金融衍生工具的产生，丰富了金融商品的种类。

二、金融衍生工具的类型

金融衍生工具按照基础工具的种类、风险—收益特征及自身交易方法的不同而有着不同的分类。以下为按规定分类标准划分的金融衍生工具的种类。

（一）按照产品形态分类

按照产品形态分类，金融衍生工具可分为独立衍生工具和嵌入式衍生工具。后者是指嵌入非衍生工具（主合同）中，使混合工具的全部或部分现金流量随特定利率、汇率、信用等级或其他类似变量的变动而变动的衍生工具。前者是相对于后者而言的。

（二）按照交易场所分类

按照交易场所分类，金融衍生工具可分为场内交易和场外交易。前者强调金融衍生产品都在特定的交易地点进行竞价交易，通过证券交易所进行证券买卖活动。证券交易所是设有固定场地、备有各种服务设施（如行情板、电视屏幕、电子计算机、电话、传真等），配备了必要的管理和服务人员，集中进行股票和其他证券买卖的场所。场内交易指所有在这个场所内进行的股票交易。因此，场内交易又称为交易所交易。交易所的职责在于对交易双方进行清算、收取保证金，同时也提供担保。除了以上几种服务，由于投资者的个人偏好及需求，交易所还需要设计出标准化的合约来满足交易市场的流动性。期货交易和其他一些标准化期权交易都属于场内交易。场外交易又称为柜台交易（Over the Counter，OTC）、店头交易、直接交易，是交易双方直接进行接触，商定合约细节和合约形式的交易方式。这种交易方式是为投资者的偏好量身定做的。金融创新就是源于个性化极强的场外交易。由于无须中间人进行清算，也不需要保证金，因此场外交易对交易双方的信誉度具有很高的要求。场外交易是场内交易的对称，其主要特点在于：首先，没有一个集中的交易场所，买卖双方分散于全国各地，买卖主要通过电话、计算机系统进行；其次，买卖对象以未上市证券为主，也有部分上市证券进行场外交易；再次，债券买卖较多，包括所有的政府公债和一些大公司债券，也有部分股票，特别是金融业和保险公司股票；最后，协商定价。最常见的场外交易的金融衍生工具就是远期合约和掉期合约。

（三）按照基础工具种类分类

按照基础工具种类分类，金融衍生工具可以划分为股权类产品衍生工具、货币衍生工具、利率衍生工具、信用衍生工具及其他衍生工具。这些产品的定义较为简单，在此不作赘述。

（四）按照金融衍生工具自身交易的方法及特点分类

按照金融衍生工具自身交易的方法及特点分类，可将金融衍生工具分为金融远期合约、金融期货、金融期权、金融互换和结构化金融衍生工具。后文将会对这些产品作详细介绍，在此不作赘述。

而现实中通常使用以下两种方法对衍生工具进行分类：

第一，按照产品类型可以将金融衍生工具分为远期、期货、期权和掉期（互换）四大类型。这也是最为普遍接受的一种分类方式。

第二，按照衍生工具的原生资产性质，可以将金融衍生工具分为股票类金融衍生工具、利率类金融衍生工具、汇率类金融衍生工具和商品类金融衍生工具。

三、我国金融衍生工具的实际状况及发展对策

（一）我国金融衍生工具的实际状况

2001年我国加入WTO后，金融业快速发展，金融衍生工具也应运而生。随后，伴随经济体制的系列改革，金融衍生工具市场也不断发展。我国金融衍生工具市场经历了从无到有、种类从稀少到繁多的过程，目前其实际情况可概括如下。

1. 规模日益壮大，品种繁多

随着全球化进程的加快和我国经济的快速增长（如2002年，我国实际使用外资527.4亿美元。而2008年，我国实际使用外资已经达到了923亿美元，增长了76个百分点），我国的金融衍生工具市场也迅速发展，由原来仅有的几种工具发展到现在令人眼花缭乱的各种工具，规模也在不断扩张。金融衍生工具已成为我国资本市场中的一股新生力量。

2. 交易场所比较集中

我国金融衍生工具市场的发展与所在地区经济的增长有着密不可分的关系。往往经济越发达的地区，金融衍生工具运用得越多，交易场所也越多。而经济相对落后的地区，金融衍生工具无法得到充分利用，因此几乎没有交易场所。以国内交易所为例，我国几大交易所包括上海证券交易所、深圳证券交易所、上海期货交易所、郑州商品交易所等。上述交易所大多数集中在一线发达城市，这从一定程度上证实了经济越发达的地区，金融衍生工具运用得越多且交易场所越多。

3. 主要交易者是银行

改革开放之后，我国成立了许多中小型商业银行，中小型银行成为改革开放之后发展最快、最具有活力的金融集体，这使银行业的竞争进一步加剧。银行为获得更高利润，纷纷开展金融衍生工具业务。不仅如此，银行还利用金融衍生工具来规避风险，使自有资产得到保值。在金融衍生工具交易中，商业银行既可以是经纪商和交易商，也可以是风险规避者。角色不同，所承担的风险也不相同，具体如下：

第一，经纪商角色。经纪商的功能是发掘风险规避者和风险承担者，即金融衍生工具的使用者和交易对手，并促成达成双方达成交易合约。经纪商不持有头寸，只从交易中收取手续费，所以经纪商不需要承担任何市场变动风险。

第二，交易商角色。交易商不单是经纪商，还是交易双方的交易对手。交易商虽然不以持有头寸为目的，但是要与交易双方分别签订合约，需要承担市场变动风险。因此，交易商一般是资本雄厚的大型商业银行或证券公司。

第三，使用者角色。商业银行持有金融衍生工具的动机与其他持有者并无不同：套期保值、规避风险，投机套利、获取投资收益与调整金融工具组合。

（二）我国发展金融衍生工具的对策

我国金融衍生工具市场目前还处于初级阶段，发展并不完善。作为发展中经济体，我国发展金融衍生工具市场不能操之过急，必须结合我国国情，同时借鉴国外金融衍生工具市场成功的经验，正确引导市场的走向，使我国金融衍生工具市场更好地为实体经济服务。总体来说，可采取如下发展对策。

1. 健全金融衍生工具的法律

法律是保障金融衍生工具市场顺利发展的前提。健全与金融衍生工具相关的法律，修正不合理的制度，制定有关金融工具创新的法律，营造一个公平良好的法律环境，可以使金融衍生工具市场更有效地运营，提高资金配置效率。

2. 加大金融监督力度

由于金融衍生工具具有高风险性，金融监管部门应对其进行全面监督，披露相关的信息，加大对金融衍生工具市场的监督力度，及时发现金融衍生工具的风险，有效地化解和防范风险。采用多种途径分散金融衍生工具的风险，对违法操作金融衍生工具的个人或企业进行严厉的制裁，创造一个公平的竞争环境。

3. 推动利率市场化进程

我国虽然已经放开了大部分的利率管制，但仍然没有步入完全利率市场化的行列。我国应加快利率市场化进程，由市场供求来决定利率，赋予金融衍生工具足够的空间，促进金融衍生工具市场的发展。

4. 注重培养高素质人才，创新金融衍生工具

为满足市场的各种需求，紧跟市场的步伐，我国应注重培养专业能力强、应变能力强、综合素质高的人才，这样才能更进一步地对金融衍生工具进行不断的创新。金融衍生工具的创新是金融衍生工具市场的活力所在，只有不断推出新产品，才能广泛地吸引投资者、增加成交量，推动我国金融衍生工具市场稳步发展。

第二节　远期合约与期货合约

一、远期合约

（一）远期合约的概念

远期合约（Forward Contract）是指交易双方约定在未来的某一确定时间，以确定的价格买卖一定数量的某种金融资产的合约，是根据双方需求

量身定做的个性化合约。远期合约中同意在未来某一时间点以特定价格买入资产的一方被称为多头（Long Position），而同意在未来某一时间点卖出资产的一方被称为空头（Short Position）。如果资产价格上升，多头获利；反之，则空头获利。

远期合约是金融机构之间或金融机构与客户之间经过谈判后签署的一种非标准化的合约。在合约签署前，双方可就标的资产、交割地点、交割价格、交割单位、到期日的内容进行协商，以满足双方的需要。这是远期合约与之后将要介绍的期货合约最本质的区别，也是远期合约最主要的特点。

远期合约的优点是由于其能确定交易价格，因此可以规避资产价格剧烈波动的风险。最常用的远期合约是外汇远期合约，在目前欧元、美元及其他国家主要货币币值波动剧烈的情况下，利用远期合约对冲外汇风险是很好的办法。

但远期合约也有缺点。首先，远期合约没有固定、集中的交易场所，不利于信息披露，因此无法形成统一的市场价格，导致市场效率偏低。其次，每份合约的细节差异很大，使远期合约的流通不便，因此流动性较差。最后，远期合约存在信用风险，当资产价格变动对其中一方有利时，交易对手可能没有能力或没有意愿按规定履行合约，导致远期合约的违约风险较高。

（二）远期合约的定价

金融衍生工具的定价原理是基于无风险套利原理之上的。所谓无风险套利，就是利用市场上对金融产品暂时定价的不平衡，通过买空和卖空手段，在不增加资金净投入的基础上获取无风险利润。简单来说，无风险套利就是卖空被高估的资产、买入被低估的资产，即所谓的高卖低吸。与一般的投资不同的是，买入时的资金往往不需要自己承担，而可以利用卖空的资金来支持。无风险套利的特点是：机会稍纵即逝；不需要成本和承担风险（自身的资金投入）；随着套利的人越来越多，错误的定价会慢慢向正确的隐含定价靠拢直至市场达到平衡状态。

对于远期合约而言，其价格是远期市场为当前交易的远期合约提供的交割价格。远期价格与现货价格紧密联系。远期价格是理论价格，与远期合约在实际交易中形成的实际价格（交易双方签约时约定的交割价格）往往不同。一旦理论价格与实际价格不符，就会出现套利机会。如果实际价格高于远期价格，套利者就可通过买入标的资产现货、卖出远期合约，在交割后获得无风险收益。这将促使现货价格上升，实际价格下降，直至套利机会消失。如果实际价格低于远期价格，套利者就可通过卖空标的资产现货、买入远期合约获取无风险收益。这将促使现货价格下降，实际价格上升，直至套利机会消失。

假设远期合约的交割价格为F_0，远期价格为F，当前价值为f。其中远期价格F的决定过程如下：期初，远期合约的签署不涉及任何货币支付，因此当前价值f=0，此时远期价格等于合约的交割价格（F=F_0）。随后，当前价值会随远期价格的变化而变化，该变化取决于标的资产现货价格、市场利率等因素的改变。

现以时间t=0时签署、时间t=T时交割的一种资产的远期合约为例，说明远期价格F如何定价。首先假设交易成本为0，没有对卖空和卖空所得款项使用的限制，借贷行为都可通过无风险利率来进行。再假设标的资产的当前现货价格为S_0，那么理论上（到期日T）的远期价格是：

$$F = F_0 = S_0e^{rT} \tag{6-1}$$

其中，r为无风险利率。

以下为式（6-1）的简要证明。如果$F_0 > S_0e^{rT}$，则可构造如下组合：在时间t=0借入现金S_0，在现货市场上以价格S_0购买1个单位的标的资产，然后在远期市场持有1个单位的空头头寸。该组合的初始成本为0。到时间T时交割该资产收到现金F_0，并偿还贷款S_0e^{rT}。最终该组合以0的净投资获得正收益$F_0 - S_0e^{rT}$（见表6-1）。

如果$F_0 < S_0e^{rT}$，则可构造一个相反的组合：在时间t=0卖空1单位的

标的资产，在时间0和T间借出资产获得收益S_0，同时在远期市场持有1单位的多头头寸。该组合在时间t=0时的净现金流量为0。在时间T从贷款中收到S_0e^{rT}，支付现金F_0获得1单位的资产，归还给借出者。最终获得正收益S_0e^{rT}–F_0（见表6–2）。

表6–1　$F_0 > S_0e^{rT}$时的套利策略

	初始成本	最终收入
借入现金S_0	$-S_0$	$-S_0e^{rT}$
买入1单位资产	S_0	0
卖空1单位远期合约	0	F_0
合计	0	$F_0-S_0e^{rT}$

表6–2　$F_0 < S_0e^{rT}$时的套利策略

	初始成本	最终收入
借出现金	S_0	S_0e^{rT}
卖空1单位资产	$-S_0$	0
买入1单位远期合约	0	$-F_0$
合计	0	$S_0e^{rT}-F_0$

上述两个不等式导致了套利机会的出现，而在定价合理的市场上，套利机会是不存在的，因此等式必然成立。

二、期货合约

（一）期货合约的概念

期货合约（Futures Contract）指由期货交易所统一制定的、规定在将来某一特定的时间和地点交割一定数量和质量商品的标准化合约。期货合约是在远期合约的基础上发展起来的，它们的本质区别在于合约条款是否标准化。与远期合约类似，期货合约也是在未来某一指定时刻以约定价格买入或者卖出某一产品的合约。不过，期货合约已经演变成为一种比远期合约更高级、更复杂的标准化衍生工具。期货合约的内容和条款都是确定的，交易双方只可认同，不可修改。另外，与远期合约只有单一的参与者（套期保值者）不同，期货的交易涉及三方力量，同时对应三种交易目的：对冲者（套期保值者）主要利用期货交易规避现货市场的风险；套利者主要利用现货与期货价格或不同期货合约价格之间的异常差值来赚取无风险收益；投资者主要利用期货合约价格上涨或下跌赚取收益。期货的两大功能——规避风险和价格发现，正是得益于以上三方力量的积极参与实现的。最后，与远期合约必须交收现货不同，期货合约的持有者可交收现货或进行对冲交易来履行或解除合约义务。

（二）期货合约的类型

1. 商品期货

（1）农产品期货

顾名思义，农产品期货是与农产品相关的期货，诞生于1848年的芝加哥商品交易所，也是最早出现的期货品种，包括以下几种类型：粮食期货、经济作物类期货、畜产品期货、林产品期货。其中，粮食期货主要有小麦期货、玉米期货、大豆期货、豆粕期货、红豆期货、大米期货、花生仁期货等。经济作物类期货主要有原糖期货、咖啡期货、可可期货、橙汁期货、棕榈油期货和菜籽期货等。畜产品期货主要有肉类制品期货和皮毛制品期货两大类。林产品期货主要有木材期货和天然橡胶期货。

美国各交易所，尤其是芝加哥期货交易所（Chicago Board of Trade，CBOT）是农产品期货的主要集中地。在我国，与前几年风行一时而今走入低谷的“订单农业”相比，“期货农业”正以风险低、价格提前发现、农民增收效益显著等优势特点被农产品交易市场和广大农户所接受。与计划经济和传统农业“先生产后找市场”的做法相比，“期货农业”是“先找市场后生产”，可谓是一种当代进步的市场经济模式。事实上，该模式在一些欧美国家已经作为一种最主流的形式存在几十年了。

（2）金属期货

金属期货是当今世界期货市场中比较成熟的期货品种之一。目前，世界上的金属期货交易主要集中在伦敦金属交易所、纽约商业交易所和东京工业品交易所。最早的金属期货以铜为标的，现已发展成以铜、铝、铅、锌、镍为代表的有色金属和以黄金、白银等为代表的贵金属两大类。我国交易金属期货的场所有深圳有色金属交易所和上海金属交易所。

（3）能源期货

能源期货的标的包括原油及其附属产品如燃油、汽油等，以及其他能源如丙烷、天然气等。其中，原油是全世界使用率最高的能源，至少短期之内无任何能源可取代其地位。一般大部分的原油产量都集中在中东地区，所以原油价格波动易受到石油输出国组织（Organization of Petroleum Exporting Countries，OPEC）对于石油产量决议的影响。但美国为原油的使用大国，故对原油价格波动仍具相当大的影响力。目前全世界最大的能源期货交易所为美国纽约商业交易所。20世纪70年代发生的石油危机直接导致了石油等能源期货的产生。

2. 金融期货

金融期货合约即以金融工具为标的物的期货合约，包括以下几大类。

（1）外汇期货

外汇期货是在期货交易所内，交易双方通过公开叫价，以某种非本国货币买进或卖出另一种非本国货币，并签订一个在未来的某一日期根据协议价格交割标准数量外汇的合约。20世纪70年代布雷顿森林体系解体后，浮动汇率制引发的外汇市场剧烈波动促使人们寻找规避风险的工具。1972年5月，芝加哥商业交易所率先推出外汇期货合约。在国际外汇市场上，交易最活跃的货币包括美元、欧元、日元、英镑、澳大利亚元、加拿大元、瑞士法郎。

（2）利率期货

利率期货是以附有利率的有价证券为标的一种金融期货。同其他期货一样，利率期货也是在法律的约束下，通过市场公开竞价，买卖双方商定在未来规定日期按约定利率进行一定数额的有价证券的交割。这些有价证券的市价深受市场利率的影响：利率上升，其市价会下降；相反，利率下跌，其市价会上涨。利率期货的诞生源于金融市场上借贷双方避免或降低利率风险的需求。

（3）股指期货

股指期货的全称为股票价格指数期货，也称股价指数期货、期指，是指以股价指数为标的物的标准化期货合约，即双方约定在未来的某个特定日期，按照事先约定的股价指数进行标的指数的买卖，到期后通过现金结算差价来进行交割。随着证券市场的起落，投资者迫切需要一种能规避风险、实现保值的工具。在此背景下，1982年2月24日，美国堪萨斯期货交易所推出价值线综合指数期货。现在，全世界交易规模最大的股指合约是芝加哥商业交易所的标普500（Standard & Poor's 500，S&P 500）指数。

（三）期货合约的要素

在签署一份期货合约时，期货交易所详细规定了合约的细节，包括期货品种、交易单位、最小变动单位（Minimum Price Change）、每日价格最大波动限制（Daily Price Limit）、合约月份（Contract Month）、交易时间、最后交易日（Last Trading Day）、交割等级等一系列内容。

1. 期货品种

期货品种是指具有期货商品性能，经过批准允许进入交易所进行期货买卖的标的资产品种，可分为商品期货和金融期货两种。

2. 交易单位

交易单位即合约规模，是指在期货交易所交易的每一份期货合约上规定的交易数量。期货合约交易，只能以交易单位的整数倍进行。交易单位主要受到合约标的资产的市场规模、交易者的资金规模、期货交易所会员结构等因素的影响。通常情况下，合约标的资产的市场规模越大、交易者的资金规模越大、期货合约的交易单位就可设计得越大。

3. 最小变动单位

最小变动单位是指在期货交易所公开竞价的过程中，某一商品报价单位在每一次报价时所允许的最小价格变动量。最小变动单位乘以交易单位就是该合约的最小变动值。期货合约最小变动单位的确定取决于该合约标的资产的种类、性质、市场价格波动情况和商业规范等。

4. 每日价格最大波动限制

每日价格最大波动限制也称每日涨跌停板制度，即期货合约在一个交易日中，交易价格波动不得超过规定的涨跌幅度。超过规定的涨跌幅度的报价将被视为无效，不能成交。该规定的目的在于防止投机导致的价格剧烈波动给投资者带来重大损失。缺点在于，它阻碍了价格迅速向新的均衡水平靠拢，即限制了期货合约价格发现功能的实现。

5. 合约月份

合约月份是指期货合约到期交收实物的月份。期货合约的月份一般由交易所规定，交易者可根据需要选择不同到期月份的期货合约。金融期货合约的交割月份（除特殊规定外）一般为每年的3月、6月、9月和12月。而商品期货合约的交割月份一般由商品的生产、使用、消费、储藏、保管、流通、运输等特性决定。

6. 交易时间

期货合约的交易时间是固定的，每个交易所的规定可能不同。一般而言，每周营业5天，周六、周日及国家法定节假日休息。每个交易日分为两盘，即上午盘和下午盘。不同交易品种的交易时间也可以不同，由交易所安排。

7. 最后交易日

最后交易日是指期货合约在合约月份中可以进行交易的最后一个交易日。绝大多数成交的期货合约都是通过对冲交易结清的。若至最后交易日还未结清，就必须进行实物交割或现金结算。不同标的的期货合约可能有不同的最后交易日。

8. 交割等级

交割等级是指由交易所统一规定的、准许上市交易的标的资产的质量等级。交易所在指定标的资产等级时，常采用国内或国际贸易中通用的、交易量较大的标准品的质量等级作为标准交割等级。为保证期货交易的顺利进行，多数期货交易所允许实际交割的商品质量与合约规定的有所差别，但在这种情况下，替代品的价格需经过升水或贴水处理。

9. 其他交割条款

其他交割条款是指交易所规定的各种期货合约因到期未作对冲平仓（Close Out Positions）而进行实际交割的各项条款，包括交割日、交割方式和交割地点等。

表6-3详细说明了沪深300指数期货合约条款。

表 6-3　沪深 300 指数期货合约条款

交易品种	沪深300指数	**最后交易日交易时间**	上午：9:15—11:30 下午：13:00—15:00
交易单位	300元/点	**最后交易日**	合约到期月份的第三个周五，遇法定假日顺延
报价单位	指数点	**交割日期**	同最后交易日
最小变动单位	0.2指数点	**最低交易保证金**	合约价值的8%
涨跌停板幅度	上一交易日结算价的±10%	**交割方式**	现金交割
合约月份	当月、下月及随后两个季月	**交易代码**	IF
交易时间	上午：9:15—11:30 下午：13:00—15:15	**上市交易所**	中国金融期货交易所

（四）期货合约的交易制度

期货交易制度有广义和狭义之分。广义的期货交易制度包括管理期货市场的一切法律、法规、交易所章程及规则。狭义的期货交易制度仅指期货交易所制定的经过国家监管部门审核批准的《期货交易规则》及以此为基础产生的各种细则、办法、规定。以下介绍几种与投资者密切相关的交易制度。

1. 保证金制度

保证金（Margin）制度是期货交易的特点之一，是指在期货交易中，任何交易者必须按照其所买卖期货合约价值的一定比例（通常为5%～10%）交纳资金，用于结算和保证履约。保证金分为初始保证金（Initial Margin）和维持保证金（Maintenance Margin）。前者是合约成交时应交纳的保证金，而后者是在价格朝买入合约不利方向变动时，初始保证金除去用于弥补亏损外剩余的部分需达到的最低水平。通常情况下，当保证金账户余额低于维持保证金水平时，交易所会通知客户追加保证金，否则将予以强制平仓。

设置保证金的目的在于保证交易的安全性，防止违约风险给期货经纪商或结算公司造成损失。保证金水平受多重因素影响，如市场状况、利率水平、标的资产的价格波动等。交易所在设置保证金水平时应兼顾安全性和流动性。

2. 当日无负债结算制度

期货交易结算由期货交易所统一组织进行。期货交易所实行当日无负债结算制度，又称逐日盯市（Marked to Market）制度。它是指每日交易结束后，交易所按当日结算价结算所有合约的盈亏，交易保证金及手续费、税金等费用，同时划转应收应付的款项，相应增加或减少会员的结算准备金。

盯市的作用在于使期货合约每日得到结算。该制度使期货合约的价格在每个营业日末归零。盯市的目的是防止发生违约，避免另一方遭受巨大亏损，对于保证期货合约的履行至关重要。

3. 对冲平仓制度

期货交易中的头寸是指多头或空头。投资者的初始交易（买入或卖出）行为被称为开仓。投资者持有多头或空头头寸被称为持仓。在持仓过程中，投资者会根据标的资产的市场价格变动决定是将合约持有到期还是平仓了结。对冲平仓是指持仓者在合约到期日之前在市场上买卖与持有合约品种、数量相同但方向相反的期货。

通常情况下，期货交易的目的是套期保值或投机，因此期货一般不以实物商品交割。绝大多数期货交易者都以对冲平仓的方式了结交易。

4. 交割制度

交割（Delivery）是指合约到期时，按照期货交易所的规则和程序，交易双方通过转移该合约所载标的物的所有权，或者按照规定结算价格进行现金差价结算，了结到期末平仓合约的过程。以标的物所有权转移进行的交割为实物交割，按结算价进行现金差价结算的交割为现金交割。一般来说，商品期货以实物交割为主，金融期货以现金交割为主。

（五）期货合约的定价

期货合约和远期合约非常相似，也是一种一方同意在未来某一时间以协定的价格买入一定数量的金融资产的合约形式，因此二者的定价原理也类似，具体见式（6-1）。在其他条件相同的情况下，如果利率和标的资产价格的相关系数为正，投资者会更加偏好使用期货合约，因为期货合约采取的是逐日盯市制度，每天都会进行结算产生现金流。利率上升使标的资产价格上升，产生超额保证金，这笔现金流可以在更高利率的情况下进行再投资，获得更多的收益；利率下降使标的资产价格下降，此时可以利用更低的利率进行贷款来补充保证金。但如果利率和标的资产价格的相关系数为负，在其他条件相同的状况下，投资者则更加偏好于投资远期合约。因为在利率上升的情况下，标的资产下降，使用期货合约需要追加保证金，而此时只能在更高的利率水平上贷款；而当利率下降产生超额保证金，超额部分的现金流只能在较低的利率水平上进行投资。

虽然期货合约和远期合约的定价原理类似，计算公式也类似，但实际上，有很多可以引起二者价格差异的因素未被考虑在内，如税收、交易成本、保证金等。由于交易所和结算所的存在，期货合约的违约风险要小于远期合约的违约风险，且有些时候期货合约的流动性要比远期合约好很多。

随着期货合约期限的增加，远期合约与期货合约价格间的差别可能变得较大，因此假设远期合约价格与期货合约价格相同或可以完全替代期货合约价格是非常危险的。

第三节　期权合约

一、期权合约的概念

期权合约（Option Contract）是一种赋予交易双方在未来某一日期，即到期日之前或到期日当天，以一定的价格（履约价或执行价）买入或卖出一定资产的权利而非义务的合约。其中，期权合约中的价格通常被称为执行价格或敲定价格，合约中的日期被称为到期日、执行日或期满日。

期权是一种金融衍生品，因此与标的资产息息相关。它代表在未来购买或出售标的资产的权利。期权的买方有权在到期日以执行价格买卖标的，也可以放弃行使买卖的权利。因此，期权是一种选择权，期权交易是一种权利的买卖。期权的买方支付权利金后，便取得了在未来某一特定时间买入或卖出某种特定资产的权利。为了获得这种权利，期权的购买者需要向出售者支付一笔费用，这笔费用被称期权费（Premium）。这也是期权与其他金融衍生工具最大的区别。

二、期权合约的要素

（一）标的资产

标的资产是指期权合约交易的具体资产，可以是实物商品、利率、汇率、金融资产或综合价格指数等。

（二）期权的买方

期权的买方又称期权的多头，是指支付费用获得相应权利的一方。

（三）期权的卖方

期权的卖方又称期权的空头，是指因取得费用而需承担在合约规定时间内履行义务的一方。

（四）执行价格

执行价格是指期权合约规定的，期权的买方行使权利时支付的价格。这一价格是固定不变的，事前确定后，在期权有效期内，无论期权标的资产市场价格如何变化，只要期权买方要求执行期权，期权卖方都必须无条件履行其义务。例如，期权买方买入了看涨期权，在期权合约的有效期内，若标的资产价格上涨，并且高于执行价格，期权买方就有权以较低的执行价格买入期权合约规定数量的特定商品，而期权卖方也必须无条件地以较低的执行价格履行卖出义务。

对于金融期权交易，交易所内交易的合约的执行价格都是由交易所根据标的资产价格的变化趋势确定的，场外交易的合约的执行价格则是由交易双方共同决定的。

（五）期权费

期权费是指期权买方为获取期权合约赋予的权利而向期权卖方支付的费用。在支付期权费后，期权买方即便最终选择不执行期权，也不能向卖方索回期权费。期权费的高低取决于多种因素，包括合约的标的资产、到期日、执行价格等。对于买方而言，期权费是买入期权遭受损失的最大值。而对于卖方而言，它是一笔权利金收入，是期权的回报。

（六）通知日

当期权买方要求按实物交割履行标的交付时，他必须在预先约定的交货和提货日之前的某一天通知对方，以便让卖方做好交割准备。这一日被称为通知日。

（七）到期日

到期日是期货合约必须被履行的时间。到期未履行的合约被视为无效合约。

三、期权合约的类型

期权合约按不同的标准可分为不同的类型，以下主要介绍三种常见的期权合约分类。

（一）按期权买方的权利分类

按期权买方的权利分类，期权可分为看涨期权（Call Option）和看跌期权（Put Option）。

看涨期权又称买入期权，其持有者有权在某一确定时间以某一确定的价格购买标的资产。它是投资者在预期某种标的资产价格有上涨趋势时买入的期权。为取得买入权，期权买方需向期权卖方支付一定的期权费。

看跌期权又称卖出期权，其持有者有权在某一确定时间以某一确定的价格出售标的资产。它是投资者在预期某种标的资产价格有下跌趋势时买入的期权。同样，为取得买入权，期权买方需向期权卖方支付一定的期权费。

（二）按期权买方执行期权的时限分类

按期权买方执行期权的时限分类，期权可分为欧式期权（European Options）和美式期权（American Options）。

欧式期权的买方只有在期权到期时才能执行期权，既不能提前也不能推迟。如果买方要求提前执行期权，卖方可直接拒绝。如果到期仍未执行期权，则期权被视为作废。

美式期权的买方可在期权到期前的任何时间执行期权，即买方既可在期权到期当日，也可在期权到期日前的任一交易时间执行期权。同样，逾期的美式期权也被视为作废。

对于期权的买方而言，美式期权更为有利，因为该类期权允许买方根据市场的具体状况和自身的需求主动选择履约时间。当然，对于期权的卖方而言，美式期权使其承担更高的风险，因为他必须随时为履约做好准备。所以，在其他条件相同的情况下，美式期权的期权费比欧式期权更高。

（三）按执行价格与标的资产市场价格的关系分类

按执行价格与标的资产市场价格的关系分类，期权可分为实值期权（In-the-Money Options）、平价期权（At-the-Money Options）和虚值期权（Out-of-the-Money Options）。

实值期权是指如果期权被执行，买方将获得正现金流的期权。平价期权是指如果期权被执行，买方获得的现金流为0的期权。而虚值期权是指如果期权被执行，买方将获得负现金流的期权。

由上述定义可知，实值期权、平价期权和虚值期权实际上是指合约有效期内期权在某个时点上的状态。随着时间的变化，期权的状态也会随之发生改变。

四、期权合约的价值

期权合约的价值由内在价值和时间价值两部分组成。前者是指期权买方行使权利可获得的现值，对于到期执行的合约而言，即为标的资产的市场价格与执行价格间的差额。后者是指合约有效期内标的资产价格波动为期权持有者带来收益的可能性所隐含的价值。

以下以欧式期权为例分析期权合约的盈亏分布情况。

（一）看涨期权的盈亏分布

图6-1描述了看涨期权的盈亏分布状况。由于期权买卖双方是零和博弈，买卖双方的盈亏正好相反。从图中可看出，看涨期权买方的亏损是有限的，其最大亏损为期权费，而盈利却是无限大的。相反，看涨期权卖方的盈利是有限的，其最大盈利为期权费，而亏损却是无限大的。换言之，看涨期权的买方以期权费为代价换取了获得大幅盈利的可能性，而看涨期权的卖方为获取期权费必须承担大幅亏损的风险。

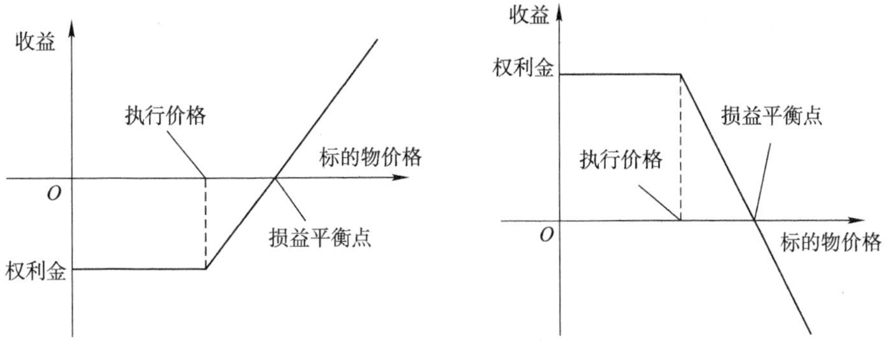

买方　　卖方

图 6–1　看涨期权损益

（二）看跌期权的盈亏分布

同理，看跌期权的买方亏损和卖方盈利是有限的（见图6–2）。

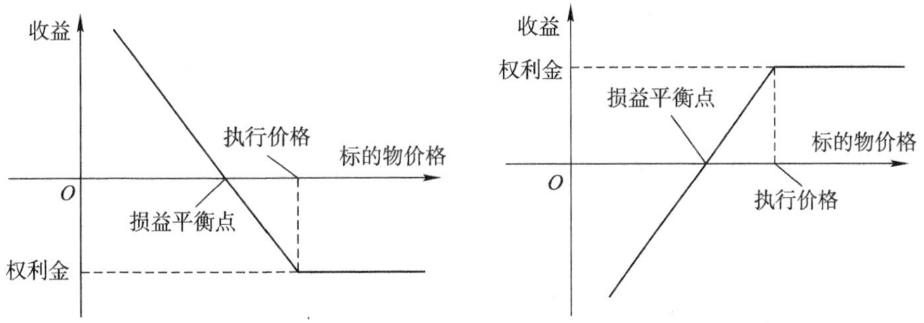

买方　　卖方

图 6–2　看跌期权损益

由上，可以总结出各类期权到期日的损益状态，即合约价值。假设X为执行价格，S_T表示标的资产的到期日价格，C为期权费，则：

欧式看涨期权买方的损益为：$\max(S_T - X, 0) - C$。

欧式看涨期权卖方的损益为：$\min(X - S_T, 0) + C$。

欧式看跌期权买方的损益为：$\max(X - S_T, 0) - C$。

欧式看跌期权卖方的损益为：$\min(S_T - X, 0) + C$。

五、影响期权价格的因素

影响期权价格的因素主要包括标的资产波动率、无风险利率、合约标的资产市场价格与执行价格、期权的有效期等（见表6–4）。

表6–4 影响期权价格的因素及其影响方向

影响因素	影响方向	
	看涨期权	看跌期权
标的资产波动率	+	+
无风险利率	+	–
合约标的资产市场价格	+	–
合约标的资产执行价格	–	+
期权有效期	+	+

（一）标的资产波动率

标的资产波动率是衡量标的资产未来价格变动不确定性的指标。由于期权买方的最大亏损为期权费，而其盈利则取决于标的资产的市场价格与执行价格间的差额，因此资产波动率越高，对期权买方越有利，期权价格也越高。

常见的波动率包括历史波动率（Historical Volatility）和隐含波动率（Implied Volatility）两种。前者是使用标的资产历史数据计算得出的收益率的年度标准差，是对历史价格波动情况的反映，无法用于精确预测未来波动率。后者是指市场上交易的期权价格蕴含的波动率，是通过将某一期权合约的期权费及其他参数输入期权定价模型后反推计算得出的，能够反映市场对价格波动的看法。

（二）无风险利率

看涨期权的买方只需支付期权费买入期权，剩余资金可以无风险利率进行投资，因此，当无风险利率水平上升/下降时，看涨期权的价格也会随之升高/下降。看涨期权的卖方只有等到买方行权后方可收回资金，因此当无风险利率水平上升/下降时，卖方资金的机会成本提高/下降，看跌期权的价格随之降低/提高。

（三）合约标的资产的市场价格与执行价格

由第二节的分析可知，看涨/看跌期权的收益等于标的资产的市场价格/执行价格与执行价格/标的资产的市场价格间的差额。因此，对于看涨/看跌期权而言，标的资产价格越高/越低、执行价格越低/越高，期权的价格就越高。

（四）期权的有效期

对于欧式期权而言，一般情况下，有效期越长，标的资产的风险就越大，空头亏损的风险也越大，期权的价格则越高。

对于美式期权而言，有效期越长，买方获利的机会就越大，期权的价格则越高。

【知识链接6-1】

上证50 ETF期权发展情况

2015年2月9日，我国首个场内期权产品——上证50 ETF期权正式上市。具体合约条款如下。

合约标的	上证50交易型开放式指数证券投资基金（50ETF）
合约类型	认购期权和认沽期权
合约单位	1万份
合约到期月份	当月、下月及随后两个季月
行权价格	5个（1个平值合约、2个虚值合约、2个实值合约）
行权价格间距	3元或以下为0.05元，3元至5元（含）为0.1元，5元至10元（含）为0.25元，10元至20元（含）为0.5元，20元至50元（含）为1元，50元至100元（含）为2.5元，100元以上为5元
行权方式	到期日行权（欧式）
交割方式	实物交割（业务规则另有规定除外）
到期日	到期月份的第四个星期三（遇法定节假日顺延）
行权日	同合约到期日，行权指令提交时间为9:15—9:25，9:30—11:30，13:00—15:30
交收日	行权日次一交易日

续表

交易时间	上午 9:15—9:25，9:30—11:30（9:15—9:25 为开盘集合竞价时间） 下午 13:00—15:00（14:57—15:00 为收盘集合竞价时间）
委托类型	普通限价委托、市价剩余转限价委托、市价剩余撤销委托、全额即时限价委托、全额即时市价委托以及业务规则规定的其他委托类型
买卖类型	买入开仓、买入平仓、卖出开仓、卖出平仓、备兑开仓、备兑平仓及业务规则规定的其他买卖类型
最小报价单位	0.0001元
申报单位	1张或其整数倍
涨跌幅限制	认购期权最大涨幅 = max{合约标的收盘价 ×0.5%，min［（2× 合约标的前收盘价－行权价格），合约标的前收盘价］×10%}， 认购期权最大跌幅=合约标的前收盘价 ×10%； 认沽期权最大涨幅 = max{行权价格 ×0.5%，min［（2× 行权价格－合约标的前收盘价），合约标的前收盘价］×10%}， 认沽期权最大跌幅=合约标的前收盘价 ×10%
熔断机制	连续竞价期间，期权合约盘中交易价格较租金参考价格涨跌幅度达到或者超过50%且价格涨跌绝对值达到或者超过5个最小报价单位时，期权合约进入3分钟的集合竞价交易阶段
开仓保证金最低标准	认购期权义务仓开仓保证金=［合约前结算价+max（12%× 合约标的前收盘价－认购期权虚值，7%× 合约标的前收盘价）］× 合约单位； 认沽期权义务仓开仓保证金=［合约前结算价+max（12%× 合约标的前收盘价－认沽期权虚值，7%× 行权价格），行权价格］× 合约单位
维持保证金最低标准	认购期权义务仓维持保证金=［合约结算价+max（12%× 合约标的收盘价－认购期权虚值，7%× 合约标的收盘价）］× 合约单位； 认沽期权义务仓维持保证金=min［合约结算价+max（12%× 合约标的收盘价－认沽期权虚值，7%× 行权价格），行权价格］× 合约单位

上证50 ETF上市以来，大致经历了起步期、探索期和发展期三个阶段。2015年2—4月为起步期，按照高标准、稳起步、严监管、控风险的思路，上交所采取了较为严格的风险管理措施，市场规模较小。2015年5月至2016年7月为探索期，上交所稳步放宽交易限制，加强市场培育和推广，推动市场规模逐步扩大。同时，在股市异常波动时及时加强风控和监管，确保市场平稳运行。2016年8月后，随着股市企稳和功能恢复，上交所调整了期权风险管理措施，降低期权交易经手费，市场步入发展期。

期权市场的发展为股票持有者提供了有效的保险工具，灵活的期权交易策略满足了不同风险偏好的投资者的需求。同时，期权市场的发展也对标的证券产生了积极的影响，在提高标的证券流动性和定价效率、降低波动性、提升标的证券规模等方面发挥了较好作用。

资料来源：http://www.sse.com.cn/assortment/options/contract/c/c_20151016_3999892.shtml.

第四节 互换合约

一、互换合约的概念

互换合约（Swap Contract）又称掉期合约，是一种由交易双方签订的在未来某一时期交换某种资产的合约。更准确地说，互换合约是当事人之间签订的在未来某一期间内相互交换他们认为具有相等经济价值的现金流（Cash Flow）的合约。交换的具体对象可以是不同种类的货币、债券，也可以是不同种类的利率、汇率、价格指数等。常见的互换合约是利率互换（Interest Rate Swap）合约和货币互换（Currency Swap）合约。

互换市场采取的是做市商制度。①早期的金融机构通常在互换交易中充当经纪人（帮助希望进行互换的客户寻找交易对手并协助谈判互换协议，赚取佣金的中介）。但在短时间内找到完全匹配的交易对手往往是很困难的，因此许多金融机构（主要是银行）开始作为做市商参与交易，同时报出其作为互换多头和空头所愿意支付和接受的价格。做市商为互换市场提供了流动性，成为其发展的重要推动力量。

与期货合约、期权合约不同的是，互换合约一般都是非标准化的，因此不能上市交易。但互换中包含的多个现金流交换使非标准化协议的协商

① 做市商制度，又称庄家制度，是由具备一定实力和信誉的法人充当做市商，不断向投资者提供买卖价格，然后按提供价格与投资者达成买卖完成交易的制度。

和制定相当复杂、费时，这促使互换市场尽可能地寻求标准化。1985年，一些主要的互换银行成立了国际互换商协会（International Swaps Dealers Association，ISDA），并主持制定了互换交易的行业标准、协议范本和定义文件等。国际互换商协会于1993年更名为国际互换与衍生产品协会（International Swaps and Derivatives Association，ISDA），是目前全球规模和影响力最大、最具权威性的场外衍生产品的行业组织。

二、互换合约的类型

如上所述，常见的互换合约有利率互换合约和货币互换合约两类。

（一）利率互换

1. 利率互换的概念

利率互换指交易双方在两笔货币金额相同、期限一致但付息方法不同的资金之间进行的相互交换利率的业务活动。利率互换以交易双方协商的筹资本金为计算利息的基础，在同种货币之间进行固定利率与浮动利率的互换或以不同参照利率进行互换。在交易中，双方只结清其互换的利息差额，在期初和到期日均不发生实际资金的转移。

双方进行利率互换的主要原因在于各自在不同的利率市场上具有比较优势。假设A公司、B公司都希望借入期限为5年的1000万美元，具体的利率状况如表6-5所示。设想B公司希望按固定利率借款，A公司希望以浮动利率借款，但两家公司的信用等级不同，因而市场向其提供的利率也不同。

表6-5　市场提供给A公司、B公司的借款利率

	固定利率	浮动利率
A公司	10.00%	6个月期LIBOR+0.3%
B公司	11.20%	6个月期LIBOR+1.0%

由表6-5可知，A公司在两个市场上具有绝对优势，但在固定利率市场上A公司比B公司少付1.2%，在浮动利率市场上只比B公司少付0.7%。

因此A公司在固定利率市场上有比较优势，而B公司在浮动利率市场上有比较优势。这种明显的差异便促成了利润的互换。A公司以10%的利率借入固定利率资金，B公司以LIBOR+1.0%的利率借入浮动利率资金。它们签订相关协议，以保证最终A公司得到浮动利率资金而B公司得到固定利率资金。

为理解互换是如何进行的，现假设A公司、B公司直接进行交易，商定的互换类型如图6–3所示。A公司同意向B公司支付本金为1000万美元的以6个月期LIBOR计算的利息，作为回报，B公司同意向A公司支付本金为1000万美元的以9.95%固定利率计算的利息。

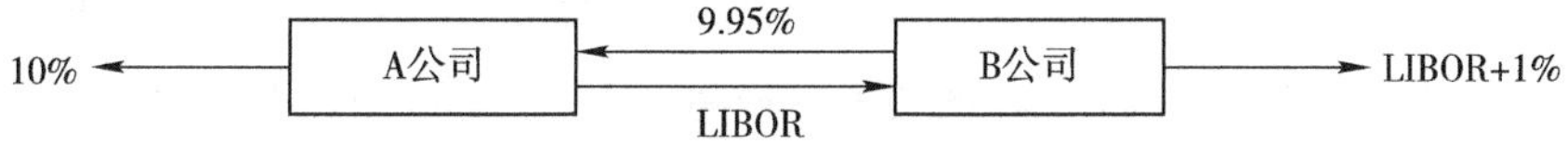

图6–3　利率互换示意

A公司有三项现金流：支付给外部贷款人10%的利息；从B处得到9.95%的利息；向B支付LIBOR的利息。这三项现金流的净效果为A公司支付年利率为LIBOR+0.05%的利息，比直接在浮动利率市场借款减少了0.25%的利率支出。

B公司也有三项现金流：支付给外部贷款人LIBOR+1%的利息；从A处得到LIBOR的利息；向A支付9.95%的利息。这三项现金流的净效果为B公司支付年利率为10.95%的利息，比直接在固定利率市场借款减少了0.25%的利率支出。

该项互换协议改善了A公司、B公司的状况，使其少付0.25%的利息，因此总收益（或称互换利益）为0.5%。互换利益可以预先通过$a-b$的绝对值算出，其中a为两家公司在固定利率市场的利率差，b为两家公司在浮动利率市场的利率差。互换利益是双方合作的结果，由双方共同分享，但具体分享比例由双方谈判决定，未必平均分派。

2. 利率互换的功能

（1）降低融资成本

利率互换交易的基础是比较优势，而双方交易的动机是由比较优势而产生的利益。如上例所述，A公司在固定利率市场上有比较优势，而B公司在浮动利率市场上有比较优势，因此根据双方的比较优势，A公司借入固定利率贷款，B公司借入浮动利率贷款，之后两者进行利率互换交易使交易双方能够获得低于市场固定利率或浮动利率的贷款，降低融资成本。

（2）规避利率风险

通常情况下，如果未来市场利率有下跌趋势，持有固定利率负债的企业就会考虑通过利率互换将固定利率负债转化为浮动利率负债，而持有浮动利率资产的企业就会通过利率互换将浮动利率资产转化为固定利率资产，从而达到在利率下跌的市场环境中规避风险的目的。相反，如果未来市场利率有上涨趋势，企业就会希望将原有的浮动利率负债转换为固定利率负债，同时将原有的固定利率资产转化为浮动利率资产。

3. 利率互换的风险

（1）信用风险

就利率互换而言，信用风险主要是指交易对手不能履行合同义务支付互换收益而给企业造成的风险。利率互换的信用风险是单边风险。一般来说，只有互换价值为负的一方才有可能违约。由于目前企业的交易对手只能是具有衍生产品交易资格的银行等金融机构，因此对于企业来说，该项风险属小概率事件。

（2）利率风险

就利率互换而言，利率风险主要表现在企业支付的利息大于其所收到的利息。每一份能在利率上升时获利的互换合约均能与另一份能在利率下降时获利的合约相对冲或匹配。收取或支付的固定利率与浮动利率之间存在利率差，利率差越大，表明企业获得的收益或风险越大。

（3）市值风险

市值风险是指利率互换合约市场公允价值的变动给企业经营成果带来的影响。市值风险对企业的影响主要体现在报告期财务报表上。按照现行《企业会计准则》的规定，金融衍生产品要以公允价值计价，只要市值较报告期初有变化，即会对企业当期损益造成影响。当互换合约公允价值亏损较大，亏损额超过交易对手对企业的授信额度时，企业将面临补交保证金的风险。当然，在交易期内如果不对产品平盘，其市值变化并不会对互换交易产生任何实质影响。在市值为正的时候，可以平盘、终止互换交易，也可以继续持有。而在市值为负的时候选择继续持有，不会有实际损失。

（二）货币互换

货币互换指交易双方达成协议，约定在事先确定的一系列未来日期，按不同货币的相应名义本金额，以相同或不同的计息方式向对方支付利息，并在期末交换本金。与利率互换的不同之处在于，货币互换双方以不同货币支付利息和本金，因此每个阶段双方都要以不同货币支付现金利息给对方，而非只有一方支付现金给另一方。根据利息支付方式不同，货币互换可分为固定利率对固定利率、固定利率对浮动利率、浮动利率对浮动利率。

同样，货币互换产生的主要原因在于双方在各自国家的金融市场上具有比较优势。假设欧元兑美元汇率为1∶1.5，A公司想借入6年期的1500万美元借款，以浮动利率支付利息，而B公司想借入6年期的1000万欧元借款，以固定利率支付利息。但由于两家公司在不同市场上的信用等级不同，市场向它们提供的利率也不同，具体如表6–6所示。另假设两家公司不进行直接交易，而是通过银行中介进行货币互换，并且支付给银行中介一定的利差。

表6–6　市场提供给A公司、B公司的借款利率

	欧元	美元
A公司	5.6%	6个月期LIBOR+0.2%
B公司	6.7%	6个月期LIBOR

从融资成本来看，双方各有优势。A公司在欧元市场上具有融资优势，B公司在美元市场上具有融资优势。双方通过银行进行货币互换，这样双方都能通过互换获得利益，具体如图6-4所示。

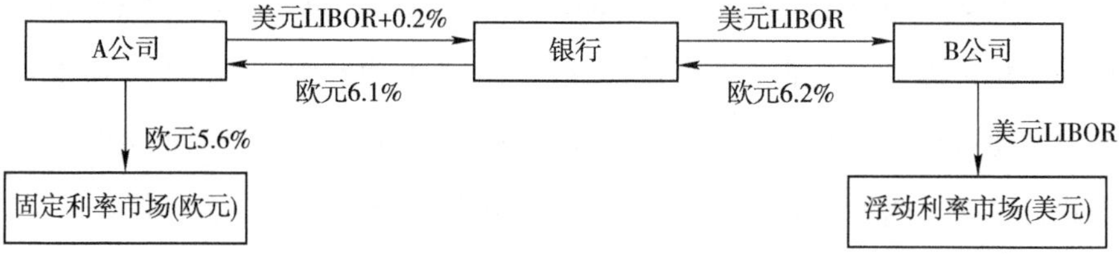

图6-4　货币互换示意图

具体的融资方案如下：A公司在欧元固定利率市场上以5.6%的利率借入6年期1000万元欧元的借款，B公司在美元浮动利率市场上以美元LIBOR利率借入6年期1500万美元借款，双方互换本金，其间互换不同币种利息，并在期末再次交换本金。通过互换，两家公司的融资成本见表6-7。由此可见，A公司能节约成本0.5%，B公司能节约成本0.5%，而银行中介从中赚取的利差为欧元0.1%和美元0.2%。两家公司通过货币互换降低了融资成本，获得了互换利益。

表6-7　货币互换前后A公司、B公司的融资成本

	互换前成本	互换后成本	节约的融资成本
A公司	美元：LIBOR+0.2%	美元：LIBOR+0.2% 欧元：5.6%-6.1%=-0.5%	欧元：0.5%
B公司	欧元：6.7%	美元：LIBOR-LIBOR=0 欧元：6.2%	欧元：0.5%

通过上述互换案例分析，可以总结出互换方案的基本过程：建立成本和融资渠道矩阵；确定各方比较优势；划分互换利益；确定互换合约中各方应支付的利率。

三、互换合约与其他金融衍生工具的区别

远期合约、期货合约、期权合约和互换合约是常见的金融衍生工具。

以下将从交易场所、损益特征、信用风险、执行方式、杠杆等角度分析上述四种衍生工具的区别。

（一）交易场所

期货合约仅在交易所交易。期权合约大部分在交易所交易。远期合约和互换合约通常在场外交易，采用非标准化的形式进行，以满足各方需求，具有较高的灵活性。

（二）损益特性

远期合约、期货合约及大部分互换合约均包括买卖双方在未来应尽的义务，因此又被称为双边合约（Bilateral Contract）。与此相反，期货合约只有一方在未来有义务，因此被称为单边合约（Unilateral Contract）。换言之，期权合约与其他合约的不同之处在于损益的不对称性。

（三）信用风险

双边合约使双方都暴露在对方违约的风险之下，而单边合约仅使买方暴露在这种风险下。期货合约实物交割比例非常低，通常以对冲了结。远期合约如要中途取消，必须经过双方同意，任何一方无法单方面取消合约，实物交割比例非常高。

（四）执行方式

四种衍生工具的执行方式大为不同。通常情况下，远期合约与互换合约以实物交割。需要特别指出的是，两个远期合约即使方向相反也不能自动抵消。期货合约大多是通过对冲抵消，通常以现金结算，极少以实物交割。而期权合约则是买方根据当时的情况判断行权对自己是否有利来决定行权与否。

（五）杠杆

四种衍生工具的交易规则不同，有的存在杠杆效应，有的则不存在。期货合约采用保证金交易，有明显的杠杆效应。期权合约中买方需要支付期权费，卖方需要交纳保证金，也存在杠杆效应。远期合约与互换合约的杠杆效应与合约规定的交易方式有关。

本章小结

金融衍生工具是从原生资产中派生出来的金融工具，其种类繁多，按照不同的分类标准可分为不同的类型。近一二十年，随着我国证券市场的发展和完善及人们投资偏好的变化、风险防范意识的增强，除传统的股票、债券、基金等交易工具外，我国还出现了期权、期货、互换等金融衍生工具。

常见的金融衍生工具有远期合约、期货合约、期权合约、互换合约四种。

远期合约是指交易双方约定在未来的某一确定时间，以确定的价格买卖一定数量的某种金融资产的合约，是根据双方需求量量身定做的个性化合约。

期货合约指由期货交易所统一制定的、规定在将来某一特定的时间和地点交割一定数量和质量的商品的标准化合约。它可分为商品期货合约和金融期货合约两大类。

期权合约是一种赋予交易双方在未来某一日期，即到期日之前或到期日当天，以一定的价格（履约价或执行价）买入或卖出一定资产的权利而非义务的合约。

互换合约又称掉期合约，是一种由交易双方签订的在未来某一时期相互交换某种资产的合约。

上述四类衍生工具的主要区别在于交易场所、损益特性、信用风险、执行方式、杠杆等方面。

思考题

1. 什么是金融衍生工具？它与普通金融工具的区别在哪里？
2. 试述远期合约、期货合约、期权合约、互换合约的区别。
3. 影响期权价格的因素有哪些？它们是如何影响期权价格的？
4. 互换合约的作用体现在哪些方面？

扫码获取
本章课件

第七章　证券投资基金组合管理

学习目标

· 掌握马科维茨的投资组合理论

· 了解投资组合收益和风险的衡量方法

· 理解组合投资分析决策的主要思路

· 掌握资本资产定价模型基本公式及其应用

· 了解有效市场理论的主要内容

第一节　马科维茨的投资组合理论

一、马科维茨的投资组合理论概述

证券投资的风险分散化理念由来已久，如西方有谚语“不要把鸡蛋放在一个篮子里”。现实生活中，大多数投资者会选择将不同资金分配于不同的资产上，以减少投资的不确定性。1952年，哈里·马科维茨（Harry M. Markowitz）发表了一篇题为《证券组合选择》的论文，这篇论文在后来被认为是投资组合理论的开端。文章涉及的理论使金融学开始摆脱纯粹描述性的研究和单凭经验的操作状态，使数量化方法进入了金融领域。该理论的基本思想就是通过分散化的投资来对冲组合的部分风险，以在不降低预期收益的情况下，达到投资组合风险的最小化。

马科维茨的投资组合理论包含两方面的重要内容：均值—方差模型和有效边界模型。在发达的证券市场中，该理论早已在实践中被证明是行之有效的，并且被广泛应用于组合选择和资产配置。但是，我国的证券理论界和实务界对于该理论是否适合我国股票市场一直存有较大争议。

从狭义的角度来说，投资组合是规定了投资比例的“一篮子”有价证券。当然，单只证券也可以被当作特殊的投资组合。本章讨论的投资组合限于由股票和无风险资产构成的投资组合。投资者进行投资，本质上是在不确定性的收益和风险中进行选择。投资组合理论用均值—方差来刻画这两个关键因素。所谓均值，是指投资组合的期望收益率。它是单只证券的期望收益率的加权平均，权重为相应的投资比例。所谓方差（Variance），是指投资组合收益率的离散程度。收益率的标准差（Standard Deviation）被称为波动率，刻画了投资组合的风险。

人们在证券投资决策中应该怎样选择收益和风险的组合呢？这正是投

资组合理论研究的中心问题。投资组合理论研究“理性投资者”如何选择优化投资组合，即如何在给定期望风险水平下对期望收益进行最大化，或者在给定期望收益水平下对期望风险进行最小化。

投资组合理论为有效投资组合的构建和投资组合的分析提供了重要的思想基础和一整套分析体系，其对现代投资管理实践的影响主要表现在以下四个方面。

首先，马科维茨首次对风险和收益这两个投资管理中的基础性概念进行了准确的定义，将风险和收益同时作为描述合理投资目标的缺一不可的两个要件（参数）。在马科维茨之前，投资顾问和基金经理尽管也会顾及风险因素，但由于不能对风险加以有效的衡量，只能将注意力放在投资收益上。马科维茨用投资回报的期望值（均值）表示投资收益（率），用方差（或标准差）表示收益的风险，解决了资产的风险衡量问题。此外，他认为，典型的投资者是风险回避者，其在追求高预期收益的同时会尽量回避风险。由此，马科维茨提供了一整套以均值—方差分析为基础的最大化效用的组合投资理论。

其次，投资组合理论对分散投资的合理性的阐述为基金管理业的存在提供了重要的理论依据。在马科维茨之前，尽管人们很早就对分散投资能够降低风险有一定的认识，但从未在理论上形成系统化的认识。投资组合的方差公式说明，投资组合的方差并不是组合中各个证券方差的简单线性组合，而在很大程度上取决于证券之间的相关关系。单只证券本身的收益和标准差指标对投资者可能并不具有吸引力，但如果它与投资组合中的证券相关性小甚至是负相关，它就会被纳入组合。当组合中的证券数量较多时，投资组合的方差在很大程度上更多地取决于证券之间的协方差，单只证券的方差则会居于次要地位。因此，投资组合的方差公式不但为分散投资的合理性提供了理论上的解释，而且为有效分散投资提供了实际指引。

再次，马科维茨提出的“有效投资组合”的概念，使基金经理从过去关注分析单只证券转向了重视构建有效投资组合。自20世纪50年代初马科维茨发表其著名的论文以来，投资管理已从过去专注于选择证券转为关注构建组合分散风险。事实上，投资组合理论已将投资管理的概念扩展为组合管理，从而使投资管理的实践发生了革命性的变化。

最后，马科维茨的投资组合理论已被广泛应用至投资组合中各主要资产类型的最优配置活动中，并被实践证明是行之有效的。

二、证券收益率的期望、方差和协方差

（一）单只证券的收益率和风险计算

证券投资决策的实质是权衡投资的收益率和风险，因此合理地衡量投资的收益率和风险是一个至关重要的问题。单只证券的收益率往往受各种因素影响，如宏观经济的波动性、行业风险以及上市公司自身的各种变数等。投资者在选择某只证券时，首先会对该证券的未来收益率作出估计，该估计值就是证券的预期收益率。但是单只证券的实际收益率不一定刚好等于预期值，即收益率的实际值与预期值之间有一定的偏差。实际收益率偏离预期收益率的可能性被称为单只证券的投资风险。

1. 单只证券收益率的计算

（1）实际收益率的计算公式

证券投资者在一定时期内投资于某一证券，原先付出的投资成本是IC_0，实际获得的投资回报是IC_1，则该证券的实际收益率R可以通过式（7-1）计算：

$$R=(IC_1-IC_0)/w_0 \tag{7-1}$$

（2）预期收益率的计算公式

在投资初期，由于单只证券的收益是不确定的，投资者只能估计各种可能发生的结果（事件）及每一种结果（事件）发生的可能性（概率），因而单只证券的收益率通常用预期收益率来表示，即持有证券可能得到的收益。如果收益率R_i为离散性随机变量，其概率为$Prob(i)$，则预期收益率可以通过式（7-2）进行计算：

$$E(R_i)=Prob(i)\times\sum_{i=1}^{n}r_i \tag{7-2}$$

例如，某证券x，它的投资收益受n种可能性事件的影响。其中，各种可能性事件发生的概率分别为$P_1,P_2,P_3,\cdots,P_n$。当每种可能性事件发生时，证券Z的投资收益率分别为r_1，r_2，r_3，…，r_n，则证券x的期望收益率可以通过式（7–3）进行计算：

$$E(R_x)=P_1r_1+P_2r_2+P_3r_3+\cdots+P_ir_i=\sum_{i=1}^{n}P_ir_i \tag{7-3}$$

2. 单只证券风险的计算

风险是指投资者投资于某种证券的不确定性，即指遭受损失的可能性。实际发生的收益率与预期收益率的偏差越大，投资于该证券的风险也就越大。单一证券风险可以用预期收益率的方差或标准差来表示：

$$\sigma_x^2=\mathrm{var}(R_x)=E\{[r_x-E(R_x)]^2\}=\sum_{i=1}^{n}P_i[r_{xi}-E(R_x)]^2 \tag{7-4}$$

$$\sigma_x^2=\sqrt{\sigma_x^2}=\sqrt{\sum_{i=1}^{n}P_i\left[r_{xi}-E(R_x)\right]^2} \tag{7-5}$$

其中，σ_x^2表示证券x收益率的方差；σ_x表示证券x收益率的标准差。

（二）证券组合的收益率和风险计算

现实生活中，投资者可能会同时持有若干资产，构成一个投资组合。下面主要介绍投资组合的收益率和风险的衡量问题。

1. 证券组合预期收益率的计算

证券组合的预期收益率是组成该投资组合的各种证券的预期收益率的加权平均数，权重为各种证券在组合中的市场价值比重。

假设投资组合P由n种证券组成，其权重和收益率分别为w_1，w_2，w_3，…，w_n和r_1，r_2，r_3，…，r_n，则该投资组合的预期收益率$E(R_p)$可以用式（7–6）表示：

$$E(R_p)=\sum_{i=1}^{n}[w_iE(r_i)] \tag{7-6}$$

2. 证券组合风险的计算

证券组合的风险不是简单地等于单只证券风险以投资比重为权重的加权平均数，因为两两证券之间很可能出现风险相互抵消的可能性。这就需要引进协方差（Covariance）和相关系数的概念。

协方差是表示两个随机变量之间关系的变量，是用来确定证券组合收益率方差的一个关键性指标。相关系数可以看成一种标准化的协方差。若以A、B两种证券组合为例，其对应的协方差 $\text{cov}(R_A, R_B)$ 和相关系数 $\rho_{A、B}$ 分别为：

$$\text{cov}(R_A, R_B)=\sum_{i=1}^{n}P_k\{[r_{Ak}-E(R_A)][r_{Bk}-E(R_B)]\} \tag{7-7}$$

$$\rho_{A,B}=\frac{\text{cov}(R_A, R_B)}{\sigma_A\sigma_B} \tag{7-8}$$

其中，r_A代表证券A的收益率；r_B代表证券B的收益率；$E(R_A)$代表证券A的预期收益率；$E(R_B)$代表证券B的预期收益率；σ_A代表证券A预期收益率的标准差；σ_B代表证券B预期收益率的标准差；P_k代表各事件对应的概率；n代表事件发生数量。

据此，可得证券组合的风险计算公式：

$$\sigma_p^2=\text{var}(R_p)=\text{var}(\sum w_i r_i)=\sum_{i=1}^{n}\sum_{j=1}^{n}w_i w_j r_{ij}\sigma_i\sigma_j \tag{7-9}$$

由此可见，影响证券组合风险的因素包括每种证券所占的比例、证券收益率的相关性、每种证券预期收益率的标准差。

三、资产收益的相关性

如果两只证券的收益受到某些因素（系统性风险因素，如宏观经济状况、行业政策等）的共同影响，那么它们的波动会呈现一定相关性。由于这类因素普遍存在于经济生活中，大多数资产的收益间都会存在一定的关联。

对于两只证券i和j，给定一个特定的投资比例，则得到一个特定的投资组合，有特定的预期收益率和标准差，在图7–1中表现为一个特定的点。如果让投资比例在一个范围内连续变化，则得到的投资组合点会在图中构成一条连续的曲线。给定不同的相关系数就会得到不同的曲线。图7–1中的5条曲线分别对应5个不同的相关系数。

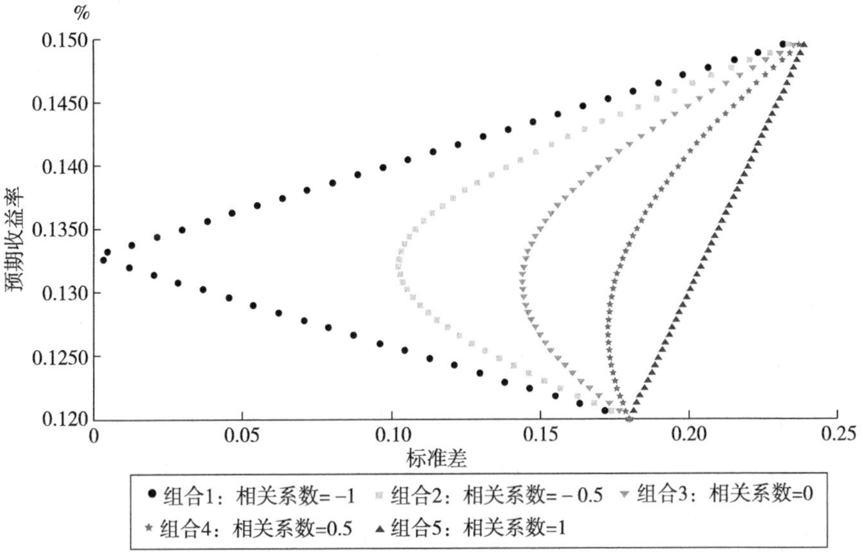

图7–1　资产组合的相关系数

当$\rho_{i,j}$=1时，

$$\sigma_p^2 = w_i^2\sigma_i^2 + w_j^2\sigma_j^2 + 2w_iw_j\sigma_i\sigma_j \qquad (7\text{–}10)$$

$$\sigma_p = w_i\sigma_i + w_j\sigma_j \qquad (7\text{–}11)$$

此时，两只证券的投资组合为一条直线，直线上的每个点代表不同权重的投资组合。

当$\rho_{i,j}$=–1时，

$$\sigma_p^2 = w_i^2\sigma_i^2 + w_j^2\sigma_j^2 - 2w_iw_j\sigma_i\sigma_j \qquad (7\text{–}12)$$

$$\sigma_p = |w_i\sigma_i - w_j\sigma_j| \qquad (7\text{–}13)$$

由式（7–13）可知，当两只证券预期收益率的相关系数为–1时，将能找到一个点使投资组合的标准差为0。在图7–1中，这一点为“组合1”的转折点，此时的投资组合即为无风险资产。

当$\rho_{i,j}$=0时，

$$\sigma_p^2 = w_i^2\sigma_i^2 + w_j^2\sigma_j^2 \tag{7-14}$$

$$\sigma_p = \sqrt{w_i^2\sigma_i^2 + w_j^2\sigma_j^2} \tag{7-15}$$

若两只证券的相关系数在-1～1，则其投资组合将为一条向左上方弯曲的曲线，曲线上的每一个点代表权重不同的投资组合。相关系数越小/大，组合的曲线越往左/右，组合的风险越小/大，效用越高/低。

需要强调的一点是，证券收益间的相关性只会影响投资组合的风险，而不会影响投资组合的预期收益。

四、有效组合和有效前沿

（一）马科维茨投资组合模型

马科维茨投资组合模型的思想核心是均值—方差准则。一般而言，投资分散化在降低方差的同时也降低了预期收益率。多数投资者都不会愿意为了方差很小的下降而牺牲较大的预期收益率。因此，如果不考虑分散化对预期收益率和方差的共同影响而盲目地进行资产的多元化，结果则未必会令人满意。正是这个原因激励马科维茨发展了一般的均值—方差分析方法，他认为，投资者面对不同的期望收益和风险，必须在均值和方差之间进行权衡。

马科维茨（1952）研究发现，投资者在选择证券组合时，并非只考虑期望收益率最大，还考虑收益率方差尽可能小，由此提出了“期望收益—收益方差”（Expected Return-Variance of Return）法则，并且认为投资者应该按照这一法则进行投资。这样，针对理性投资者的风险厌恶特征，投资者在进行投资目标选择时必然存在一定的风险约束，这种风险收益关系可以表达为均值—方差准则。

针对单只证券，均值—方差准则的应用较为简单。根据该准则，当满足下列任一条件时，投资者可选择a资产进行投资：

$$\overline{R}_a \geqslant \overline{R}_b \text{且} \sigma_a^2 < \sigma_b^2;$$

$$\overline{R}_a > \overline{R}_b \text{且} \sigma_a^2 \leqslant \sigma_b^2$$

均值—方差准则表明，投资者存在风险厌恶偏好，追求高的期望收益，而不喜欢高的方差（高风险）。例如，有三只证券A、B、C（见表7-1），尽管三者的期望收益率相同（均为130%），但是从A到B到C，三种资产的收益率却越来越分散，方差越来越大。因此，根据均值—方差准则，风险厌恶的投资者将优先选择资产A。

表 7-1　三种不同证券的期望收益和方差的比较

	证券A		证券B		证券C	
	收益	概率	收益	概率	收益	概率
投资组合	130%	1	120%	0.5	120%	0.5
			140%	0.5	150%	0.5
期望收益率	130%		130%		130%	
方差	0		100%		400%	

针对投资组合，均值—方差准则的应用相对复杂一些。首先，对投资组合的风险进行度量：

$$\sigma_p^2 = E\left[\left(\sum_{i=1}^{n} w_i r_i\right) - \sum_{i=1}^{n} w_i E\left(R_i\right)^{\frac{1}{2}}\right]$$

$$= \sum_{i,\ j=1}^{n} w_i w_j E\{[r_i - E(R_i)]\}[r_j - E(R_j)]$$

$$= \sum_{i,\ j=1}^{n} \sigma_{ij} w_i w_j \qquad (7-16)$$

均值—方差准则的核心就是确定 w_i，使证券组合的期望收益率一定时，风险（收益率的方差或标准差）最小。为方便起见，此处可以用矩阵进行表达：

$$\boldsymbol{w} = (w_1,\ w_2,\ \cdots,\ w_n)^T \qquad (7-17)$$

$$\boldsymbol{\mu} = (\mu_1,\ \mu_2,\ \cdots,\ \mu_n)^T,\ \boldsymbol{\mu_i} = E(r_i),\ i=1,\ 2,\ \cdots,\ n \qquad (7-18)$$

$$\sigma = \sigma_{ij} = \text{cov}(r_i,\ r_j),\ i,\ j=1,\ 2,\ \cdots,\ n \qquad (7-19)$$

在此，不妨将 $\boldsymbol{w}$ 称为组合权重，$\boldsymbol{\mu_w} = \boldsymbol{w}^T\boldsymbol{\mu}$ 称为组合的收益，$\boldsymbol{\sigma_w} = (\boldsymbol{w}^T\boldsymbol{\sigma})^{1/2}$ 称

为组合的风险。这样，马科维茨的均值—方差证券组合选择问题可以表达为

$$\min \sigma_p^2 = \boldsymbol{w}^T\boldsymbol{\sigma} = \sum_{i,j}^{n} \sigma_{ij} w_i w_j$$
$$\text{s.t. } \boldsymbol{w}^T = w_1 + w_2 + \cdots + w_n = 1, \ \boldsymbol{\mu}_p = \boldsymbol{w}^T\boldsymbol{\mu} = \bar{\boldsymbol{\mu}} \tag{7-20}$$

其中，min 表示组合收益率方差 σ_p^2 的最小值，约束条件的解 $\bar{\boldsymbol{w}}$ 对应的组合期望收益为 $\bar{\boldsymbol{u}}$。这实际是数学上的二次规划，即为在两个线性等式约束条件下，二次函数求最小极值的问题。

（二）有效前沿与最小方差前沿

首先介绍两个风险资产组合的投资机会集。投资者的投资机会集也称投资可行集，即选择适当的风险资产权重之后能够得到的资产组合对应的风险—收益关系。由之前的讨论可知，给定投资比例，能够得到一组特定投资组合的预期收益、标准差。通过调整投资权重，计算相对应的资产组合的预期收益率和标准差，可以得到各种可能的资产组合的预期收益与标准差。我们称所有可能的资产组合的预期收益与标准差为投资机会集，投资机会集是通过组合风险资产能够得到的所有资产组合全体。

图 7-1 描绘了不同相关系数下两只证券构成的投资组合的风险、收益情况。该图也可称为投资机会集。同样，当资产组合由多只证券构成时，也可得到不同权重下组合的风险—收益关系。如图 7-2 所示，图中的曲线及曲线内部为多只证券构成的投资机会集。

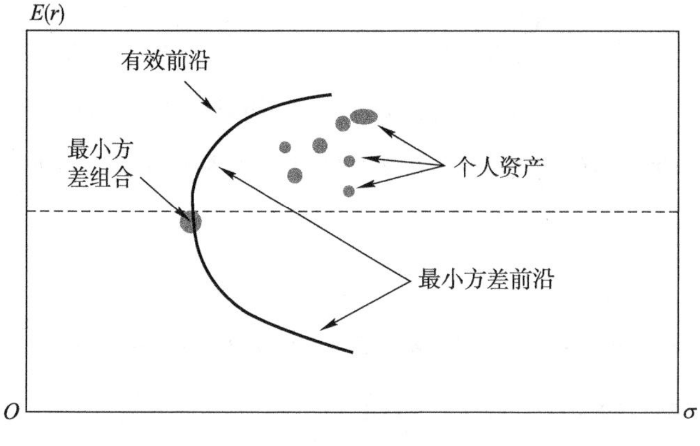

图 7-2　投资机会集

理性的投资者在作决策时，对给定的组合预期收益率，会选择使组合的风险最小的风险资产权重，或者对给定的组合风险，选择使组合的收益最大的风险资产权重。即理性的投资者会选择可行集左边界上的组合进行投资。可行集的左边界即为最小方差前沿，又称最小方差集（Minimum-Variance Set），是投资者所有可能的组合选择中，给定预期收益时方差最小的组合。最小方差前沿的上半部分为有效前沿（Efficient Frontier），又称有效边界、有效集，即最优投资组合的集合。

现以图7–3为例作进一步说明。假设图7–3中的每一点代表一只证券，如点A表示预期收益率为8%、标准差为15%的证券。这些单个证券可以构成组合，如证券A和证券B之间可以构成曲线上任何点的组合。持有这些证券中某些证券的多头和另一些证券的空头，可以在图上找到不同的点来代表不同的组合，这些所有可能的组合就构成了投资者拥有的投资机会。当然，这些组合具有不同的风险—收益关系。面对这些不同的资产组合，投资者会更愿意选择其中的某些组合。例如，按照均值—方差准则，在一定的风险水平下选择收益率更高的组合，或在一定的收益率水平下选择风险更低的组合。任何情况下，当已知可投资的所有证券的特征，在投资可行集上存在一条边界（可行集的左边界）。在可行集左边界的点都是在任意的均值水平下方差（或标准差）最小的点或任意方差（或标准差）水平下均值最大的点。最小方差集上的每一点都表示一个投资组合，这些组合的区别是其中各只证券的权重不同。

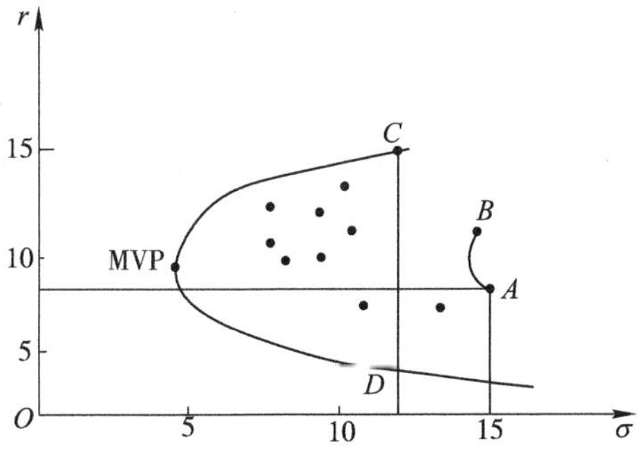

图 7–3　最小方差集

在最小方差前沿上有一个特殊的点，这一点具有最小的方差，被称为最小方差组合（Minimum-Variance Portfolio，MVP）。由于曲线上这一点的形状如同子弹的顶部，因此最小方差组合也被称为弹头（Bullet）。值得一提的是，方差最小的组合等于标准差最小的组合，最小方差集和最小标准差集可以换用。

最小方差集满足了投资者风险最小的约束条件，但其并不等同于有效集。例如，尽管r–σ平面上的C、D两个组合均满足最小方差集的要求（在一定的预期收益率下标准差最低），但只有组合C才满足有效集的要求（在给定标准差下预期收益率最高）。

为此，我们必须按照可行集定理的两个约束条件，即风险最小与预期收益最大的角度从r–σ平面寻求有效集。假定投资者被限定在r–σ平面上的一条水平线上进行投资选择，在这条线上的任意投资组合都有相同的期望收益率，但有不同的标准差，理性的投资者一定会选择在此线上的最左边的点进行投资，即给定均值下标准差最小的点，这符合理性投资者的风险厌恶特征。为进一步分析，我们将图7–3向右旋转90°，考虑对应于垂直直线上的点的所有投资组合，即标准差相同而均值不同的投资组合。理性投资者会倾向于选择这条线上的最高点进行投资。换言之，在给定标准差时，投资者会选择均值最大的投资组合。投资者的这种性质被称为非满足性（Non-Satisfaction），即给定其他条件相同，投资者希望得到更多的收益。这样，同时考虑投资者的风险厌恶和非满足性行为特征，投资者只会对最小方差前沿的上半部分感兴趣，即同时符合最大预期回报率和最小风险两个条件的组合集，这一部分被称为有效边界或有效前沿。有效前沿的产生，是对均值—方差求解。对于每一个给定的期望收益，可以解出相应的标准差σ，每一对（r，σ）构成了风险—收益图上的一个坐标点，这些点可以连成曲线。同样在数学上可以证明，这条曲线是一条双曲线，即最小方差曲线（Minimum-Variance Curve）。

如图7–4所示，在r_p–σ_p平面上，风险资产组合p的收益r和风险σ之间的关系表现为一条双曲线的右半支，它被称为组合的前沿。其中，该双曲线的顶端对应的就是最小方差组合。右支双曲线的上半部被称为有效前沿，有效前沿上的每一点所对应的组合被称为有效组合。它们代表着收益特定时风险最小以及风险特定时收益最大的资产组合，表明风险与收益的相对应关系最优的组合。右支双曲线的下半部被称为无效前沿。在无效前沿上的每一点表示收益固定时的风险最小，但它们的收益在风险固定时并不是最大的（最大点恰恰落在有效前沿上）。

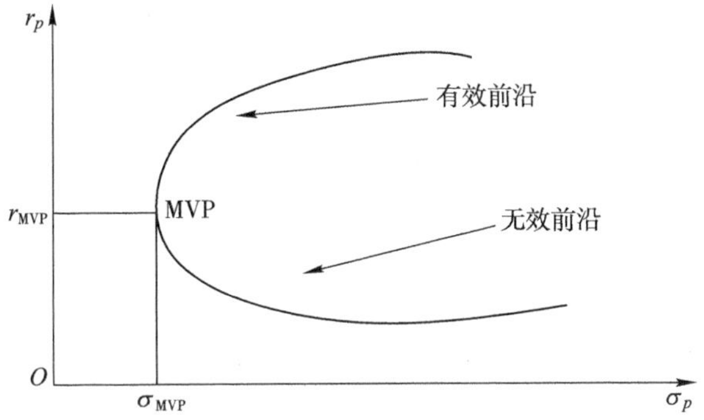

图 7–4 有效前沿

五、效用、无差异曲线和资产最优组合

（一）效用与无差异曲线

从理论上来说，具有独立经济利益的投资者的理性经济行为有两个规律特征：其一为追求收益最大化；其二为厌恶风险。二者的综合反映为追求效用最大化。

"效用"一词在微观经济学中是指人们从消费商品和服务中得到的满足。在金融市场上，交易主体追求收益最大化，但高收益总是伴随着高风险，对风险的承受力直接制约着投资者对收益预期的定位。通常，投资者只能在可接受的风险范围内寻求相对高的收益，或者只有在收益足够高时，才会去冒较大的风险。所以，投资活动的效用就是投资者权衡风险与收益后获得的满足。

投资效用一般可用无差异曲线来表示。无差异曲线形象地描述了投资者的风险态度。一条无差异曲线代表给投资者带来同样满足程度的预期收益和风险的所有组合。对于一个特定的投资者，给定任意一个证券组合，根据他对风险的态度，可以得到一系列满意程度相同（无差异）的证券组合，这些组合恰好在图7–5中的$\overline{R}$–σ坐标系上形成一条曲线，我们称这条曲线为该投资者的一条无差异曲线（如I_1）。该曲线上的任意投资组合给投资者带来的效用相同，尽管它们的收益风险各异。

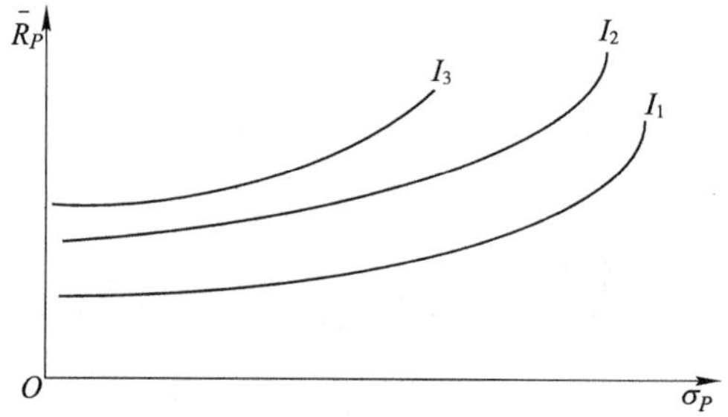

图 7–5　无差异曲线

不言而喻，偏好不同的投资者，无差异曲线的形状也不同。尽管如此，对于追求收益又厌恶风险的投资者而言，他们的无差异曲线都具有如下五个特点：

第一，无差异曲线的斜率是正的。由于风险给投资者带来的是负效用，而收益带给投资者带来的是正效用，为了使投资者的满足程度相同，高风险的投资必须有高预期收益率，所以无差异曲线的斜率为正。

第二，无差异曲线是下凸的。这意味着要使投资者多冒等量的风险，给予他的补偿即预期收益率应越来越高。无差异曲线的这一特点是由预期收益率边际效用递减规律决定的。

第三，同一投资者有无限多条无差异曲线（如图7–5中 I_1、I_2、I_3所示）。这意味着对于任何一个风险—收益组合，投资者对其的偏好程度都能与其他组合相比。由于投资者对收益的不满足和对风险的厌恶，在图

7–5中，越靠上方的无差异曲线代表的满足程度越高。投资者的目标就是尽量选择位于最上方的无差异曲线上的组合。

第四，同一投资者在同一时点的任何两条无差异曲线都不能相交。这一点可用反证法加以证明：在图7–6中，假设某个投资者的无差异曲线相交于X点。由于X和A都在同一条无差异曲线上，因此X和A给投资者带来的满足程度是相同的。同样，由于X和B都在同一条无差异曲线上，因此X和B给投资者带来的满足程度也是相同的。这进一步说明A和B给投资者带来的满足程度也是相同的。然而从图7–6中可以看出，B的预期收益率高于A，而风险却小于A。根据非满足性和风险厌恶的假设，B的满足程度一定大于A，这就产生了矛盾。由此说明假设不成立，即两条无差异曲线不能相交。

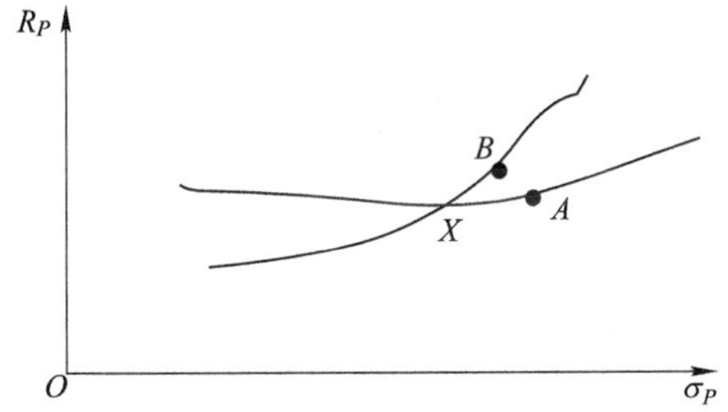

图 7–6　无差异曲线的不可相交性

第五，无差异曲线向上弯曲的程度大小反映了投资者风险承受能力的强弱。无差异曲线的斜率表示风险和收益之间的替代率，斜率越大，表明为了让投资者多冒同样的风险，必须给他提供的收益补偿也越高，说明该投资者越厌恶风险。相反，斜率越小，表明该投资者厌恶风险程度越轻。图7–7显示了三种不同风险厌恶程度的投资者的无差异曲线：（a）表示高度风险厌恶型的投资者；（b）表示中等风险厌恶型的投资者；（c）表示轻微风险厌恶型的投资者。信息表明，对于高度风险厌恶型的投资者，其无差异曲线较陡峭，而对于轻微风险厌恶型的投资者，其无差异曲线较平坦。

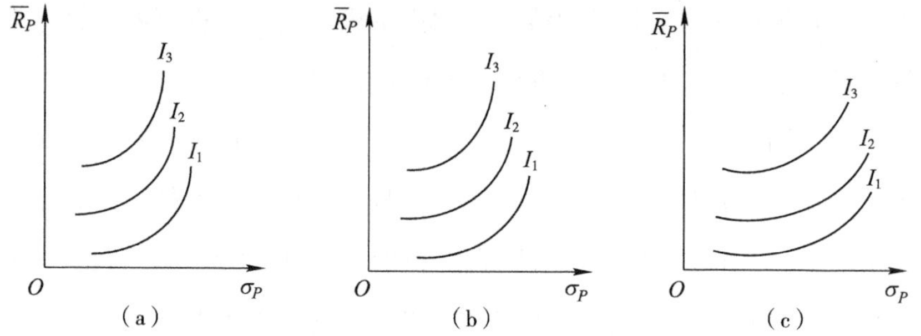

图 7-7　不同风险厌恶程度的投资者的无差异曲线

（二）无差异曲线与资本最优组合

现实生活中的证券种类繁多，可以构成无数组合。根据马科维茨的有效边界模型，可以确定最优投资组合。

1. 可行集

如前所述，可行集是指由多种证券形成的所有组合的集合，包括了现实生活中所有可能的组合。也就是说，所有可能的组合将位于可行集的内部或边界上，如图7-2所示。

2. 有效前沿

如前所述，有效前沿是指能同时满足预期收益率最大和风险最小的投资组合的集合。有效集是可行集的一个子集，包含于可行集之中。在图7-8中，风险最小的组合是N，风险最大的组合是H。对于各种风险水平而言，能提供最大预期收益率的组合集是可行集中组合N和组合H之间的上方边界上的组合集。各种组合的预期收益率都介于组合A和组合B之间。对于各种预期收益率水平而言，能提供最小风险水平的组合集是可行集中组合A、组合B之间的左边边界上的组合集。同时满足这两个条件的组合N、组合B之间上方边界上的可行集就是有效前沿。有效集前沿具有以下特点：有效前沿是一条向右上方倾斜的曲线，反映了“高收益、高风险”的原则；有效前沿是一条向上凸的曲线；有效前沿上不可能有回陷的地方。

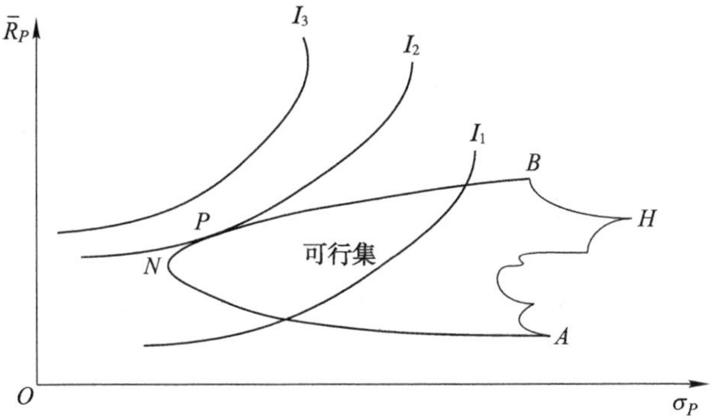

图 7-8 最优资产组合

有效前沿向上凸的特性和无差异曲线向下凸的特性决定了有效集和无差异曲线的相切点只有一个，也就是说最优投资组合是唯一的。

对于投资者而言，有效前沿是客观存在的，是由证券市场决定的，而无差异曲线则是主观的，是由投资者自身的风险—收益偏好决定的。从之前的分析可知，风险厌恶程度越高的投资者，其无差异曲线的斜率越大，因此其最优投资组合越接近组合N。风险厌恶程度越低的投资者，其无差异曲线的斜率越小，因此其最优投资组合越接近组合B。

3. 最优投资组合的选择

确定了有效前沿的形状之后，投资者就可根据自己的无差异曲线群选择能使自身投资效用最大化的最优投资组合。这个组合位于无差异曲线与有效集的相切点P，如图7-8所示。

由图7-8可知，虽然投资者更偏好I_3上的组合，然而可行集中找不到满足条件的组合，因而是不可实现的。至于I_1上的组合，虽然可得，但由于I_1位于I_2的右下方，即I_1代表的效用低于I_2，因此I_1上的组合不是最优组合。而I_2代表了可以实现的最大投资效用，因此P点代表的组合就是最优投资组合。

第二节 资本市场理论

一、资本市场理论假设

20世纪60年代，威廉·夏普（William Sharp，1964）、约翰·林特耐（John Lintner，1965）等学者基于马科维茨的均值—方差模型，提出了资本市场理论和资本资产定价模型（Capital Asset Pricing Model，CAPM），研究在特定假设下均衡价格的形成。

资本市场理论和资本资产定价模型的假设如下：①每一个投资者都遵循马科维茨投资组合理论挑选证券。②每个投资者能够以无风险利率水平借入和贷出他所希望的数额。无论投资者希望借入还是贷出，这一利率都是相同的，且它对每个投资者都是相同的。③所有投资者的期望相同。即任何投资者都拥有相同的信息，对证券的预期收益率、风险及资产间的相关性具有同样的判断，或者说他们对所有资产的收益率服从的概率分布具有一致的看法。④每个投资者的投资期限相同，且不在投资期限内对投资组合作动态调整。⑤所有投资都可无限分割，投资数量随意。⑥市场是无摩擦的，不存在税收和交易费用。⑦投资者是价格的接受者，其买卖行为不会影响证券价格，每个投资者都不能对市场定价造成显著影响。

上述假设条件与实际观察到的情况或多或少存在不一致。例如，“每位投资者都持有相同的看法”，即使是最偶然的实证主义也会证明这不是实际情况。人们经常会各怀想法，不会持有同样的观点。卖出IBM股票的人相信它完全不值这个价钱，而买入者则认为它比出售价格值钱得多。在一个具有完全一致看法的世界里，没有任何人有动机去“卖空”一种证券，卖空等于创造出一种风险性证券。但是从事风险交易的购买者和出售者必然会期待获得正收益。又如，“市场是无摩擦的”假设也与现实不符。

现实中的金融交易都会涉及交易佣金及税收负担。不同的交易者所缴纳的税负不同，交易佣金在不同投资者之间也会存在差异。这些因素都会影响投资者对投资对象的选择。

但即便如此，也并不意味着上述理论或模型是无效的。原因在于：首先，如果放宽一些假设条件只会对模型产生很小的影响，就不会改变理论的基本内涵或结论。其次，判断一种理论绝不能仅仅依靠它的假设，而是要看它能够解释和帮助人们预测现实的程度。如果该理论及其模型能够解释各种风险资产的收益率，那么它就非常有用，尽管它的一些假设显得不切实际。这就意味着，一些需要探讨的假设对于实现资本市场理论和资本资产定价模型的最终目标来说并不重要。

二、资本配置线

资本配置线（Capital Allocation Line，CAL）是引入无风险借贷后，将一定量的资本在某一特定的风险资产组合与无风险资产之间分配，描述所有可能的新组合的预期收益与风险之间关系的直线。

对于一个由风险资产x和无风险资产f组成的投资组合，假设风险资产的权重为w_x、收益率为R_x、标准差为σ_x，无风险资产的权重为$1-w_x$、收益率为R_f、标准差为0，则组合的期望收益率为：

$$E(R_p) = (1-w_x)R_f + w_x E(R_x) = R_f + w_x[E(R_x) - R_f] \quad (7\text{-}20)$$

组合的方差为：

$$\sigma_p^2 = w_x^2\sigma_x^2 + (1-w_x)2\sigma_f^2 + 2w_x(1-w_x)\sigma_x\sigma_f\rho_{xf} \quad (7\text{-}21)$$

由于无风险资产的标准差为0（$\sigma_f = 0$）且无风险资产与风险资产之间的协方差为0，因此可以得到：

$$\sigma_p^2 = w_x^2\sigma_x^2 \quad (7\text{-}22)$$

$$\sigma_p = w_x\sigma_x \quad (7\text{-}23)$$

将式（7-24）代入式（7-21）可得

$$E(R_p)=R_f+\left[\frac{E(R_x)-R_f}{\sigma_M}\right]\times\sigma_p \tag{7-24}$$

式（7-24）即为CAL的表达式。反映在图中，CAL就是无风险资产回报的点（出现在纵轴上）与风险资产回报的点（风险资产在二维坐标内，收益比无风险资产高）的连线，如图7-9所示。当投资人重视安全性时，会增加对无风险资产的持有，而当投资人重视收益性时，会增加对风险资产的持有，对应的组合点就在资本配置线上上下移动。

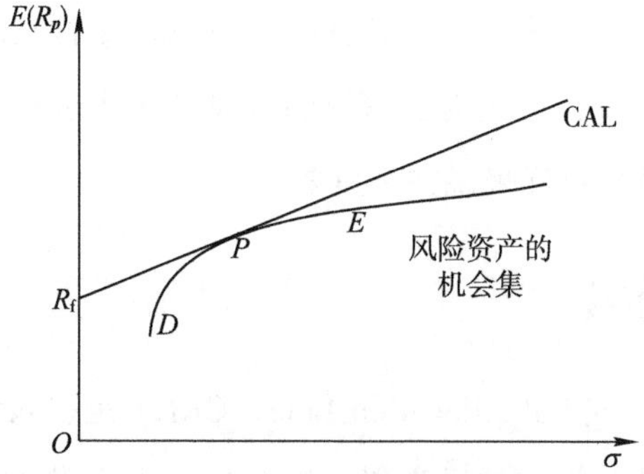

图 7-9　资本配置线

每一个投资者对于收益和风险都有不同的预期和偏好，因此每一个投资者都有不同的最优投资组合和不同的CAL。有效前沿上的点表示所有投资者最优的风险资产组合。取无风险资产与有效前沿上的点相连，可以得到无数条CAL。

三、资本市场线

引入无风险资产后，不同的投资者有不同的最优资产组合和不同的资本配置线。由前面的分析可知，对于投资者而言，最佳的资本配置线是与马科维茨有效前沿相切的直线，这条直线取代了马科维茨有效前沿，被称为新的有效前沿，又被称为资本市场线（Capital Market Line，CML）。资本市场线与原马科维茨有效前沿的切点为市场证券组合（Market Portfolio），如图7-10所示，它包含了所有风险资产投资组合M

与无风险借贷的组合。

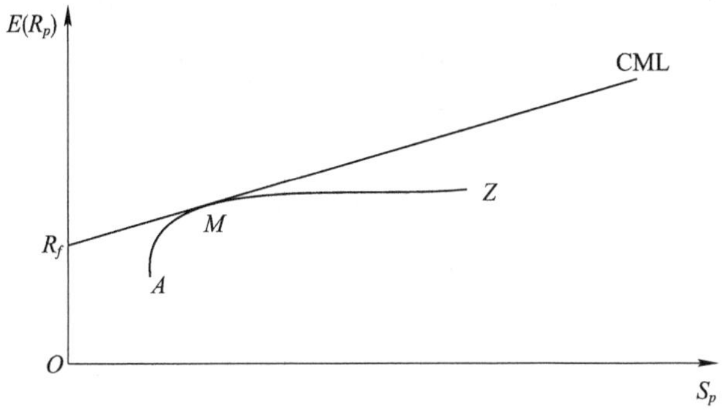

图 7-10　资本市场线

资本市场线可表示为

$$E\left(R_p\right)=R_f+\left[\frac{E(R_M)-R_f}{\sigma_M}\right]\times\sigma_p \tag{7-25}$$

如式（7-25）所示，CML的斜率被称为风险价格（Price of Risk）或夏普比率（Sharpe Ratio），等于市场组合的回报率与无风险利率的差额除以二者的风险差额$\frac{E(R_M)-R_f}{\sigma_M}$，表示有效投资组合每增加一单位风险时，所应该增加的期望回报率，或称承担单位风险所要求的回报率。资本市场线表明，有效投资组合的预期收益率等于无风险利率加上风险溢价，而风险溢价等于单位风险报酬与用标准差衡量的组合风险的乘积，即

预期收益率＝无风险利率＋单位风险报酬 × 风险数量　　（7-26）

根据资本市场理论，所有投资者具有相同的（同质的）预期。因此，所有投资者的选择最终都会落在图7-10所示的直线上。也就是说，每一位投资者都将试图构造出一个包括无风险资产与投资组合M的新投资组合。因为所有投资者持有相同的风险投资组合，那么在均衡时，组合中包括的全部风险资产将与市场价值成比例。如果实际情况并非如此，那么价格就会调整，直到投资组合M中的证券价值与整个市场的价值成比例为止。这个包含所有风险投资组合被的组合被称为市场投资组合。

市场投资组合具有以下三个基本特征：首先，它是新的有效前沿上唯一不包含无风险资产的投资组合。其次，新的有效前沿上的任何投资组合都可被看成市场投资组合与无风险资产的投资组合。最后，市场投资组合完全由市场决定，与投资者的偏好无关。

资本市场线实际上表明了有效投资组合的风险与其预期收益之间的关系，提供了衡量有效投资组合风险的方法。它以标准差来衡量有效投资组合的风险，对于任意一个有效投资组合，一旦给定风险便可知道其预期收益。

四、资本资产定价模型

（一）CAMP的主导思想

马科维茨的投资组合理论为最优投资组合的确定提供了一个重要的框架，从20世纪60年代初开始，在这一框架的指导下，一些经济学家开始研究马科维茨的模型是如何对资产价格产生影响的，这一研究促使了资本资产定价模型的产生。资本资产定价模型是关于资本市场理论的模型，而马科维茨模型则是投资组合分析的基础。一方面，马科维茨模型是规范性（Normative）的，它指明了投资者应该如何行动；另一方面，资本市场理论则是实证性（Positive）的，作为一种阐述风险资产均衡价格决定的理论，使证券投资理论从定性分析转入定量分析，对证券投资的理论研究和实际操作都产生了巨大影响。

假定投资者都是马科维茨型投资者，在资本市场理论框架下，这意味着他们在投资过程中必须解决以下问题：首先，在资本市场均衡时投资者如何选择最优投资组合。其次，投资者期望的风险—收益关系的类型。最后，衡量资产风险的适当方法。之前讨论了证券多样化的问题，并试图用一种非正规的方式来解决这些问题。而CAPM是一个一般均衡模型，试图为这些问题提供较为明确的答案。

与投资组合理论一样，CAPM也是建立在一系列假设的基础之上的，且CAPM中的投资者都是马可维茨型投资者。这意味着马科维茨的投资组合理论中均值—方差模型的所有假设在本模型中仍然适用。而由于资本资产定价模型需要解决的问题更具体、更具实证性，其假设也更严格。本章第二节已作阐述，此处不再赘述。

需要特别指出的是，CAPM假设所有的投资者都进行充分分散化的投资，也就是说，没有投资者会关心非系统性风险。因此，只有投资的系统性风险才能得到补偿。按该逻辑，投资者如果想获得更高的报酬就必须承担更高的系统性风险。

CAPM使用β系数来描述系统性风险。β系数表示资产对市场收益变动的敏感程度。在充分分散化的投资组合中，单只证券对组合风险的贡献取决于其系数。因此，资产的风险溢价与其β系数成正比：

$$\frac{E(R_i)-R_f}{\beta_i}=\frac{E(R_M)-R_f}{\beta_M}=\frac{E(R_M)-R_f}{1} \quad (7\text{–}27)$$

其中，$E(R_i)$表示资产i的预期收益率；$E(R_M)$表示市场组合的预期收益率；R_f表示无风险收益率；β_i表示资产i的β系数；β_M表示市场组合的β系数，$\beta_M=1$；$E(R_i)-R_f$表示资产i的风险溢价；$E(R_M)-R_f$表示市场组合的风险溢价。

将式（7–27）进行变化，可得到资本资产定价模型：

$$E(R_i)=R_f+\beta_i[E(R_M)-R_f] \quad (7\text{–}28)$$

CAPM体现了资产的期望收益率与系统性风险之间的关系，该关系有十分重要的经济意义。β系数与证券对最优风险组合的风险贡献成正比。若某证券的β系数为0.6，其风险溢价是另一β系数为1.2的证券的1/2。对于可进行充分分散化投资的投资者而言，只有系统性风险才最重要，而系统性风险可用β系数来衡量。

（二）证券市场线

资本市场线说明了有效投资组合风险和回报率之间的关系并提供了衡量有效投资组合风险的适当方法，但它并未说明无效投资组合及单只证券的情况，因此有必要再引人入证券市场线（Security Market Line，SML）这一概念。证券市场线与前述资本资产定价模型在本质上是一回事［见式（7–29）］。如图7–11所示，证券市场线的斜率是市场组合的风险溢价。市场组合位于证券市场线上，即图7–11中的*M*点。该点的β系数为1，对应的预期收益率是市场组合的预期收益率。投资组合的β系数越高，预期收益率越高。

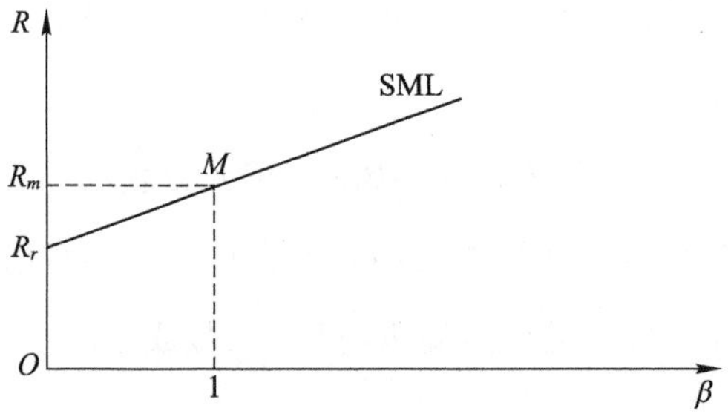

图7–11　证券市场线

证券市场线表示单只证券或投资组合的均衡情况。如果某证券或投资组合的预期收益率高于与其β值对应的预期收益率，即位于证券市场线的上方，则表示其价格被低估。理性投资者会倾向于投资该证券或投资组合，导致市场需求超过市场供给，最终价格的提升将使该证券或投资组合的收益率回到证券市场线上。相反，如果某证券或投资组合的预期收益率低于与其β值对应的预期收益率，即位于证券市场线的下方，则表示其价格被高估。理性投资者将不愿意投资该证券或投资组合，导致供过于求，价格下降，预期收益率上升，最终该证券或投资组合的收益率回归至证券市场线上。

SML与CML很容易混淆。前者描述了单只证券的风险溢价与市场风险之间的函数关系。换言之，它强调用β系数衡量单只证券对整个投资组合的风险贡献。SML既适用于证券组合，也适用于单只证券。证券市场线是基于资本资产定价模型的，其斜率是市场组合的风险溢价。后者则描述了有效组合（即最优风险组合与无风险资产构成的组合）的风险溢价与组合标准差之间的函数关系。换言之，它强调标准差可用于有效地衡量投资组合的风险，可作为衡量整个组合风险的辅助工具。CML主要用于（无风险资产和市场组合间的）资产配置。CML上的组合都是有效组合，它取代了马科维茨的有效前沿，成为新的有效前沿。CML的斜率是夏普比率。表7-2总结了SML与CML之间的区别。

表 7-2　SML 与 CML 的区别

	SML	CML
风险衡量	系统性风险（用β系数衡量）	总风险（用标准差衡量）= 系统性风险 + 非系统性风险
应用	决定资产最合理的预期收益率（定价）	决定最适合的资产配置点（资产配置）
斜率	市场组合的风险溢价	市场组合的夏普比率
适用范围	①单只证券或证券组合 ②有效投资组合或无效投资组合	有效投资组合

（三）资本资产定价模型的应用

CAPM是现代金融理论的核心内容，在经济学中具有广泛的应用，其作用主要体现在：通过预测证券的期望收益率和标准差的定量关系来考虑已经上市的不同证券价格的“合理性”；可以帮助确定准备上市证券的价格；能够估计各种宏观因素和宏观经济变化对证券价格的影响。这里简单介绍几种CAPM的应用。

1. 资本成本估计问题的应用

资本成本是指投资资本的机会成本。这种成本不是实际支付的成本，而是一种失去的收益，是将资本用于本项目投资所放弃的其他投资机会的收益。因此，资本成本在公司资本预算决策中是必不可少的。而资本资产定价模型研究的是证券市场中资产的预期收益率与风险资产之间的数量关系，即为了补偿某一特定程度的风险，投资者应该获得多少报酬。当报酬大于成本时，投资者作出的投资决策才是合理的。运用CAPM需要3个因素：股票的β系数、市场风险溢价和无风险收益。权益资本β系数的一般估计量是超额收益市场模型斜率系数的普通最小二乘法（Ordinary Least Square，OLS）估计量。

2. 在风险价值模型中的运用

CAPM的简洁特征使它非常适合于风险价值（Value at Risk，VaR）的分析。假定一个投资组合只包括一只股票，不妨称之为A股票，现需要计算该组合1个月期的VaR值。假设1个月市场期望收益率服从均值为2%、标准差为2%的正态分布，β系数等于0.9，无风险利率等于0.5%。在95%的置信水平上，该股票的VaR计算如下：

组合的期望收益率=0.5%+0.9×（2%–0.5%）=0.5%+1.35%=1.85%

若组合的初始价格等于20美元，则VaR为：

$$VaR=|20\times 1.85\%|=0.37$$

CAPM非常适用于VaR的计算，主要出于以下两个原因：

第一，线性。与凸性不同，在线性特征下，若预期市场收益率服从正态分布，则组合的期望收益率也服从正态分布。

第二，可知性。与债券的持续期类似，组合的β系数就是其中各股票β系数的加权平均。单只股票或股票组合的系统风险值是从回归模型中推算出来的，这个回归模型被称为市场组合的特征线，具体可通过对组合历史收益率和市场收益率的回归得出。计算特征线时，需作三点说明：时间段的选择、市场组合的选择及β系数的稳定性。

估计β系数时，时间段的选择非常重要。在这点上并没有可借鉴的理论，皆由分析师根据需要选择最适合的时间段。在不同时间段（如周数据或月度数据），同一只股票的β系数有可能不同。

第三节　有效市场假设

有效市场假设（Efficient Market Hypothesis，EMH）是对市场反映问题进行研究的学说，它认为价格能最真实、最准确地反映证券及其发行人在某时点的全部信息。也就是说，如果证券市场是有效的，任何在该市场上交易的证券的实际价格，即投资者购买证券的价格，就应当全面反映证券的价值。而该价值是所有投资者通过获取证券发行者的所有信息作出判断而取得的。如果一个证券市场满足上述假定，我们就将这一市场称为有效市场。如前所述，资本资产定价理论运行有效的假定之一便是市场有效。一般有关证券市场信息可分为以下三类：基于过去价格的信息（Information on Past Prices）、公开信息（Publicly Available Information）和所有信息（All Information）。为了便于进行理论上的验证，1970年，尤金·法玛（Eugene F. Fama）根据证券价格对各类信息的反映程度，将有效市场划分三类：弱（Weak Form）有效市场、半强（Semi-Strong Form）有效市场和强（Strong Form）有效市场。事实上，从信息到证券的市场价格，要经过披露、接收、分析与判断、投资决策四个阶段。多年来，人们就实际运行中的资本市场到底属于哪类市场进行了多方面的验证和分析。

一、有效市场的前提条件及其现实约束

（一）前提条件

要使有效市场在现实中得以实现，需要具备4个前提条件。

1. 信息公开的有效性

信息公开的有效性即有关每一只证券的全部信息都能够充分、真实、及时地在市场上公开。

2. 信息从公开到被接收的有效性

信息从公开到被接收的有效性即上述被公开的信息能够充分、准确、及时地被关注证券的投资者所获得。

3. 信息接收者对所获得信息作出判断的有效性

信息接收者对所获得信息作出判断的有效性即每一个关注证券的投资者都能够根据所得到的信息作出一致的、合理的、及时的价值判断。

4. 信息的接收者依照其判断实施投资的有效性

信息的接收者依照其判断实施投资的有效性即每一个关注证券的投资

者都能够根据其判断作出准确、及时的行动。

如果证券市场具备了上述4个条件，那么交易者对所发行证券的价值的认识将会一致，市场形成的是买卖双方都认可的价格。另外，如果证券市场具备了上述4个条件，那么任何人都不可能从资本利得上获得收益，只能从企业盈利上获得收益，而且无论投资者投资何种证券，投资的回报率都是一样的。

（二）前提条件的现实约束

有效市场的前提条件在实现过程中会受到现实的约束，具体如下：

信息公开的有效性是一个以发行者为主体的主观条件。首先，作为证券发行者，其目的是希望投资者购买其发行的证券，因此他们会本能地向投资者宣传，甚至夸大企业及其证券的优点，而对其存在的问题则避而不谈，甚至有意歪曲掩饰。其次，有关企业的某些信息可能对其竞争对手有利，因此不能公开或完全公开。最后，信息公布会产生一定的成本，尽可能降低信息公布成本的心理使企业不愿意完全、及时地公开信息。出于这三个方面的原因，信息公开的有效性会受到一定程度的限制。

信息从公开到被接收的有效性主要受各种客观因素的影响。由于信息公布的程序、信息传播的方式、技术手段等一系列客观条件的限制，已经公开的信息不能完全、及时地被投资者所接收，导致信息传播和接收的有效性受到一定程度的限制。

投资者对信息作出判断的有效性是一个以投资者个人为主体的主观条件。由于投资者的生活环境、社会背景各不相同，会形成不同的价值标准。同时，由于受教育程度不同、掌握证券投资专业知识的程度不同，投资者具有的信息判断能力也就不同。出于这两个方面的原因，不同的投资者对相同的信息会作出不同的判断，导致其对信息作出判断的有效性受到一定程度的限制。

投资者实施投资决策的有效性主要受投资者在实施投资决策过程中各种客观因素的影响。由于投资者进行交易的地点、实施交易的操作方法和操作条件、完成交易的技术手段不同，投资者实施和完成投资决策的难度各不相同，从而影响投资决策实施的有效性。

二、股票价格的随机漫步与有效市场

股票价格的高低涨落是否有规律可循始终是投资者最关心的问题之一。莫里斯·肯德尔（Maurice Kendall）在1953年对这一命题进行了研究。结果发现，他确定不出任何可以事前预测股票价格变化的模式，股票价格的变化似乎是随机的，在任何一天它们都有可能上升或下跌，而无论过去的业绩或价格如何变化。过去的数据提供不了任何信息来预测股票价格的涨跌。肯德尔的结论困扰着一些金融经济学家。这一结论似乎暗示着股票市场是由不确定的市场心理主宰的，没有任何逻辑规律。简言之，市场的运行无理性。尽管如此，金融学家们的进一步反应则是要彻底扭转肯德尔研究的诠释。这个问题的结论不久就变得显而易见，即股价的随机变化正好表明了市场是正常运作或者说是有效的，而非是无理性的。设想一下，如果某投资者确实能找到某种可预测股票价格变化的规律，那么该投资者无疑发现了一个金矿，他只要按照这规律的指引，在股价将要上涨时买入而在股价将要下跌时抛出就可以获得无止境的利润。但是，这种状况在现实中不会持续太久，因为如果这一规律确实存在且可以为人们所发现和掌握，那么这一规律将会在很短的时间内失去效用。

现假设某一规律表明，目前价格为100元/股的A公司股票将在未来3天内大幅地涨至110元/股，而所有投资者通过规律掌握了这一信息，那么他们都会希望用100元/股或稍高一点的价格买入A公司股票。然而，所有持有A公司股票的投资者显然不会同意以如此低廉的价格售出自己手中的股票，其最终结果将是A公司股价瞬间就上涨到110元/股。也就是说，“规律”带来的“好消息”将立即反映在股票价格上，而不是在一段时间之后才反映出来。这个简单的例子解释了为什么肯德尔找出股价运动变化规律的企图注定要失败。对好的未来表现的预测将导致好的表现提前到来，致使所有的市场参与者都来不及在股价上涨前采取行动。

一般来说，分析家们是通过各种“信息”或“消息”来预测股票价格变化的，而任何可用于预测股票表现的信息一定已经在股价中被反映出来了。一旦有信息指出某种股票的价格被低估，便意味着存在一个赚钱的机会，投资者就会蜂拥而至，促使股票价格立刻上升到正常水平，投资者只能得到与股票风险相称的合理回报率。

如果股票价格已经完全反映了所有已知的信息，则股票价格的进一步变化只能依赖于新信息的披露。而所谓的新信息，显然是指人们事先无法预测的信息，如果可以预测，那么这些可预测的信息就会成为已知信息的一部分，而不是新信息了。因此，股票价格随新的（不可预测的）信息的出现而变化，即股价是无法预测的，表现为“随机漫步”（Random Walk）的形式。股票价格的这种特性，就是股票市场的有效性。事实上，如果股价变动是可预测的，那将会成为股市无效性的毁灭性证据，因为预测股价的能力表明所有已知信息并非已经完全在股价中反映出来。所谓有效市场假说，就是说股票价格已经完全反映了所有相关信息，人们无法通过某种既定的分析模式或操作始终如一地获取超额利润。

需要说明的是，此处对有效市场的解释是从长期的、统计平均的角度来说的。每个投资者都可以使用某种特定的分析方法来帮助自己在个别的投资活动中获取超额利润，但有效市场使他们无法反复使用同一方法来击败市场，从而长期一贯地获取超额利润。

三、有效市场的分类

在现实的经济生活中，完全满足有效资本市场四个条件的情况几乎是不存在的。根据这四个条件被满足程度的不同，可以把资本市场的有效性划分成不同层次。

（一）弱有效市场

如果证券的市价已经反映了所有过去的信息（如证券的价格、交易量），任何人都不会通过过去的信息获取超额收益，则称市场为弱有效。弱有效的存在意味着以过去信息为根据的技术分析无用。弱有效市场有两个特征：一个是鞅（Martingale）过程（即根据目前所得信息对未来某证券价格的最好预测就是证券当前价格）；另一个是技术分析无效性。因此，对股票市场弱有效的实证检验也主要从这两方面入手。

首先，对鞅过程的检验。与鞅过程关系密切的两个概念是独立同分布和白噪声。在时间序列方差存在的情况下，独立同分布⊂鞅过程⊂白噪声。此独立同分布一定是鞅过程，但鞅过程不一定为独立时间序列；鞅过程一定是白噪声，但白噪声不一定是鞅过程。由于鞅过程无法从计量上得到很好的统计分析形式，因此对鞅过程的检验主要采用独立同分布和白噪声两种替代形式。对收益独立性的检验为游程检验，对白噪声的检验为自相关检验。①②但在检验过程中必须注意，通过的独立游程检验可以证明鞅过程的存在，从而证实弱有效市场假说，但通不过的独立游程检验无法证伪弱有效市场假说。同样，无法通过的白噪声检验可以证伪弱有效市场假说，而通过的白噪声检验则无法证实弱有效市场假说。但令人奇怪的是，无论是自相关检验还是游程检验都出现了许多矛盾的现象，这又对弱有效市场假说提出了质疑。

其次，对技术分析无效性的检验。有人认为关于收益独立性的统计测试过于僵化，不能适用于证券分析家们所采用的复杂的价格模式。为了对

① 游程检验指给定一个价格变化序列，每一次价格变化都被赋予一个符号：价格上涨时为加号（+），价格下跌时为减号（-）。这样得到的价格变化测试结果就是一系列的加减号：+++-+--++……当两次连续的价格变化方向一致时，一个游程就产生了。两个或更多的价格连续变化意味着游程的继续。当价格变化方向发生改变时，如几个正的变化之后的一个负的变化就意味着一个游程的结束和一个新游程的开始。为了测试独立性，只需要把给定的价格变化序列的游程个数同随机价格变化序列的游程个数的期望值进行比较即可：如果在期望值范围内，则说明通过独立游程检验，给定价格变化序列是独立的；如果不在期望值范围内，则说明无法通过独立游程检验，给定价格变化序列不是独立的。

② 由于时间序列数据的滞后性，随机误差项的期望值之间的协方差可能不为0，此时模型的随机误差项自相关，使得系数估计不再具有有效性，t检验也失去了意义。通常用D-W检验来进行自相关性的定量检验，用广义差分法来消除模型中的自相关性。

这种观点作出响应，研究者试图模拟分析各种可能的技术性交易规律，并对这些规律产生的收益情况进行实证检验。在弱有效市场上，如果只依靠过去的历史价格发展出来的交易规律进行交易，投资者获得的收益不会高于单纯购买并持有而得到的收益。大部分的早期研究都表明，在考虑了交易费用之后，利用交易规律获得的交易利润都将被损失掉。但近年来越来越多的实证研究却发现有些技术分析［如公平博弈模型（Fair Game Model）和随机游走模型］的确有用。

（二）半强有效市场

如果证券价格反映了所有“公开”的信息，任何人都不会通过“公开”信息而获取超额收益，则称市场为半强有效。半强有效一定是弱有效，因为所有公开信息也包括过去证券的价格和成交量。由于证券分析师基于所有投资者可获得的信息形成了价值，大量的不相关的估计会导致整个市场的“公平”价值符合随机游走，因此以分析微观和宏观经济变化为业的基础分析师就成为半强效率的一个组成部分，用于证券分析的成本或者信息成本也就成为证券价格的一个组成部分。所以有信息成本的市场也就是半强有效市场。通常情况下，可以将半强有效市场假说的研究分成两组。

首先，运用除弱有效市场假说中的纯市场信息（如价格、交易量）以外的其他可获得的公开信息来预测未来收益率的研究。这类研究包括对用收益报告预测股票未来收益的研究、对在日历年度内是否存在可以用来预测收益的规则的研究及对典型收益的研究。这些研究表明，股票未来收益和公司的股息收益率存在十分显著的正相关关系，市场对季节性收益周期的调整是不充分的，而且存在“1月异常”“月份效应”“周末效应”“周内交易日效应”以及“交易日内效应”等收益率异常现象，①另外在典型收益

① “1月异常”是指1月会出现异常收益的现象。“月份效应”是指市场的交易量和证券价格的累计效果一般发生在前半月的现象。“周末效应”指周末收盘到周一开盘之间可能存在负收益的现象。“周内交易日效应”是指周一的市场平均收益为负值，而每周其他4天的平均收益则为正值的现象。“交易日内效应”指周一和其他4天价格模式的差别只发生在交易的前45分钟，而且每个交易日最后一笔交易倾向于上涨的现象。

方面还证实了“市值规模效应”等现象。[①]这一系列都表明市场不是半强有效的。

其次，对股票能多快调整至可以反映某些特定重大经济事件的研究。该类研究主要采取事件研究的方法，即列举几个股票市场上的重要事件，观测股票价格对这些重要事件的反应从而验证股票市场的有效。这些重要事件主要包括股份分割、首次公开招股、交易所上市、不可预期的经济和政治事件、会计变动公告等。研究结果表明，除了交易所上市之外，其余的检验结果都支持市场有效假设。这与根据运用除弱效率市场假说中的纯市场信息（如价格、股票）以外的其他可获得的公开信息来预测未来收益率的研究方法所得出的结论互相矛盾。

（三）强有效市场

如果市场能够反映所有可知的信息，无论是公开的信息还是不公开的内幕信息，任何人都不会获得超额收益，则称市场是强有效的。在该假设下，基本分析也毫无用处。强有效强调投资者无法通过任何信息，尤其是所有信息中最高等的内幕信息获得超额利润。因此，对强有效市场假说的检验主要从这方面入手，对公司内幕人员、股票交易所专家、证券分析师、专业基金经理这些信息最灵通、最全面的专业人士能否获得超额利润进行实证验证。

第一，针对公司内幕人员的研究。内幕人员包括公司的高级职员、董事会成员和拥有公司任何股权类型10%以上的股份持有者。对这些内幕人员交易资料的分析结果通常表明，公司内幕人员能持续地获得高出平均水平的利润。但也有许多研究表明，非内幕人员利用这些内幕信息无法获得超额利润。这些分析结果为市场有效假设提供的论据是不一致的。

第二，针对股票交易所专家的研究。由于专家有独占的渠道，可以获得有关未执行的指令的重要信息，因此如果市场不是强有效的，这些专

① “市值规模效应”指股票收益和公司规模之间呈现负相关关系。

家一般会从这些信息中赚取超额收益。分析资料也证实了该结论。但最近的研究则表明，在引入了竞争性费率和其他减少专家收费标准的交易实践后，专家的投资收益率相对降低了许多。

第三，针对证券分析师的研究。有些学者主要研究在证券分析师推荐之后进行投资能否获得超额利润。研究表明，在考虑了交易成本之后，根据推荐进行投资无法获得超额利润。这些结果支持了强有效市场假说。

第四，针对专业基金经理的研究。该类研究主要分析共同基金的业绩。大量的研究结果表明，大部分基金的业绩低于购买并持有策略获得的业绩。考虑了经纪人佣金、基金佣金费和管理成本之后，约有2/3的共同基金的业绩不如整个市场的业绩。这些结果也支持了强有效市场假说。

上述研究结果综合表明，对有效市场假说的实证验证还远没有形成一致的结论。目前，在成熟资本主义市场国家，一般认同的观点是市场已经基本达到了弱有效，而半强有效、强有效还需要进行进一步的验证。

鲁宾斯坦（Rubinstein，1975）和拉萨姆（Latham，1986）对有效市场的定义进行了延伸。他们认为，倘若信息没有引起任何证券组合的变化，市场就被认为是有效的。投资者对信息的内容会有不同的看法，以至于一些投资者购买某只证券，而其他人则卖掉这只证券，所以证券的市场价格不受影响。如果信息没有改变价格，那么市场被认为是法玛意义上的有效，而非鲁宾斯坦或拉萨姆意义上的有效。鲁宾斯坦和拉萨姆对有效的定义不仅要求价格不变，而且要求没有任何交易上的变化，因此该类有效是比法玛的强有效更强的形式。

四、有效市场假设对投资组合管理的影响

有效市场假设直接影响投资策略的选取。如果投资者认为市场是有效的，那么就没有必要浪费时间和精力进行积极的投资管理，而应采取消极的投资管理策略。有效市场假设也就成为指数基金产生的哲学基础。同时，对有效市场的划分对证券投资也有着重要的实践意义，在不同的假

设下，投资者采用的投资策略应该是不同的。如果市场是弱有效市场或半强有效市场，投资者应该采取积极进取的态度，在证券选择和买卖时机上大下功夫，努力寻找那些价格偏离价值的证券，从而获得超常收益。如果市场是强有效市场，投资者则应该选择被动的态度，只求获得市场的平均收益。若秉持着强有效市场的信念，指数化投资便成为最主要的一种投资策略。

本章小结

证券投资基金主要是通过组合投资、分散风险的方式来获取比其他金融工具如银行存款、债券等更高的稳定收益。因此，投资组合理论对于证券投资基金资产管理有着极其重要的作用。投资组合理论包括马科维茨投资组合理论、资本资产定价理论等。前者主要论述了每项资产的风险与收益和其他资产的风险与收益之间的相互关系，以及投资者应如何合理地选择最佳证券投资组合，以获得投资收益与风险间的平衡。该理论针对的是投资组合的总风险，即系统性风险和非系统性风险。如果投资者可以进行充分分散化的投资，他就没有必要关心非系统性风险，因为这些风险可以被抵消。在这种情况下，只有投资的系统性风险才能得到补偿。后者解决的便是如何衡量资产的期望收益与系统性风险之间的关系。

马科维茨投资组合理论和资本资产定价理论等组合理论都是投资组合管理的理论基石，为投资组合理论的发展作出了巨大贡献。但随着时间的推移、研究的深入，有效市场假设等对传统的投资组合理论产生了一定的影响。

有效市场假设源于20世纪50年代，其核心思想是如果市场是有效的，那么任何在该市场上交易的证券的实际价格，即投资者购买证券的价格，就应当全面反映证券的价值，使投资者无法获得超额利润。有效市场假设把市场的有效性分为弱有效、半强有效和强有效。每类有效性的市场价格反映了不同的信息类型。

证券市场瞬息万变，金融资产的价格随各种因素的变化而上下波动，基金为降低投资风险、获取更大的收益，必须根据市场的实际情况，及时调整投资组合，确保投资目标的实现。

思考题

1. 马科维茨投资组合理论对于证券投资基金的投资管理有何借鉴意义？

2. 资本资产定价理论与马科维茨投资组合理论的联系与区别是什么？

3. 证券投资基金在进行资产管理时为什么要进行投资组合的调整？如何有效地对组合进行调整？

4. 证券市场线与资本市场线的区别是什么？如何应用证券市场线解决实际问题？

5. 有效市场假设对于证券投资基金的投资管理有什么启示？

扫码获取
本章课件

第八章　证券投资基金投资交易管理

学习目标

- 掌握证券市场交易机制的概念与特点
- 掌握交易成本、执行缺口、算法交易的概念与机理
- 了解证券投资基金的交易流程和风险管理

第一节　证券市场的交易机制

证券市场的交易机制主要有三种：报价驱动（Quote Driven）市场机制、指令驱动（Order Driven）市场机制、经纪人市场机制。

一、报价驱动市场机制

报价驱动是指在证券市场上，由具备一定实力和信誉的证券经营法人作为特许交易商，不断地向公众投资者报出某些特定证券的买卖价格（双向报价），并在该价位上接受公众投资者的买卖要求，以其自有资金和证券与投资者进行交易的行为。由做市商参与并组织的市场交易机制被称为报价驱动市场机制。几乎所有的债券和外汇都是通过做市商交易的。

表8-1清晰地反映了报价驱动交易过程中的价格关系。做市商对一组资产提供出价（Bid Price）和要价（Ask Price）。出价针对出售指令，要价针对购买指令。做市商在一定条件下有义务满足报价的指令。在多数情况下，对于小于特定数量的指令，承诺才可兑现，而对于大规模指令，做市商可以修正报价。做市商期望他的指令能够即刻被满足，这使做市商必须承担两项不同的成本：被迫接受非最优投资组合及面临知情交易者的逆向选择。因此，做市商会对其承担的成本索求报酬，该报酬由要价和出价之间的价差决定且要价大于出价。做市商获利似乎是非常容易的，但并非所有投资者都可以充当做市商的角色。做市商为维护证券的流动性必须具备一定的实力，拥有充足的、可供交易的资金和证券。当然，有时做市商间也会进行资金或证券的拆借。此外，维持证券市场的价格稳定也是做市商的目标之一。虽然做市商的利润来源于买卖差价，但如果差价过大，做市商将很难促成交易，从而失去赚取差价的机会。即使差价很小但若交易频

繁，做市商仍可获得利润。

表 8-1　做市商与投资者

	出价	要价
做市商	买价	卖价
投资者	卖价	买价

报价驱动市场机制的优点是显而易见的，具体如下：

第一，保持交易的连续性。在出现买卖指令不均衡的现象时，做市商可以承接买单或卖单，使投资者不用等待交易对手的买卖指令，可以按做市商的报价立即进行交易，从而保持证券交易的连续性，达到即时成交的效果。

第二，稳定价格。做市商报价不受交易所规则的约束，因此对于大额指令可以及时处理，在买卖盘不均衡时可以进行干预，这些都可以平抑价格过大的波动。

第三，抑制证券价格操纵。做市商对某种证券持仓做市，对操纵者形成了一定的制衡作用。

第四，服务于市场参与者。由于做市商在市场交易中处于信息优势地位，可为市场参与者提供更好的价格信息，维护市场秩序和公正。

第五，具有价格发现功能。每只证券都有若干个做市商提供价格，价格会向其真实标准靠拢。如果某一做市商报价与其他竞争对手相差太大，其交易量就会受到影响，他可能会被淘汰出局。

然而，机制都存在缺点和不足，报价驱动市场机制也不例外。

第一，缺乏透明度。买卖信息从做市商手中发布给整个市场的时间相对滞后。为抵消大额交易对价格的可能影响，做市商还可要求推迟发布或豁免发布大额交易信息，这更进一步降低了透明度。

第二，增加投资者负担。做市商承担做市义务，对其提供的服务和所承担的风险要求补偿，如交易费用及税收宽减等，这将会增大运行成本，也会增加投资者负担。

第三，增加监管成本。做市商角色与做市功能之间可能存在冲突，做市商之间也可能合谋串通，因而需要制定详细的监管制度和做市商运作规则，并动用资源监管做市商活动。

【知识链接8-1】

我国做市商制度的发展现状

由于我国长期实行的是计划经济体制，对做市商制度，尤其是金融领域的做市商制度在认识上存在严重不足，导致国内场外交易市场，尤其是OTC资本市场的发展大大滞后于交易所市场的发展，更滞后于实体经济的发展。

我国金融领域的做市商市场之所以不发达，主要原因在于对金融市场两种交易制度的适用范围和发展历史的认识非常模糊，甚至有一种将做市商制度神秘化的趋势。而实际上，此类交易制度与商品市场的经销商制度一样普通。多数关于做市商制度的讨论往往局限在某个单一市场，无法针对金融领域做市商制度的发展制定一个关系全局的发展战略。

一、我国OTC资本市场的发展状况

目前金融领域做市商制度发展最为滞后的(同时也是对经济发展影响最大的)是OTC股票市场。实际上，我国民间自发涌现的股票IPO发行于1981年就已在深圳出现，但由于合法的OTC交易受到政府严格限制，发行的股票一直无法实现在二级市场流通。

到1986年，中国已有几百家公司向公众发行了股票。根据形势发展的需要，一些地方信贷投资公司推出了代办OTC股票交易业务。例如，1986年8月，辽宁省信托投资公司得到当地人民银行的批准，首次开设了公司债券的交易专柜。1986年9月，工商银行上海分行下属的信托投资公司设立了证券办公室，首次开办了“扬州工业公司”和“飞乐音响”的股票柜台交易业务。但由于这些正规的OTC交易场所的股票价格受到金融当局的严格控制，大多数股票持有人不愿意通过正式的OTC窗口卖出股票，而是选择在黑市进行交易。在20世纪90年代初期，金融当局采取了各种措施以消除股票黑市交易，但收效甚微。1990年12月，上海证券交易所和深圳证券交易交所相继成立，官方OTC市场和民间OTC市场一并被交易所取代。至此，处于萌芽状态的股票柜台交易市场夭折。

1993—1999年，受制于上市额度的限制，上百家无法在交易所上市的股份公司向公众发行了通过非正式渠道交易的股票。为解决这些股票的流通问题，我国相继在一些省会城市建立了几十家地方证券交易中心。1998年3月，国务院考虑到地方证券交易中心对国内金融体系稳定造成的不利影响，特别是地方证券交易中心的回购业务已经严重扰乱了金融领域的正常秩序，下令中国证监会关闭所有场外证券交易市场。

1990年12月，为了为法人股提供一个流通和转让的场所，由国家体改委牵头，正式开通了类似美国纳斯达克的中国证券交易自动报价系统（STAQ）。1993年4月，人民银行又建立了另外一个法人股交易系统——全国电子交易系统（NET）。它以通信卫星连接全国各地的计算机网络，为证券交易提供报价、交易、清算、交割和托管等服务。但该系统建立不久，国务院证券委作出决定对STAQ和NET两个系统的法人股交易进行整顿，暂不批准法人股上市交易。1999年9月9日，证监会正式关闭了STAQ和NET系统，我国发展OTC股票市场的努力再次付诸东流。

另外，1993年后我国还出现过上市公司内部员工股场外交易市场，即所谓“一级半市场”。而该市场已随着内部职工股逐步转入流通及政府禁止新发行内部职工股的规定生效而逐渐消失。

OTC股票市场最终被取缔给我国企业的融资环境带来的损害是非常深远的，可以说，它是目前我国中小企业直接融资比例严重偏低的最主要原因。要想使我国各类企业彻底摆脱直接融资难的困境，就必须建立一个能满足不同规模、不同类型企业直接融资要求的“多层次”资本市场。依据发达国家的经验，要建立这样一个“多层次”的资本市场，必须大力发展以做市商制度为主要运行框架的OTC市场，否则无法从根本上解决国内企业尤其是中小企业的直接融资问题。

二、其他金融市场做市商制度的发展现状

真正的做市商市场应该包括两个层次：第一层是做市商与投资者间的零售市场；第二层是做市商与做市商间的批发市场。如果仔细考察我国依托外汇交易系统建立的全国外汇市场、银行间债券市场和银行间货币市场，就会发现，目前这几大市场试行的做市商制度似乎只存在第二层市场，而第一层市场，即做市商与投资者间的零售市场基本是缺位的。实际上，对于以做市商制度为基本交易机制的OTC市场而言，只有建立起了第一个层次的市场，该OTC市场才有它存在的理由。因此，零售市场的缺位是我国在上述市场推行做市商制度的一大缺陷。

如果从做市商市场层次化的角度来看，我国金融领域做市商制度发展最完善的应该是OTC银行市场。该市场既有零售市场（存贷款市场），也有批发市场（银行间拆借市场）。

即使是这样，也不能说银行市场的做市商制度已经相当完善了。由于在做市商准入方面存在非常严格的管制措施，该做市商市场还不是一个充分竞争的市场。实际上，做市商机构的短缺是我国金融市场做市商制度发展的另一大缺陷。根据发达国家的发展经验，要发展OTC金融市场，必须先大力发展和培育一批实力雄厚的、数量众多的证券交易商和证券经纪公司，来为各类OTC产品的流通做市。

三、阻碍做市商制度发展的障碍

（一）观念上的障碍

由于金融当局在过去并未充分认识到以做市商为基本交易框架的OTC市场的重要性，把注意力主要放在了建设全国性交易所市场上，对OTC市场的发展则基本上采取限制态度。当然，随着我国金融市场的不断发展和改革的不断深化，相关部门开始逐渐认识到OTC市场对于我国金融市场建设的重要性，相继在美元外汇市场、银行间债券市场、货币市场、票据市场有意识地引入做市商制度。

必须指出的是，相对于交易所市场而言，做市商市场似乎是一个更“低级”的市场。它受到的关注程度远没有交易所市场大。实际上，这是一种非常错误的认识。纵观发达国家金融市场的发展历程，无论是在金融市场发展的初级阶段，还是在目前的高级阶段，做市商市场一直都是金融市场的中坚力量，其市场规模和适用范围要远大于以集中竞价为特征的交易所市场。必须认识到，由于培育较“低级”的市场需要更长的时间，所以政府在制定金融市场发展战略时要有长远眼光，宜采取既有侧重又同时推进的策略。应该在不断推进交易所市场建设的同时，积极培育OTC市场发育的制度环境、法律环境和基础设施，通过放松管制来大力发展做市商市场，并积极培育一批高素质的做市商队伍。

（二）政府和国有资本对金融和非金融领域的过度参与

政府和国有资本过度参与市场的最大危害在于，它可能引发多方的“道德风险”问题。首先，如果政府和国有资本对金融市场大包大揽，那么投资者一定会预期“出事”后政府会来兜底，而不会考虑潜在的风险。其次，国有金融部门和非金融部门的代理人存在很大的道德风险动机：一方面，由于国有资本所有人缺位，国有资本的代理人普遍表现出过高的风险投资冲动；另一方面，由于缺乏必要的“声誉激励机制”，国有资本的代理人更倾向于追求短期利益。以往金融市场放开后出现混乱的原因不在于民间资本参与过多，恰恰相反，而在于民间资本参与过少。市场之所以会“出事”，主要是因为在市场上唱独角戏的仍然是国有资本。在缺乏必要约束的条件下，必然导致各方的道德风险，以致引起局部或全局性的混乱。因此，产权改革滞后、国有资本所有人缺位是我国金融市场一放就乱的最根本原因。

在我国，国有经济之所以仍然垄断着金融领域，一个重要的原因是还未完全理解市场经济的基本逻辑。按照亚当·斯密的“看不见的手”原理，只有当社会成员都在为最大化资金利益而忙碌时，全社会的福利状况才能达到最优。因此，市场经济本质上遵循的是经济人逻辑。而在过去实行计划经济时，主要遵循的是社会人逻辑——只有人们为了实现政府的计划而努力工作时，整个社会的福利状况才能达到最佳状态。实行市场经济之后，这种社会人的思维惯性依然存在，政府仍在自觉或不自觉地把它应用于经济管理的实践。具体到金融领域则主要表现为政府总是对民营资本参与金融活动抱有太多顾虑，认为追求利益最大化的民营企业更容易干“坏事”，金融领域只有在国有资本的掌控下才是比较安全的。为贯彻该逻辑，监管者甚至试图通过制定繁多的管制条款来使各类金融企业都变成对社会负责任的人。因此，在发展资本市场的问题上，必须彻底根除对民间资本极度不信任的思想观念。

（三）金融市场的发展战略不清晰

主要表现为政府未针对资本市场的发展规律作深入的研究和谋划，从而至今还未形成一个清晰的、长远的发展战略规划。政府在“十一五”规划中明确提出了建立多层次资本市场的战略构想，但是对于如何实现这一战略构想却没有给出具体的步骤和意见。由于建立多层次资本市场的主要目的是满足不同规模、不同类型的企业的直接融资需求，因此具有巨大包容性的OTC资本市场应该被纳入最优先发展的市场，否则就无法从根本上解决国内企业尤其是中小企业的股权融资问题。

（四）金融当局对金融领域的过度管制

金融当局对待金融创新的正确态度应该是积极引导和大力扶持，而不能一味地压制甚至是关闭。如果我们能在20世纪80年代中期就对民间自发形成的OTC资本市场加以积极扶持和引导，那么目前该市场可能已有相当的规模，中小企业的股权融资状况也不会像目前这样捉襟见肘。

（五）证券交易商等中介机构不但数量有限，而且素质普遍不高

它们大多数由国有资本控股，机制不灵活，历史负担沉重。这当然与我国金融市场不发达有很大关系，但根本原因可能还是在于金融当局对证券业和证券市场的过度管制。

资料来源：https://www.jinchutou.com/p-30191434.html.

二、指令驱动市场机制

指令驱动的核心就是买方下达购买指令（数量及相应价格），卖方下达包含同样内容的卖出指令，满足条件的即可成功交易。在指令驱动市场上，指令是交易的重点，交易者向经纪人发出不同的交易指令，经纪人将这些指令汇集到交易系统，交易系统会根据已设定好的交易规则自动撮合交易指令直至完成交易。股票交易采取的就是指令驱动。

指令驱动的成交原则如下：

第一，价格优先原则。较高的买入价格总是优于较低的买入价格，而较低的卖出价格总是优于较高的卖出价格。

第二，时间优先原则。如果在同一价格上有多笔交易指令，此时会遵循“先到先得”的原则，即买卖方向相同、价格一致的，优先成交委托时间较早的交易。

当然，在某些特定情况下，还有其他优先原则可以遵循，如成交量最大原则等。

对于投资者而言，下达何种交易指令对于顺利成交至关重要。通常情况下，交易指令分为市价指令和随价指令两种。

（一）市价指令

市价指令是指不限定价格，按照当时市场上可执行的最优报价成交的指令。该指令的特点是成交速度快。例如，投资者注意到某一时刻某上市公司股票的实时报价如表8-2所示。

表 8-2　某上市公司股票实时报价情况

卖方			买方		
序号	价格/元/股	数量/手	序号	价格/元/股	数量/手
1	33.10	8	1	33.09	10
2	33.11	12	2	33.08	6
3	33.12	15	3	33.07	21

续表

卖方			买方		
序号	价格/元/股	数量/手	序号	价格/元/股	数量/手
4	33.13	13	4	33.06	13
5	33.14	33	5	33.05	30

此时，最高买入价为33.09元/股，最低卖出价为33.10元/股。市价指令的含义是：投资者要么以33.09元/股的价格卖出持有的股票，要么以33.10元/股的价格买入股票。需要指出的是，此时的市价提供的买卖数量是一定的。在本例中，买入价为33.09元/股的数量是10手。如果投资者计划卖出的数量多于10手，则完成交易需要提供更低的卖出价。更重要的是，在连续竞价交易过程中，证券的价格是不断变化的，投资者下达市价指令后价格仍有可能发生变化，此时投资者将面临新的市场价格。

（二）随价指令

随价指令是指按照限定价格或更优的价格成交的指令。与市价指令不同，随价指令使投资者能够在证券价格变化前采取措施，从而降低了投资者面临的价格变化风险。随价指令包括限价指令和止损指令两类。

1. 限价指令

限价指令是交易所明确规定的只有在某一价格水平才可执行的客户交易指令，分为限价买入和限价卖出。若投资者认为目前目标公司的股票价格偏低，还不适宜平仓卖出，则他可向经纪人发出限价卖出指令，即设定一个目标价格，当股价达到或高于该目标值时，即执行卖出指令。相反，若投资者希望买入目标公司股票而目前股票价格偏高时，可向经纪人发出买入指令，当公司股价下跌到或低于目标价格时执行买入指令。

2. 止损指令

与限价指令类似，止损指令同样也是当证券价格达到目标价格时开始执行交易，但不同的是，止损指令的目的在于将损失控制在投资者可承受的范围内。若投资者持有某股并预期其价格在未来有下跌趋势时，可下达止损卖出指令，当股价达到或低于目标价格时，可及时卖出股票，防止进一步的损失。若投资者卖空某股时可下达止损买入指令，当股价达到或超过目标价格时买入股票，如果股价上涨，达到指定价格后便可平仓，将损失控制在可控范围内。

指令驱动市场价格的形成是投资者不断向经纪人下达指令，传递给交易系统，由系统进行撮合的结果。以某日某刻某上市公司的股价情况为例，详见表8–3。

表8–3　某上市公司股票实时报价

卖方			买方		
序号	价格/元/股	数量/手	序号	价格/元/股	数量/手
1	33.80	18	1	33.79	12
2	33.81	22	2	33.78	17
3	33.82	13	3	33.77	20
4	33.83	20	4	33.76	18
5	33.84	35	5	33.75	30

针对表8–3，可考虑三种情况：

情况一：投资者A向经纪人下达买入指令，以33.80元/股的价格买入18手股票。根据之前提及的成交原则，此时最低卖出价格和最高买入价格相同，数量匹配，此时33.80元/股即为成交价格，成交数量为18手。

情况二：投资者B向经纪人下达买入指令，以33.81元/股的价格买入18手股票。根据之前提及的成交原则，此时买入价格高于最低卖出价格，则此最低卖出价格即为成交价，也即投资者将以33.80元/股价格成交18手股票。

情况三：投资者C向经纪人下达卖出指令，以33.78元/股的价格卖出数量为20手的股票。根据之前提及的成交原则，此时卖出价格低于市场即时的最高买入价格，则优先以最高买入价33.79元/股成交，数量为12手，其余8手将以33.78元/股的价格继续以第二高的买入价格成交。

在33.78元/股时有17手买入数量，根据时间优先原则，按指令提交的先后顺序成交8手，剩余的9手将继续等待成交指令。

三、经纪人市场机制

经纪人是指介绍买卖双方交易，以获取佣金的中间商人。某些特定商品，如大宗股票或债券、房地产等的特殊性导致该类商品只能在少数投资者间进行交易，由此出现经纪人市场。在上述情况下，一般来说，做市商通常不会为这些特定商品做市，因为若商品交易不频繁，做市商便无法获得理想的买卖差价，且会面临持有成本。而指令驱动市场也不能维持这些特定商品的存在，因为投资者数量有限，无法形成有效的价格指令。

经纪人的经纪行为可用以下两种理论进行解释：

第一，信息不对称理论。信息不对称是指制定合同的当事人一方知道而另一方不知道，甚至第三方也无法验证或者即使能够验证也需花很大的物力、财力和精力，在经济上不划算。进一步地，不对称的信息分为外生信息和内生信息两类。外生信息不是由当事人的行为造成的，某种意义上是先天的、外生的，这类信息一般出现在合同签订之前。例如，对具体的某种交易，买方可能对自己的产品所知甚详，但对市场上卖方的情况知晓不多，或市场上的可交易选择很多，但难以对这些企业进行评估、挑选。以股票交易为例，如果没有股票经纪人的存在，则合同当事一方即拥有资金的一方知道自己可用于投资股票的资金量，也知道自己期望的回报率，但不了解市场上值得投资的另一方当事人即企业的状况，而靠自己去了解这些信息又要花费巨额成本。内生信息取决于当事人的行为本身，也即在签订合同时当事人双方拥有的信息是对称的，但签订合同后，一方对另一方的行为无法监督、约束。例如，购货合同签订后，一方是否会按合同标的按时供货，而另一方又是否会按时付款。对买卖双方而言，对方将要采取何种行动是不可知的。

经纪人的作用之一就是缓冲信息的不对称。一方面，它代替了原来企业的某些功能，如收集信息、采购、评估企业等，提供了专业化的服务。另一方面，它对信息的收集、评估、传输使市场上的信息得以充分交流，使某些虚假信息浮出水面，规范了市场，从而缓冲了信息的不对称。

第二，交易成本理论。提及交易成本就不得不说到科斯定理。该定理有三种说法：一是“产权的界定是市场交易的必要前提”；二是“如果产权被明晰地界定，且所有交易成本为0，那么资源的利用效率与谁拥有产权无关”；三是“如果权利能被清晰界定且交易成本为0，那么帕累托条件就能实现”。科斯定理实际上指的是一种理想状态，即交易成本为0的情况。从最广泛的意义上说，交易成本可以看作一种制度成本，包括信息成本、谈判成本、起草和实施合约的成本。另外，交易成本还涉及机会成本和风险成本。前者是进行某项交易或经济活动而损失的可以获得的其他收益，后者是信息不完全下进行某种交易所付出的成本。

经纪人得以存在和发展的一个重要原因是它可以节约交易双方的交易成本。

首先，取得有价值的信息是有成本的。在获得信息、评价信息、传输信息的过程中都要消耗一定的人力、物力、财力。例如，对德运奶粉在某地区各大商场的摆放情况对销量的影响进行调查，调查公司需要专门的人员实地进行调查记录，在获得信息后，要运用一定的方法，如统计方法，对取得的数据或信息进行处理，以得出摆放情况与销量的关系。在该过程中，要支付人员管理费用、薪资、交通费用、使用工具费用、税收等。

其次，由于信息的不完全与不对称，交易双方要承担一定的风险成本。如果交易方选择得好，则风险成本低，如果交易方选择不好，则可能会使跟踪服务或退、换货成本升高，因此交易信息的不完全和不对称使对方有额外损失的风险，即风险成本。例如，一家公司直接在市场上聘用一位可能不熟悉的职业经理人，由于经理人对自身的情况，如能力、偏好、工作责任心非常了解，但公司并不清楚，于是可能产生逆向选择的风险。公司有可能聘用了不合格的经理人，这种风险在企业的选择对象有限且对被选对象的过去经营行为不了解时就会很大。但如果该公司通过一家信誉高的猎头公司来进行聘用，则由于猎头公司经常对所推荐人员进行长期跟踪，积累了大量的其能力、偏好等信息，有多种方法可使其“说真话”，同时有更多的可替代人员可供选择，那么他们选中不合格人员的风险就会大大降低。因此，企业通过猎头公司招聘经理人与自己进行招聘相比，有可能付出更多的金钱，但与其要付出的风险成本相比仍小得多。从这种意义上来讲，企业请有市场信誉的猎头公司来进行人员的挑选是划算的。运用风险成本的概念也可以解释为什么同一项经纪业务，信誉好、有知名度的经纪人要比一般的经纪人获得更多的报酬。因为对于企业而言，委托的经纪人知名度越高，意味着他的风险成本越低。

最后，促成交易的过程中，交易双方都要付出一定的时间、精力和财力，这些时间、精力、财力本可以用于处理其专业事项或其他事项，以获得更大的回报，因此又有机会成本的损失。这种机会成本也可以用比较优势来解释。比如，一家以生产为主的企业，如果利用自身的采购人员进行采购作业，包括收集供应商资料、评估供应商及与供应商进行交易等，当然可能也会做得比较好，但如果将这部分工作外包出去，如由经纪人来做这部分工作，则企业可以将采购人员用于可获得更大收益的生产上。对于规模大的公司，因为其还要付出额外的管理成本，则更可能这样做。

综合上述原因，经纪人的行为可以节约交易成本或相对地节约交易成本。另外，经纪人还可通过降低整体市场的交易费用达到降低交易双方交易成本的目的。由于经纪人对市场的监督机制具有分辨真假信息的功能，可以起到规范市场、建立信誉的作用，使市场信息更真实，因而间接降低了市场整体的交易费用，节约了社会的总成本。

在经纪人市场上，经纪人可以根据客户下达的指令来寻找相应的交易者，也可通过自身的信息资源来寻觅买家和卖家，促成交易，赚取佣金。

与指令驱动市场机制相同的是，交易价格的形成是买卖双方谈判的结果，但区别在于市场流动性不由买卖双方决定，而主要是依靠经纪人来维持。

第二节 交易执行

一、交易成本

从本质上说，有人类交往互换活动，就会存在交易成本，它是人类社会生活中一个不可分割的组成部分，即使运作良好的市场也存在某些强大的潜在障碍。所谓交易成本即交易费用，是指为达成交易而产生的所有成本和费用。对于证券投资基金而言，交易成本可分为显性成本和隐性成本两大类。

（一）显性成本

显性成本又称价外成本，是指不包含在交易价格中的费用支出。其特点是可以实现确定和计量。显性成本主要包括经纪商佣金、税费、交易所规费、结算所规费等。

投资者自身不能在交易所进行交易，必须通过证券经纪公司，因此完成交易后投资者必须向经纪人支付佣金或称手续费。佣金是经纪人智力劳动的价格，是经纪人在一定的社会劳动时间内创造的劳动价值和社会价值的体现，通常按交易额的一定比例支付。证券公司对不同的投资者往往采用不同的交易佣金率。一般情况下，证券公司会设立一个基本的交易佣金率，在此基础上根据交易方式、投资者的资产或交易量、客户忠诚度等调整佣金率。在我国，经纪人的收费标准除在一些较为成熟、规范的市场上，如期货经纪市场、证券经纪市场等，有较为明确的规定外，在其他多数经济业务市场上尚无统一规定。此外，各地的经纪人收费办法也不尽相同。

我国证券交易所向投资者收取证券交易经手费、监管费和印花税。经手费是证券公司在证券交易所的场内交易完成后，按实际成交金额的一定比例向交易所交纳的费用。监管费是代监管机构征收的。印花税是根据国家税法规定，在股票（包括A股和B股）成交后对买卖双方投资者按规定的税率分别征收的税金。印花税的缴纳是由证券经营机构代扣，然后在证券经营机构同证券交易所或登记结算机构的清算交割中集中结算，最后由登记结算机构统一向征税机关缴纳。印花税是交易费用的重要组成部分，这使其自然而然地成为政府调控市场的工具。例如，当股票市场过热时，可调高印花税税率来避免过度交易。而当股票市场低迷时，可以降低印花税率或改为单边征收（只对卖方征收）以刺激交易、活跃市场。

证券交易结束后，由于买卖双方变更证券所有权，还需向证券登记结算机构交纳过户费。

（二）隐性成本

隐性成本又称价内成本，是指包含在交易价格以内的、由具体交易导致的额外的费用支出。其特点是一般不能准确计量，也无法事先确定。隐性成本主要包括买卖价差、冲击成本、机会成本、对冲费用等。

1. 买卖差价

买卖价差（Bid - Ask Spread）是当前最低卖出价与最高买入价间的差额，一般可用于衡量市场流动性。正常情况下，买卖价差越小/大，流动性越好/差。决定买卖价差的因素很多，如证券市值（大盘蓝筹股流动性较好，小盘股则相反）、不同市场（发达市场的股票总体流动性高于欠发达市场）、同一市场不同的时间段。

2. 冲击成本

冲击成本是指在交易中需要迅速且大规模地买进或卖出证券，未能按照预定价位成交，从而多支付的成本。冲击成本反映了流动性需求，是购买流动性的成本，换言之，是为获得当前市场最优报价范围外的对手盘提供的流动性所需支付的成本。

信息泄露也是造成冲击成本的原因。一般来说，大规模的交易不可能在短时间内完成，在此过程中可能会发生人为的信息泄露，也可能市场中某些投资者从市场价格的变动规律中推测出订单的存在并持续跟进，导致更大的冲击。

冲击成本难以准确衡量、计算。原因在于历史不可能完全重演，因此无法观测交易不发生时证券价格的变化。此外，证券价格的变化不仅是因为交易指令，还可能是价格序列自相关性造成的，如何将趋势性因素从冲击成本中彻底分离出来一直是学术界争论的焦点。

3. 机会成本

基金经理提交交易指令后，交易员可能不会马上执行指令，而是需要一段时间分析市场或等待执行的最佳时机。在此过程中，可能会面临价格的不利或有利变动，带来延迟成本（Delay Cost）：价格朝有利方向变动会产生收益，而朝不利方向变动会带来额外成本，导致交易部分或全部无法执行。无法完成的交易会带来机会成本。

通常情况下，机会成本与冲击成本会产生冲突。前者是交易速度的减函数，而后者是交易速度的增函数。当交易执行速度较快时，机会成本很小，但冲击成本很大。而交易执行速度慢时，冲击成本很小，但机会成本很大。交易员的工作职责便是不断地在冲击成本与机会成本中取得平衡。

4. 对冲费用

投资者在进行大规模交易时，为减少冲击成本，往往需要较长时间来完成交易。在此期间，实际投资组合可能会较大程度地偏离目标投资组合，造成风险敞口。此时，投资管理人可利用金融衍生工具如期货、期权等进行风险对冲，减少与目标投资组合的差距。对冲工具的使用会带来对冲费用。

二、执行缺口

执行缺口（Implementation Shortfall）指的是理想交易与实际交易之间的收益差值，是测算资产转持成本的主要指标。[①]在理想交易中，投资者可以迅速地以决策时的基准价格完成一定数量的证券交易，同时不存在交易成本。实际交易则是指实盘交易。

现以实例说明执行缺口如何计算。假设某投资者计划购买100股某上市公司的股票，这时该公司的股票价格为30元/股，称为基准价格（Benchmark Price）。第一个交易日，投资者向经纪人下达限价指令，将目标购买价格定为29.5元/股，但该交易日股票价格有所上涨，收盘价为30.2元/股。

第二个交易日，投资者根据第一个交易日的情况修订了限价指令，将目标价格修改为30.5元/股，本交易日内最终成交80股。假设每股交易佣金为0.05元，且不考虑其他交易成本，股票收盘价格为31元/股。

在理想交易中，投资者可以30元/股的价格购买100股股票，该组合被称为基准组合。在第二个交易日结束后，基准组合的收益为

$$31 \times 100 - 30 \times 100 = 100（元）$$

但在实际交易中，投资者只以30.5元/股的价格成交了80股股票，且支付了0.05元的交易佣金，他的收益情况如下：

$$31 \times 80 - 30.5 \times 80 - 80 \times 0.05 = 36（元）$$

此时，执行缺口为

$$\frac{\text{基准组合收益} - \text{实际组合收益}}{\text{基准价格}} = \frac{100-36}{30 \times 100} = 2.13\%$$

也就是说，投资者损失了2.13%的潜在收益。接下来对执行缺口进行分拆，分析显性成本与隐性成本的影响。

---

① 资产转持是指基金在投资过程中，可能面对基金经理更换、基金风格转换、指数调仓等情况，这些会带来大规模证券交易，产生较大交易成本。这种大规模的组合调整就是资产转持。

显然，此处显性成本指的是佣金：

$$\frac{佣金}{基准价格}=\frac{80\times 0.05}{30\times 100}=0.13\%$$

除显性成本外，还包括隐性成本。在第一个交易日，投资者发现了投资机会，但由于设置了限价指令导致交易未能完成，这就产生了延迟成本：

$$延迟成本=\frac{第一个交易日收盘价-基准价格}{基准价格}\times 实际投资执行比例$$

第二个交易日投资者进行了证券交易，但成交价格较第一个交易日收盘价要高，投资者面临的成本是已实现损失（Realized Loss）：

$$已实现损失=\frac{实际交易价格-第一个交易日收盘价}{基准价格}\times 实际投资执行比例$$

$$=\frac{30.5-30.2}{30}\times\frac{80}{100}=0.8\%$$

最后，投资者计划购买100股股票，但实际获得80股，失去了另外20股股票的交易机会，因而产生了机会成本：

$$机会成本=\frac{第二个交易日收盘价-基准价格}{基准价格}\times 未实现投资比例$$

$$=\frac{31-30}{30}\times\frac{20}{100}=0.67\%$$

执行缺口为上述成本之和：

$$0.13\%+0.53\%+0.8\%+0.67\%=2.13\%$$

通过该例发现，隐性成本（2%）远远高于显性成本（0.13%），这说明了实际交易中隐性成本对投资者投资损益的重要性。

面对复杂多变的全球资本市场，投资者需要根据实际情况，如市场波动、经济状况等不断调整投资组合。随着资产配置多元化和信托责任的转移，投资组合的转换和重组变得越来越频繁和复杂。基金管理人应在日常交易中重视隐性成本，优化交易方法，缩小执行缺口。

三、算法交易

如前所述，当投资者需要进行大规模交易时，总是希望尽量减少交易对市场的冲击，也不希望交易过程太长导致市场价格朝不利方向变动而失去交易机会。这对交易员提出了巨大的挑战：如何平衡冲击成本与机会成本?

算法交易（Algorithmic Execution）有助于解决上述困境。算法交易，也称自动交易或黑盒交易，是遵守一定的约束条件，使用计算机来确定最佳订单的执行路径、时间、价格及数量的一种交易方法。通常情况下，交易员将交易量指令输入模型，设定预期目标，模型自动生成执行指令的时机和交易数量。算法交易在运用程序交易、处理“一篮子”证券时，强调以各种算法拆分订单实现最优执行价格，以最小化市场影响，同时帮助投资者迅速完成交易。

算法交易易与其他交易如自动交易、程序化交易混淆。自动交易是指在交易执行过程中无任何人工干预，由计算机自动执行的交易的总和。程序化交易是指通过既定程序或特定软件，自动生成或执行交易指令的交易行为，如套利交易。而算法交易本质上是一种下单策略。换言之，程序化交易侧重的是投资策略，即如何通过策略生成交易指令，实现特定的投资目标。而算法交易侧重的是交易的执行，即如何快速、隐蔽、低成本地完成大批量的订单。三者间的关系如图8-1所示。

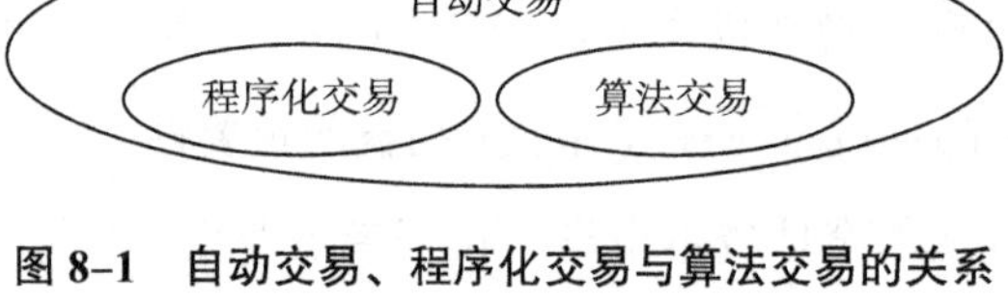

图8-1 自动交易、程序化交易与算法交易的关系

算法交易有多种策略类型，应用最普遍的是基于历史交易数据的逻辑算法，如时间加权平均价格（Time Weighted Average Price，TWAP）算法、成交量加权平均（Volume Weighted Average Price，VWAP）算法、跟量算法、执行缺口算法等。

时间加权平均价格算法是根据特定的时间间隔，在每个时间点上平均下单的算法。TWAP不考虑交易量的因素，其基准是交易时段的平均价格，试图以比该时段内平均买卖差价更小的代价执行一个大的订单。

成交量加权平均算法是一种拆分大额委托单，在约定时间段内分批执行，以期使最终买入或卖出成交均价尽量接近该时间段内整个市场成交均价的算法。VWAP包含宏观和微观两个层面的内容。宏观层面解决的是如何拆分大额委托单的问题，需要投资者对证券日内交易量作出预测，一般按等时长度拆分订单。微观层面解决的是确定采用限价指令还是市价指令。由于VWAP被动跟踪市场均价，因此市价指令可能更合适。一方面，市价指令有利于控制最终成交均价与市场均价之间的偏差；另一方面，市价指令可以提高委托成交的效率，避免限价指令长时间挂单而无法成交的风险。

$$VWAP_t=\frac{x_1p_1+x_2p_2+\cdots+x_Np_N}{x_1+x_2+\cdots+x_N}=w_1p_1+w_2p_2+\cdots+w_Np_N \tag{8-1}$$

其中，$w_i=x_i/(x_1+x_2+\cdots+x_N)$，表示第$i$次交易按成交量加权的权重；$P$为价格；$N$表示时段数。

跟量算法旨在帮助投资者跟上市场交易量。如果交易量放大，则同样放大同时段的下单成交量；相反，则应相应降低同时段的下单成交量。

执行缺口算法是旨在尽量不造成大的市场冲击的情况下，尽快以接近客户委托时的市场成交价格来完成交易的算法。

国际上，算法交易已被许多机构投资者广泛使用，用于对大额订单进行拆分，寻找最佳的路径和最有利的执行价格，以降低市场的冲击成本。任何投资策略都可使用算法交易帮助订单的执行。

在国内，算法交易尚处于系统研究和初步试验阶段，鉴于以下因素，算法交易在我国有良好的发展前景。

首先，日益壮大的指数基金是算法交易潜在的最大用户。2009—2010

年，已获批或已发行的指数基金达16只，其中60%是基金公司首发的指数产品。2010年，指数基金在A股开放式基金中的资产规模占比可以达到12%以上。指数基金的发展明显提速，基金公司对指数产品的重视前所未有。而指数基金管理的主要目的是最小化跟踪误差，每次买卖价格是控制跟踪误差的关键，而这正是算法交易的强项。

其次，机构投资者管理资产规模的扩大使算法交易被提上议程。随着机构投资者管理的资产规模日益扩大，其每次在市场上的进出对市场的影响会逐渐显露。为了尽量减少对市场的冲击，降低交易成本，同时隐藏自己的交易目的，提高交易的执行效率，机构投资者会逐渐把部分交易转移到算法交易上来。

最后，投资者和金融产品的多样化为算法交易提供了催化剂。目前国内市场的投资者构成已初具多样化态势：公募基金、私募基金、保险资管、券商资管、信托公司、财务公司、散户等。投资者的多样化必然带来对交易执行要求的多样化。同时，目前交易所市场已有股票、权证、ETF、封闭式基金、债券等金融工具，金融工具的多样化丰富了可能的投资策略，进而对交易执行提出了新的要求。这些成为国内发展算法交易的良好催化剂。

与传统的人工交易相比，理论上，算法交易的优点不言而喻。但关键的问题是，在实践中引入算法交易是否能真正有效地降低交易成本？成本降低的幅度有多大？算法交易会对证券市场的质量产生什么影响？是否会改变市场的流动性和波动性？算法交易带来的高负荷交易活动是否会对证券交易所和数据提供商的IT基础设施形成巨大的压力？对于这些问题，目前学术界观点不一，但总体来说，算法交易仍是利大于弊。

【知识链接8-2】

算法交易的发展史

算法交易的发展是由多种因素推动的：大宗交易对便捷高效的交易手

段提出了需求，计算机技术和通信技术的进步提供了技术支持，交易制度的改革扫清了最后障碍。

一、市场和技术准备

金融市场下单指令流的计算机化始于20世纪70年代早期，其标志是纽约证券交易所（以下简称“纽交所”）引入订单转送及成交回报系统（Designed Order Turnaround，DOT）和开盘自动报告服务系统（Opening Automated Reporting System，OARS）。

DOT系统直接把交易所会员单位的盘房与交易席位联系起来，通过电子方式直接将订单传至交易席位，然后由人工加以执行。而OARS系统可以辅助专家决定开盘结算价。为方便统计不断增多的大笔交易，纽交所将市值在100万美元以上、股票个数在15只以上的“一篮子”股票组合买卖下单称为程序化交易（Program Trading）。

尽管纽交所并未要求程序化交易必须由计算机完成，但在实际操作中，这些大笔交易几乎都是由计算机辅助完成的。进入20世纪80年代，计算机已经被广泛应用于股票与期货的跨市场指数套利交易中。纽交所的交易程序会被预先录入计算机，当期货价格和股票指数的直接价差大到足以盈利时，计算机会自动向纽交所的电子买卖盘传递系统发送交易指令。

也是在20世纪80年代，计算机辅助交易被应用于投资组合保险中。初步发展是在20世纪80年代后期及20世纪90年代，随着电信网络的发展，美国证券市场的全面电子化成交和电子撮合市场（Electronic Communication Networks，ECN）开始发展。纽交所在1997年批准了从分数制报价方式改为十进制小数点报价的方案，但推进的过程用了3～4年，从2000年8月开始小范围试点，到2001年才完成。纳斯达克后来在证监会的压力下也跟进此改革方案。股票报价的最小变动单位由1/16美元或1/32美元调低到了0.01美元。买卖间的最小变动差价大幅缩小了七八成，遏制了做市商的交易优势，因此降低了市场的流动性。这些情况改变了证券市场的微观结构。

市场流动性的降低导致机构投资者使用计算机来分割交易指令，用以执行到更优越的均价。算法交易得到初步发展。这一阶段的算法主要有交易量加权平均价格、交易时间加权平均价格、交易量参与度、限价交易。

二、快速发展

2004年至今是算法交易的快速发展期，其动力一方面来自通信标准，另一方面来自新的政府法规的引导。

算法交易的通信标准与传统市场的限价订单相比，需要的通信参数更多。买方交易员使用的交易系统必须能够适应与日俱增的新型算法指令。

新型复杂算法需要花费巨额的研发及其他费用。卖方需要做的是让新型算法电子指令直达买方交易员，并且让后者无须每次都进行再编码就能直接下单交易。

FIX协议组织是一家非营利性交易协会，专门免费发布为电子证券交易设立的公开的通信标准。其会员包括几乎所有的大中型经纪商、货币市场银行、机构投资者及共同基金等。此协会在证券交易的盘前交易及交易领域的标准设定方面拥有垄断地位。2006—2007年，几家会员联合发布了描述算法交易指令类型的XML标准草案。该标准被称作FIX算法交易定义语言。该语言使新型算法的开发变得方便、快捷。

2004年3月生效的美国国家市场系统管理规则规定，客户下委托订单时，均需要按照当时的最佳价格将客户订单发送至证券交易所。该规则的推行结果必然是纽交所、费城、波士顿和其他地区坚持采用人工交易方式的股票及期货交易所最终实现电子化，为算法交易的广泛应用扫清了障碍。

算法策略方面，交易量加权平均价格、交易时间加权平均价格很快衰落，新算法层出不穷。机构客户追求更为复杂精细的算法，如冰山一角、游击队员、基准点、狙击手、嗅探器等。任何类型的模式识别或预测模型都能被用来启动算法交易。神经网络和基因编程也被用来创造算法模型。市场中的算法越来越复杂，竞争越来越激烈，利润空间越来越小。

资料来源：陈梦根（2013）。

四、最佳执行

交易执行实际上是投资决策的实现过程。如上所述，交易执行的成本、时机等因素会直接影响投资业绩。在证券市场发展早期，投资者可以通过择时和选股来获取高额回报，交易执行的贡献往往被掩盖。但随着市场的发展、机制的健全，市场有效性增强，想要战胜市场获得超额报酬越来越难。交易执行的优化在增强投资绩效方面发挥着越来越重要的作用。

对于基金管理人和交易员而言，其共同的目标是为投资组合创造价值。然而在实践中，交易员的贡献往往被忽视，而其指令执行的失误却被无限放大。因此，交易员为避免问题，通常会采取被动的方式规避风险，但同时也失去了创造价值的机会。对于基金管理公司而言，交易管理的关键不是评价每一笔订单执行的好坏，而是建立一套可以全面评估交易绩效的管理体制。

最佳执行是交易管理领域的主流理念。特许金融分析师（Chartered Financial Analyst，CFA）协会将最佳执行定义为公司在规定的投资目标和限制内，为最大化客户投资组合价值而采用的交易流程。交易从决策至执行完毕中每一步都需要各方承担其最佳执行的责任。

第三节 基金公司投资交易管理

一、基金公司投资交易流程

基金公司投资交易包括形成投资策略、构建投资组合、执行交易指令、绩效评估与组合调整、风险控制等环节。

（一）形成投资策略

投资策略的制定是投资交易的基础环节，包括以下步骤：

首先，研究部提出研究报告。研究部在综合宏观经济分析、行业分析、个股分析的基础上向投资决策委员会和其他投资部门提供研究报告，并提出投资建议，建立投资证券池。

其次，投资决策委员会参考研究部提供的研究报告，根据现行法律法规和基金合同的有关规定，形成基金的投资范围、投资目标等总体投资策略。

最后，投资部制定投资组合的具体方案。投资部根据总体投资策略和研究报告，构建投资组合方案，对方案进行风险收益分析。

（二）构建投资组合

在实际操作中，基金经理根据投资决策委员会的投资策略及研究部的研究报告，结合对证券市场、上市公司、投资时机的分析，拟订所管理基金的具体投资计划，包括资产配置、行业配置、重仓个股投资方案。

（三）执行交易指令

交易指令在基金公司内部执行情况如下：

首先，在自主权限内，基金经理通过交易系统向交易室下达交易指令。

其次，交易系统或相关负责人员审核投资指令（价格、数量）的合法合规性，违规指令将被拦截并反馈给基金经理，其他指令将被分发给交易员。

最后，交易员接收到指令后有权限根据自身对市场的判断选择合适时机完成交易，交易员在执行交易的过程中必须严格按照公平公正的原则，在执行公平交易时需要严格遵守公司的公平交易制度。

二、投资交易过程的风险管理

证券投资交易中涉及的风险，可以利用各种分析研究、投资经验、风险工具、交易技术等措施来进行防范。投资交易风险主要体现在两个方面：一是投资交易过程中的合规风险（Compliance Risk）；二是操作风险（Operational Risk）。

（一）合规风险管理

合规风险是指违反法律、法规、交易所规则、公司内部制度、基金合同等导致公司可能遭受法律制裁、监管处罚、公开谴责等的风险。合规风险管理主要体现在交易规定的执行和交易行为的监控过程中，通过制度化、系统性地进行事前、事中和事后的监控和管理，以防范操纵证券市场、不公平对待不同投资组合、利用基金财产为基金份额持有人以外的第三人牟取利益等违法违规行为。

合规风险管理的原则包括独立性原则、客观性原则、公正性原则、专业性原则和协调性原则。独立性原则是指合规部门和督察长在基金公司组织体系中应当有独立地位，合规管理应当独立于其他业务经营活动；客观性原则是指合规人员应当依照相关法规对违规事实进行客观评价，避免出现合规人员自身与业务人员合谋的违规行为；公正性原则是指在合规人员对业务部门进行检查时应公正，按统一标准对违规风险进行评估与报告；专业性原则要求合规人员应当熟悉业务制度，了解基金管理人各种业务的运作流程，并准确理解和把握法律法规的规定和变动趋势；协调性原则要求合规人员应正确处理与公司其他部门及监管部门的关系，努力形成公司的合规合力，避免内部消耗。

针对合规风险，具体的风险管理措施包括：建立有效的投资流程和投资授权制度；通过在交易系统中设置风险参数，对投资的合规风险进行自动控制，对于无法在交易系统中自动控制的投资合规限制，应通过加强手工监控、多人复核等措施予以控制；重点监控投资组合中是否存在内幕交易、利益输送和不公平对待不同投资者等行为；对交易异常行为进行定义，并通过事后评估对基金经理、交易员和其他人员的交易行为进行监控，加强对异常交易的跟踪、监测和分析；每日跟踪评估投资比例、投资范围等合规性指标执行情况，确保投资组合投资的合规性指标符合法律法规和基金合同的规定；关注估值政策和估值方法隐含的风险，定期评估第三方估值服务机构的估值质量，对于以摊余成本法估值的资产，应特别关注影子价格及两者偏差带来的风险，进行情景压力测试并及时制定风险管理情景应对方案。

（二）操作风险管理

操作风险是指不完善或有问题的内部流程、系统、人员和外部条件造成的基金收益损失的可能，即是指基金经理不称职、控制体系设计不当、控制体系失灵及不可控事件导致的各类风险。这些风险包括：未采用最佳执行原则，交易效率低或差错率高；交易系统未经严格测试论证，系统缺陷导致交易失误；交易与后台清算、托管银行的交收相互脱节，影响资金的使用；交易价格显著偏离公允价格；对交易对手风险的评估与控制不足；交易执行不独立于基金经理；公平交易、反向交易以及超过合规限制交易的管理机制不能得到有效执行；交易员不能有效履行对基金经理交易指令的监督、复核职责。

关于操作风险，近年来国际资本市场上的“乌龙”事件很多，如2007年新加坡DMG & Partners的“乌龙指”事件、2008年法兴银行的风险事件、2012年骑士资本的“乌龙指”事件、2013年光大证券的“乌龙指”事件。这几起重大操纵风险事件的缘由都是IT系统缺陷和人为错误。对于IT系统缺陷，基金公司需要制定相应的制度，在系统尤其是新业务上线前进行严格的测试，并设置一键恢复、一键暂停、实时复核制度等方式降低系统出错的可能性。对于人为错误，需要严格划分交易员权限，建立完善内部审核机制，降低风险发生的概率。

【知识链接8-3】

光大“乌龙指”事件

2013年8月15日，上证指数收于2081点。

2013年8月16日，上证指数以2075点低开，到上午11时为止，上证指数一直在低位徘徊。

2013年8月16日11时05分，多只权重股瞬间出现巨额买单。大批权重股瞬间被一两个大单拉升后，又跟着涌现大批巨额买单，带动了整个股指和其他股票的上涨。上证综指突然上涨5.96%，以致多只权重股瞬间涨停。指数的第一波拉升主要发生在11时05分到11时08分之间，然后出现阶段性的回落。

从11时15分起，上证指数开始第二波拉升，这一次最高到达2198点，在11时30分收盘时收于2149点。

8月16日13时，光大证券公告称，因重要事项未公告，临时停牌。

13时16分，某境外通讯社发布快讯称，光大证券董秘梅健表示自营盘70亿元“乌龙”纯属子虚乌有。

14时23分左右，光大证券发布公告，承认套利系统出现问题，公司正在进行相关核查和处置工作。有传闻称光，大证券方面下单230亿元，成交72亿元，涉及150多只股票。就此，市场一度怀疑“乌龙”事件操作者是光大证券的量化投资团队。

16时27分左右，中国证监会表示上证综指瞬间上涨5.96%，主要原因是光大证券自营账户大额买入。

光大证券大额买入的触发原因是系统缺陷，策略投资部使用的套利策略系统出现了问题。该系统包括订单生成系统和订单执行系统两部分。核查发现，订单执行系统针对高频交易在市价委托时对可用资金额度未能进行有效校验控制，而订单生成系统存在缺陷导致特定情况下生成了预期外的订单。

订单生成系统的缺陷导致11时05分08秒后的2秒内瞬间重复生成了26082笔预期外的市价委托订单。由于订单执行系统存在的缺陷，上述预期外的巨量市价委托订单被直接发送至交易所。

问题出自系统的订单重下功能：11时02分第三次180 ETF套利下单，交易员发现有24只个股申报不成功，就想使用“重下”的新功能。于是程序员在旁边指导操作了一番。未曾想到，该功能没经实盘验证过，程序把“买入24只成分股”写成了“买入24组180 ETF成分股”，结果生成了巨量订单。

该策略投资部门系统完全独立于公司其他系统，甚至未置于公司风控系统监控下。因此，公司监控系统根本没有发现234亿元的巨额订单。为完成订单生成和执行，该策略投资部门动用了公司其他部门的基金补充所需头寸。

光大证券在事发当日13时停牌。上交所、中金所、证监会当日收盘后即有公告和表态。随后的周末证监会进一步公布了初步调查结果。

资料来源：http://news.hexun.com/2017-10-27/191408236.html.

【知识链接8-2】

骑士资本“乌龙指”事件

2012年8月1日上午9时30分至10时15分，在并无任何重大信息披露的情况下，美国股市154只股票无端出现剧烈波动，交易量暴增，股价暴涨或暴跌。例如，Wizzard软件公司股价由3.5美元飙升至14.76美元。

随后不久，纽约证券交易所做市商骑士资本发表声明称，该公司做市部门与纽约证券交易所之间的指令传送系统出现技术问题，约150只股票受到影响，并称该做市系统已被暂停。事故当天，从上午10时41分到傍晚7时04分，交易所连续发布6次公告，披露相关情况，避免造成市场不必要的恐慌。

骑士资本成立于1995年，是一家从事做市、电子下单、机构销售以及交易的公司，是全美最大的做市商之一。2011年，骑士资本是全美在纽约证券交易所和纳斯达克交易所零售股票交易业务排名第一的做市商。

调查显示，事件是骑士资本将未经测试的软件部署到包含过时功能的生产环境中所致。

为了让零售客户能够参与纽约证券交易所于2012年8月1日上线运行的新交易功能，骑士资本在2012年7月末对公司交易系统平台进行升级，部署客户流动性程序。为此，骑士资本的技术人员对交易系统平台中包括SMARS在内的软件应用系统进行了开发和修改。

SMARS应用软件是骑士资本自主开发的股票交易系统。骑士资本所有的交易订单都会在投放市场前首先发送给SMARS系统，再由SMARS系统投放到证券市场。对于金额巨大的交易订单，SMARS系统中自带的算法交易功能可以根据市场信息把一个母订单分成若干个子订单，再根据市场的实际状况把分割之后的子订单分发到适合的交易所或其他交易中心。执行分单的过程中，系统会检验累计子订单的股票数量是否达到母订单股票数量总值。分单和检验这两个功能原来是由SMARS系统中一个叫作Power Peg的软件模块执行的。2003年以后，Power Peg模块被弃用。按常规，技术人员应在第一时间将被废弃的Power Peg模块从SMARS系统中删除。但事实上，Power Peg模块一直被封装在SMARS系统中，处于休眠状态。

从2012年7月27日开始，骑士资本的技术人员对8台安装有旧SMARS系统的生产服务器进行更新。但这位技术人员忘记更新第八台服务器上的SMARS软件，而未被更新的SMARS软件中就残留了Power Peg软件模块。软件工程师在新SMARS系统中加进了一个标识，这个标识与之前调用Power Peg的标识完全相同。如果该标识在运行新SMARS软件系统的过程中被设置成“是”，则被执行的将是与无线链路协议（RLP）相关的软件模块。但是，由于第八台服务器上安装的是没有被更新的SMARS系统，当这一标识在运行中被设置成“是”时，被执行的是功能残缺的Power Peg软件模块。当Power Peg被错误启用后，由于它无法跟踪对比母订单的股票数，子订单将不断产生并执行，形成无法终止的死循环。

如果骑士资本的技术部门能够对升级工作进行二次验证检查，或是安排两位技术人员一起执行升级工作，应该可以发现或避免这个错误。但是，该公司的风险管理与合规监控部门并没有针对系统升级制定双人复核制度，公司也没有临时安排对这8台服务器的更新和升级工作的检查。关键的升级工作完全依赖单个技术人员的责任心。

骑士资本在2012年8月1日开市之前就已经收到了与RLP相关的客户交易订单，SMARS系统在早上8时01分就开市处理这些订单。9时30分，公司内部有一批人收到了SMARS系统通过电邮的方式向相关人员发出的邮件，显示了Power Peg被禁用的信息。美国证监会的事后调查发现，这些电邮是在软件代码执行失败后实时发出的信息，总数达到了97个，但并没有以报警的形式出现。这些错误通知没有引起收到信息人员的警惕，以至于如此重要的风险线索被不同阶层的技术人员和管理人员全部忽略。骑士资本错过了纠正潜在交易风险的时机。

开市后的45分钟内，骑士资本有缺陷的Power Peg模块接收并处理了212个母订单，SMARS发出了数百万个子订单，累计对154只股票进行了400万次交易，交易量超过3.97亿股。事发期间，有75只股票的价格变化大于5%，市场成交量的20%来自骑士资本。其中37只股票的价格波动超过了10%，市场成交量的50%来自骑士资本，并触发了为市场设置的波动幅度达到10%的熔断机制。这些股票价格的波动令一些客户未能够获得应该获得的成交价格，另一些客户则获得了意想不到的好成交价格，严重影响了正常的交易秩序。

在事件发生过程中，骑士资本曾采取对策来终止错误的交易。然而，该系统没有切断开关，也没有相关情况的文档说明，技术人员只能在每分钟交易800万股的线上环境中诊断问题的起因。他们卸载了已经部署到几台服务器上的新代码，结果是有用的代码被删，问题代码反而被留下，导致了情况的进一步恶化：除了第八台未被正确部署的服务器，另外7台服务器中的母订单也触发了Power Peg功能。最后，他们终于想办法终止了交易系统，然而时间已经过去了45分钟。

此次事件使骑士资本在45分钟内亏损了4.6亿美元，而该公司本身无力偿付。最终，骑士资本被Getco LLC收购。

骑士资本在对软件开发和管理的过程中缺失了对软件系统升级的验证和监控流程。美国证监会在处罚公告中向骑士资本提出了补救建议，要求骑士资本必须接受和配合独立顾问对其软件开发生命周期的调查和提出的整改建议。

资料来源：中国证券投资基金业协会（2017）[417-418]。

对于操作风险，基金公司应当对业务风险进行一个合理有效的评估，对风险点进行整理、评估，并制定相应的管理措施，在业务进行中对风险管理情况进行持续跟踪。具体方案如下。

1．内部流程

针对内部流程，主要的风险控制措施包括：建立合规、清晰的日常运作制度；制定严格的投资工作流程、制约机制，明确投资决策委员会、投资总监、基金经理的职责权限，建立健全考核机制；加强对公司印章使用、合同签署及其保管的管理；加强员工业务操作技巧的培训，加强程序的控制，以确保日常操作的差错率能在预先设定的、可承受的范围内；建立前台、后台或关键岗位间职责分工和制约机制。

2．信息系统

针对信息系统，主要的风险控制措施包括：信息技术系统具有确保各种情况下业务持续运作的冗余能力，包括电力及通信系统的持续供应、系统和重要数据的备份和关键设备的备份等；信息技术人员具有及时判断、处理各种信息技术事故、恢复系统运行的专业能力，信息技术部门应建立各种情况下的信息技术应急预案，并定期演练；系统程序变更、新系统上线前应经过严格的业务测试和审批，确保系统的功能性、安全性符合公司风险管理要求；对网络、重要系统、核心数据库的安全保护、访问和登录进行严格控制，关键业务需要双人操作或复核，应有多种备份措施来确保数据安全和对备份数据准确性的验证措施；以权限最小化和集中化为原则，严格公司各类核心数据的管理，防止数据泄露。

3. 人员

针对人员，主要的风险控制措施包括：制定员工守则，使员工行为规范有所依据；防范员工利用内幕信息或其他非公开信息牟利，防范商业贿赂；倡导良好的职业道德文化，定期开展员工职业道德培训。为防止优秀人才流失影响基金的运行，基金公司应建立关键岗位人员的储备机制及权责匹配、科学长效的考核和激励约束机制。

4. 外部条件

针对外部条件，主要的风险控制措施包括：建立危机处理决策、执行及责任机构，制定各种可预期极端情况的危机处理制度，包括对危机的认定、授权和责任、业务恢复顺序、事后检讨和完善等内容，并根据严重程度对危机进行分级归类和管理；建立危机预警机制，包括信息监测及反馈机制；危机处理与业务持续制度应重点保证危机情况下公司业务的持续；业务持续管理机制演习至少每年进行一次。当针对环境变化准备开发新业务时，基金公司应制定严密的论证和决策程序，对新业务进行全方位的风险评估，并对主要操作和支持部门的员工进行充分的培训。

本章小结

证券市场交易机制分为报价驱动市场机制、指令驱动市场机制与经纪人市场机制。其中报价驱动市场也被称为做市商市场。指令驱动市场的核心是买方下达购买指令，包括购买数量和价格，卖方下达包括同样内容的卖出指令，满足成交条件的即可成功交易。经纪人是指介绍买卖双方交易，以获取佣金的中间商人。

证券市场交易涉及交易成本，包括显性成本和隐性成本。执行缺口指的是理想交易与实际交易之间的收益差值。隐性成本对于执行缺口的影响往往大于显性成本。为解决隐性成本中冲击成本与机会成本间的冲突问题，市场引入了算法交易。算法交易是遵守一定的约束条件，使用计算机来确定最佳订单的执行路径、时间、价格及数量的一种交易方法。证券交易是一个复杂的过程，交易员在其中扮演的角色至关重要。如何令基金公司在规定的投资目标和限制内最大化客户投资组合价值？这需要借助交易管理领域的主流理念——最佳执行。

基金公司投资交易包括形成投资策略、构建投资组合、执行交易指令、绩效评估与组合调整、风险控制等环节。基金投资交易过程中涉及的风险有合规风险和操作风险。

思考题

1. 试述证券市场的交易机制。交易机制间有什么区别？交易机制各自适用的范围是什么？

2. 证券交易中涉及的显性成本与隐性成本是什么？它们对执行缺口有何影响？请举例说明。

3. 试述算法交易的思路及其主要方法。

4. 如何管理投资交易过程中的风险？

扫码获取
本章课件

第九章　证券投资基金投资风险管理

学习目标

- 了解证券投资基金面临的各类投资风险及主要管理手段
- 了解并掌握证券投资基金各类投资风险指标及优缺点
- 了解证券投资基金的投资风险管理流程、系统和指标

第一节　证券投资基金投资风险类型

风险来源于不确定性。风险的形式多种多样：企业生产经营过程中供、产、销各个环节的不确定性因素导致企业资金运动迟滞产生的企业价值变动，被称为经营风险。企业在各项财务活动中，难以预料和无法控制的因素使企业在一定时期、一定范围获得的最终财务成果与预期的经营目标发生偏差，导致企业蒙受经济损失的可能性，被称为财务风险。法律风险是指基于法律规定或合同约定，企业外部法律环境发生变化或法律主体的作为或不作为对企业产生负面法律责任或后果的可能性。

证券投资基金公司作为“受人之托，代人理财”的专业机构，始终以在保证基金资产安全的前提下追求基金收益最大化为目标。因此，投资风险管理对于基金公司而言是首要且至关重要的。投资风险的表现形式主要包括市场风险（Market Risk）、信用风险和流动性风险。

一、市场风险

（一）市场风险的类型

市场风险或系统性风险是外在因素，如政治、经济或法令的变更，导致市场行情不利波动，使基金投资组合资产遭受损失的风险。基金运作采取组合投资的方式虽然能分散风险，但无法规避风险。

市场风险通常包括经济周期性波动风险、政策风险、利率风险、汇率风险、购买力风险等。

1. 经济周期性波动风险

周期波动是经济发展过程中的常见现象。经济周期的循环波动会引起证券市场长期趋势的变动。而基金投资的是证券市场上已有的金融工具，因此基金的表现也会随经济周期的改变而发生变化。经济处于低迷/活跃状态时，基金的行情也会随之低迷/活跃。例如，2005—2007年我国经济增速较高，基金业绩也表现良好，而2008年次贷危机使全球经济处于低迷状态，基金的行情也受到了很大影响。

2. 政策风险

政策风险是指政府有关证券市场的政策发生重大变化或有重要的举措、法规出台，引起证券市场的波动，从而对基金收益产生影响。政策风险主要包括反向性政策风险和突变性政策风险。前者是指政策导向与证券市场内在发展方向不一致时对基金收益产生的影响，而后者是指管理层政策口径突然发生变化给证券市场乃至基金收益带来的风险。

3. 利率风险

利率风险是指市场利率变动的不确定性造成的基金价值的不确定性。基金投资标的证券的价格会随利率的变化而变化，如利率上升/下降将使股票价格下降/上升，从而影响到基金的收益。利率变动主要受宏观经济环境、央行政策、国际经济形势、经济周期等的影响，是不确定且经常性的。

4. 汇率风险

汇率风险是指汇率波动引起的基金价值涨跌的可能性。影响汇率风险的因素主要有国际收支及外汇储备、利率、通货膨胀、政治局势等。对于合格境内投资者（QDII）基金而言，由于其涉及外汇业务（将投资者资金汇集起来投资于境外证券市场的有价证券），基金的价值对汇率反应较为敏感。

5. 购买力风险

购买力风险又称通货膨胀风险，是指基金的利润主要通过现金形式分配，而现金可能受通货膨胀的影响而导致购买力下降，从而使基金的实际收益下降的风险。

投资者购买基金后，其实际收益率会随通货膨胀的发生而下降。例如，当年基金的名义投资收益为5%、通货膨胀率为6%，投资者年初持有1万元基金资产，到年终将持有1.05万元，变卖后将无法支付1.06万元购买的商品。这体现了货币购买力的下降。

（二）市场风险的管理方法

基金管理人可以通过以下方法管理基金的市场风险：

第一，密切关注宏观经济指标的变化、政府的重大政策举措，及时评估宏观因素的变化可能给基金投资组合带来的系统性风险，同时定期监控组合投资风险控制指标，提出相应的风险应对措施。

第二，密切关注公司基本面的变化，通过构造合理的投资组合分散非系统性风险。对于市场风险较大的投资组合，应建立快速评估机制和定期跟踪机制。

第三，加强对重大投资的监控，对基金重仓证券、单日个券交易量占该证券流通市值显著比例等进行跟踪分析。

第四，运用定量分析方法和优化技术，分析投资组合的风险来源和风险暴露程度。如可运用敏感性分析找出影响投资组合最关键的因素，也可运用压力测试评估投资组合在极端市场情景下的风险承受能力。

二、信用风险

信用风险即违约风险，是指借款人、证券发行人或交易对方因各种原因，不愿或无力履行合同条件而构成违约，导致交易另一方遭受损失的可能性。基金资产投资于不同证券如固定收益类证券，证券发行人可能到期无法足额偿付本息，致使基金收益遭受损失。

信用风险主要是以下两方面原因造成的：

第一，经济运行的周期性。处于经济扩张期时，较强的盈利能力使总体的违约率降低。而处于经济紧缩期时，盈利状况总体恶化，证券发行人因各种原因无法及时足额还款的可能性增加，信用风险增加。

第二，与公司经营密切相关的特殊事件的发生。该特殊事件的发生与经济运行周期无关，但对公司经营有重要影响。例如，当人们意识到石棉对人体健康有害时，会大量减少购买相应的石棉产品，甚至对相关企业产品的质量提起诉讼，严重时可能导致企业破产。这将使投资于该行业的基金面临本息无法偿付的风险。

基金管理人，尤其是固定收益基金产品经理可通过以下方法管理信用风险：

第一，建立针对固定收益类产品发行人的内部信用评级制度，结合外部信用评级，进行发行人信用风险管理。

第二，通过多元化投资，即投资于不同种类的固定收益类产品降低信用风险。

第三，建立严格的信用风险监控体系，对信用风险进行跟踪分析，及时发现、汇报、处理风险。

三、流动性风险

流动性是指证券变现的难易程度。一只具有极高流动性的证券必须满足三个条件：很容易变现、变现的交易成本极小、本金保持相对稳定。不同证券的流动性是不相同的。流动性供给与需求的不平衡会造成流动性风险。

基金投资的流动性风险体现在以下两个方面：一方面，基金在建仓或实现投资收益时，可能由于市场流动性不足而无法在预定的时间按预期的价格买入或卖出证券；另一方面，开放式基金可能由于投资者赎回时间和赎回数量的不确定产生基金资产变现的不确定损失，极端情况类似银行的“挤兑”风险。

与市场风险、信用风险相比，流动性风险更为复杂。市场、操作等各领域的风险管理缺陷都有可能导致流动性风险。影响基金流动性风险的因素主要有证券市场走势、金融市场的整体流动性、基金类型及基金持有人行为特征等。另外，有时市场局部的流动性不足会引发基金行业的流动性危机。当证券市场处于剧烈下行阶段时，基金净值会受其影响下挫，投资者因此大量赎回所持基金份额，导致基金日常的流动性无法满足投资者赎回的需要，被迫抛售手中的证券回收资金。这将导致基金净值的进一步下降，赎回需求的进一步增加，极端情况下将造成恶性循环，最后导致基金清盘。以2015年我国公募基金的遭遇为例：高杠杆场外配资导致股市异常波动，受证监会强力清查配置的影响，上证指数从高位突然掉头向下，股灾降临。此后市场迅速陷入极大的恐慌和大面积踩踏之中，公募基金随后遭遇流动性冲击。6月15日—8月26日共计52个交易日，有21个交易日指数大幅下跌或暴跌，有17次“千股跌停”，其中更有数次逾2000只个股跌停。同时，公募基金遭到巨额赎回，2015年7月该类基金份额数量较2015年6月减少近千亿份。①

基金管理人可通过以下方法管理流动性风险：

第一，建立流动性风险管理制度及预警机制。当流动性指标达到预先设定的阈值时，启动流动性风险预警机制，调整投资组合资产，剔除个别流动性差的证券。

第二，及时对基金投资组合资产的流动性，如证券的换手率、变现周期、资产的流动性结构等因素进行跟踪分析。

第三，定期进行流动性压力测试，测算当外部市场环境发生重大变化导致基金面临巨额赎回压力情景下时，基金可以承受的最大损失，并相应地调整基金投资组合。

第四，分析基金投资组合持有人的背景、结构、特征等，重点关注投资者申赎意愿。

【知识链接9-1】

2013年6月的“钱荒”事件与货币市场基金的流动性危机

① https://www.guancha.cn/economy/2016_06_16_364307.shtml.

2013年5月，美联社发布新闻称美联储正筹划退出量化宽松（Quantitative Easying，QE）政策，加上美国经济数据日益走强，美国对世界资本的吸引力增加，造成新兴国家资金外流，中国也不例外。另外，2013年以来，随着杠杆率的不断放大，商业银行的人民币超额备付金逐渐下降，银行系统流动性的边际承受能力受到影响。这些因素都对金融市场的流动性产生了一定的收缩压力。而2013年6月上旬光大银行对兴业银行的“违约门”事件产生的蝴蝶效应进一步强化了市场对资金紧缺的猜测和预期，放大了“钱荒”的恐慌效应。

比光大银行蝴蝶效应更强烈的市场恐慌心理来自中国人民银行（央行）对市场流动性紧缺的态度和反应。在上海银行间拆借利率（Shanghai Interbank Offered Rate，SHIBOR）隔夜拆借利率飙升至5.89%后，2013年6月7日，央行不仅取消了公开市场短期流动性注入操作（Short–Term Liquidity Operations，SLO），还进行了100亿元的正回购。当日，银行间市场的大额资金交易系统迎来历史上最长延时，全市场大范围违约。2013年6月20日，央行继续发行20亿元央票，货币市场的紧张程度达到最高，短期利率接近崩溃的边缘。SHIBOR隔夜拆借利率飙升至13.44%。

直至2013年6月22日，央行态度才有所转变，市场恐慌情况开始缓解。2013年6月25日，央行正式发布公告，宣称将根据市场流动性的实际状况，积极运用各种工具，适时调节银行体系流动性，稳定市场预期。进入2013年7月，市场利率开始回落，慢慢步入正轨，同时“钱荒”事件也正式落下帷幕。

此次“钱荒”暴露的重要问题之一是货币市场工具并非无风险的。在此之前，多数投资者都未意识到货币市场工具的本质，认为其与银行存款一样几乎不存在风险，同时又享有更高的利率和更灵活的存取方式。但是“钱荒”让货币市场工具的风险暴露无遗。“钱荒”首先表现为银行间市场的流动性危机，进而扩散至交易所债券市场，最后逐渐演变成为金融系统的流动性危机。具体而言，从2013年5月起，银行短期利率小幅上扬，2013年6月后，市场上的各类传闻和央行的态度加剧了市场的恐慌情绪，短期资金利率进一步飙升。此后，市场上4%的货币市场基金利率与10%的银行间同业拆借利率间形成了巨额的套利空间，大量机构投资者开始赎回货币市场基金。面对投资者的大量赎回，货币市场基金的基金经理开始大量贱卖基金的投资标的——短期融资券，导致其利率飙升。以2013年6月20日为例，公开数据显示，在当日成交的短期融资券中，剩余期限24天的两个产品收益率分别为15%和16%。另有多只AAA级剩余期限不到1个月的产品的收益率在10%以上。由于短期融资券的贱卖，货币基金的收益率急速降低，多数货币基金的7日年化收益率降至2%以下。

资料来源：中国证券投资基金业协会（2017）[426-427]。

第二节　证券投资基金投资风险测度

风险测度是风险管理的基础。风险测度的准确度直接决定了风险管理的有效性。选择合适的风险衡量指标是正确度量风险的基础。事实上，没有任何一个单一的风险指标能够全面反映投资组合的风险特征。在实际分析中，常需要借助多个风险指标进行交叉验证。

常用的风险衡量指标包括风险价值、预期损失、压力测试及其他风险度量指标，如β系数、波动率、下行标准差、最大回撤、主动比重、跟踪误差。

一、风险价值

风险价值，又称在险价值，是指按某一确定的置信度，对某一给定的时间期限内不利的市场变动可能造成的基金投资组合最大损失的一种估计。用公式可表示为

$$P\{R_{p,\ t} \geqslant VaR\} = 1-X\% \qquad (9\text{-}1)$$

其中，$X\%$表示置信水平；$R_{p,t}$表示基金投资组合在t时间的收益或损失。如图9-1所示（横轴表示投资组合价值变化范围，纵轴表示变化发生的概率），假设选择95%的置信水平（即X为95），VaR即为阴影表示的位置，该位置使价值变化的95%落在右边而5%落在左边。

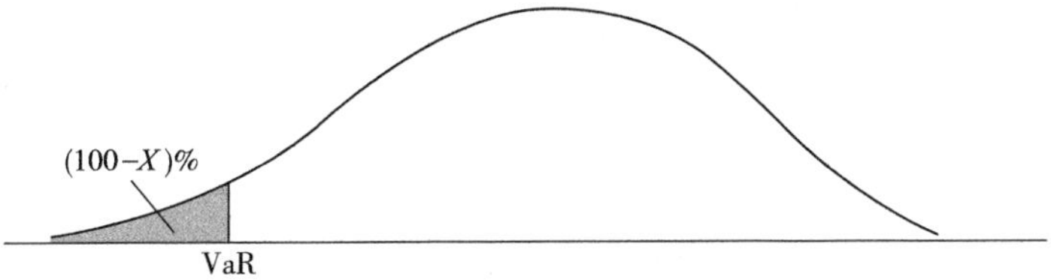

图9-1　VaR举例

根据定义，要使用VaR就必须确定两个参数——时间长度和置信水平。前者明确了基金管理者关心投资组合在哪段时间的最大损失。基金投资组合的波动率与时间长度呈正相关关系，故VaR随考察区间的增长而增加。考察区间的选择应依据基金投资组合的特点来定，但通常比较短（一天、一周或几周），因为VaR值具有时变性，时间区间越长，市场状况和投资组合的价值就越难保持相对稳定。后者在一定程度上反映了基金管理人对风险的不同偏好。选择高/低的置信水平意味着对风险比较厌恶/喜好。一般来说，置信水平越高/低，对于同样的投资组合，在给定的持有期内，VaR值越大/小，即投资组合的损失大于VaR的可能性越小/大，可靠性越高/低。常用的置信水平包括95%、97.5%和99%。

VaR值的计算方法有多种，归纳起来主要有：

第一，参数法。参数法又称方差—协方差法，是以基金投资组合中的金融工具为基本风险因子，假设风险因子的收益率服从某特定类型的概率分布（一般为正态分布），依据历史数据计算出风险因子收益率分布的参数值，进而计算VaR值。

假设某基金投资组合由n只证券组成。第i只证券的价格为S_i，波动率为σ_i，而第i只证券与第j只证券之间的相关系数为ρ_{ij}。该组合对第i只证券的投资比例为w_i。则

$$VaR_p = -S_p\sigma_p\sqrt{T}N^{-1}(1-X\%) \quad (9-2)$$

其中，$S_p=\sum_{i=1}^{n}w_iS_i$；$\sigma_p=\sqrt{\sum_{j=1}^{n}\sum_{i=1}^{n}w_iw_i\sigma_i\sigma_j\rho_{ij}}$；$X\%$表示置信水平。

参数法计算简单，便于使用，但也存在缺点：首先，该方法假设风险因子的收益率服从正态分布，但实际上，金融资产的收益率往往具有“尖峰厚尾”的特征；其次，该方法需要对风险因子收益率的波动率及相关系数作出估计，因此可能与实际情况存在出入。

第二，历史模拟法。历史模拟法假设市场未来的变化方向与历史发展状况大致相同，然后依据风险因子收益的近期历史数据进行估算，模拟未来的风险因子收益变化。与参数法不同，历史模拟法无须事先确定风险因子收益的概率分布，只需利用历史数据对未来方向进行估算得出VaR值。

为说明问题，现以最简单的情况为例。假设某基金仅投资于一只证券，现在的时间为$t=0$，S_t为该只证券在时间t的价格，现以历史模拟法估算未来一天的VaR值。

步骤一：选取过去$N+1$天该证券的价格作为模拟资料，如过去201天的收盘价：S_{-201}，…，S_{-1}。

步骤二：将过去彼此相邻的$N+1$笔价格相减，得出N笔该证券每日的价格损益变化量，如$\Delta(1)=S_{-1}-S_{-2}$，…，$\Delta(200)=S_{-200}-S_{-201}$。

步骤三：步骤二代表证券在未来一天损益的可能情况，将变化量转换成报酬率就可计算出N种可能的报酬率。

步骤四：将步骤三的报酬率从小到大依次排列，依照预定的置信水平找出相应分位数的临界报酬率。

步骤五：将目前证券价格S_0乘以步骤四的临界报酬率，得到的金额就是使用历史模拟法估计得到的VaR值。

历史模拟法直观、简单，无须事先确定风险因子收益的概率分布，便于计算，因此易为人们所接受。但该法也存在许多不足：其隐含的一个假设是风险因子的未来变化与选择的历史数据的变化完全相同，也就是说，历史模拟法的可靠性取决于风险因子在历史数据选取区间的变化与未来变化的近似度。这往往与事实不符。历史模拟法隐含的另一假设是风险因子在历史数据选用区间内的每个值在未来都以相同的概率出现，这也与现实不符。此外，为得到风险因子未来的变化分布特征，历史模拟法往往需要大量的连续历史数据。

第三，蒙特卡洛模拟法。蒙特卡洛模拟法在估算之前，需要有风险因子收益的概率分布模型，继而重复模拟风险因子收益变动的过程。该法每次都可得到投资组合在期末的可能值，在进行足够数量的模拟后，组合价值的模拟分布会收敛于组合的真实分布，继而得出最后组合的VaR值。

沿用历史模拟法中之例，说明如何使用蒙特卡洛模拟法计算VaR值。

步骤一：假设证券的价格服从几何布朗运动：$dS=\mu Sdt+\sigma Sdw$。

步骤二：获取证券的历史价格数据，以此估计其价格的均值μ和标准差σ。

步骤三：利用蒙特卡洛技术模拟资产未来的可能价格序列。

步骤四：重复历史模拟法步骤二至步骤五。

蒙特卡罗模拟法与历史模拟法类似，它们的区别在于前者利用统计方法估计历史上风险因子运动的参数，然后模拟风险因子未来的变化情景，而后者则直接根据历史数据来模拟风险因子未来的变化情景。蒙特卡罗模拟法无分布假设，在处理非线性和非正态分布问题上有强大的能力，应用灵活。虽然计算量较大、计算效率较低，但该法被认为是最精准的计算VaR值的方法。

VaR采用概率论和数理统计的方法对风险进行量化，其最大的优点是可衡量不同基金的不同风险并用一个数值表示出来，因而具有广泛的适用性。虽然VaR风险管理技术在对风险进行定量计算中发挥着不可或缺的作用，但它也存在明显的缺陷：首先，VaR模型只能用于正常情况下的风险估算，且其依据的是风险因子过去的收益特征，那些在未来可能发生但未体现在历史数据中的情况是无法在VaR中得到体现的。一旦市场出现极端情况，证券价格序列变动的相关性被切断或当金融市场不够规范导致市场风险难以估算时，使用VaR将无法准确地对风险进行评估。其次，VaR无法反映超出预先设定置信水平的基金资产的损失。最后，该方法不满足次可加性，即采用该法计算得出的投资组合风险将大于其包含的单个资产风险之和，与风险分散化理论相悖。[①]

二、预期损失

预期损失（Expected Shortfall，ES）又称条件风险价值（Conditional VaR），是指在给定时间区间和置信区间内，基金投资组合损失的期望值，用公式表示为

$$ES = VaR_p + E\left(R_p - VaR_X \mid R_p > VaR\right) \tag{9-3}$$

其中，R_p表示基金投资组合收益率；VaR_X表示特定置信水平$X\%$下的VaR值。该指标在一定程度上弥补了VaR的缺点，考虑了尾部损失，可识别投资组合超过置信水平对应的分位数损失。

同样以图9-1为例，该图显示了在特定时间内，某投资组合的概率分布。该投资组合在代表损失的左侧尾部有局部较高概率的分布。在置信水平$X\%$下，VaR值如图9-1所示，这意味着有$X\%$的把握保证在考察时间内投资组合的损失不会超过VaR值。但是VaR是一个分位数，无法衡量最左侧阴影部分的风险情况。ES则为阴影部分所有损失的期望值，即（100-X）%的极端情况发生损失的平均值。因此，ES值通常大于VaR值。

相较于VaR，ES因其在尾部风险度量、次可加性方面的优势，越来越受到金融机构与监管行业的重视。

三、压力测试

风险价值与预期损失无法体现将来可能发生的，但未曾在历史数据中体现的情景。压力测试（Stress Test）则弥补了上述不足，用于测量异常的

① 对任意实数a_1，a_2（$a_1 < a_2$），如果$\rho(a_1+a_2) \leqslant \rho(a_1)+\rho(a_2)$，则称其满足次可加性。从投资的角度而言，这意味着投资组合风险不应高于单个资产风险之和。

可能发生的巨大损失事件对基金投资组合的冲击。

压力测试包括敏感性测试和情景分析。前者是通过观察风险参数瞬间变化一个单位量，如股票指数上下变动20%，引起的投资组合市场价值的变化。该方法运行简单快捷，能够凸显出具体单个风险因素对投资组合的边际影响。而后者是测试多个风险因素同时发生变化给投资组合带来的影响，具体可分为历史情景分析和假设情景分析。历史情景分析考量的是，如果历史某一时间的重大事件，如2008年次贷危机在今天发生，投资组合的价值将发生何种变化。该方法的优点在于历史事件是真实发生的，测试结果的可信度较高；缺点在于历史不会一成不变地重复，会以不同的方式发生。相较之下，假设情景分析描述了某种假设的突发事件，如沪深300指数未来的收益下降60%、交易量下跌50%，对投资组合价值的影响。该方法的优点在于自由度高，测试人员可根据自身的理解添加因素进行测试；缺点在于潜在因素过多，导致测试的情景过多、过于复杂。

压力测试的优点在于它重点关注那些极少发生的可能性事件，能在一定程度上预防厚尾（Fat Tail）风险。另外，加总的压力测试可暴露单项测试中并不严重的风险，全面系统地体现整体风险。但压力测试的质量依赖于情景的设置是否合理、全面，对管理者的专业判断提出了考验。

当压力测试的结果超过基金管理人的可接受范围时，可采取以下方式进行风险控制：购买保险、使用金融衍生品如信用违约互换对冲风险；修正投资组合以减少风险敞口；制订触发事件出现时的或有计划；等等。

【知识链接9-2】

中国公募基金管理人压力测试情景

2016年11月15日，中国证券投资基金业协会发布了《公募基金管理公司压力测试指引（试行）》，要求公募基金每隔3个月定期进行一次压力测试。以下列示了2017年上半年公募基金管理人压力测试情景。

一、货币、理财基金压力测试情景（以2017年2月28日为基点，考虑

未来6个月，下同）

情景假设类别		轻度假设	中度假设	重度假设
债券收益率曲线上移幅度（BP）	无风险	126	161	262
	AAA级	89	136	294
	AA+级	91	135	281
	AA级及其他	109	159	287
净赎回率		40.00%	60.00%	80.00%
前十大持有人赎回比例		50.00%	75.00%	100.00%

二、除货币、理财外压力测试情景

情景假设类别		轻度假设	中度假设	重度假设
上证综合指数（深圳主板同）		–10.00%	–20.00%	–30.00%
中小板综合指数		–10.00%	–20.00%	–35.00%
创业板综合指数		–10.00%	–25.00%	–40.00%
日均成交金额		–15.00%	–30.00%	–40.00%
机构投资者赎回比例		30.00%	50.00%	70.00%
信用债违约率	AAA级	1.00%	2.50%	3.50%
	AA+级	1.50%	3.00%	4.00%
	AA级及其他	2.00%	3.50%	4.50%
债券收益率曲线上移幅度（信用债）（BP）	AAA级	83	132	234
	AA+级	107	169	223
	AA级及其他	127	193	276
债券收益率曲线上移幅度（利率债）（BP）	1年（含）以内	126	161	262
	1年（不含）~3年（含）	90	134	218
	3年（不含）–~10年（含）	71	134	186
	10年（不含）及以上	77	142	185

注：债券组合久期=$\sum$（债券i久期 × 债券i市值/债券总资产），久期使用修正久期（以估值价格计算）。

评级均使用最新评级。

三、其他参数设置

股票单日可变现金额占平均市场成交金额的比例	5%
无风险收益率（保本基金）	同期限利率债收益率

资料来源：中国证券投资基金业协会（2017）[435–436]。

四、其他风险度量指标

（一）β系数

β系数是一种评估基金投资组合系统性风险的工具，用来衡量投资组合相对于整个市场变化的敏感度，可用以下公式表示：

$$\beta_p = \frac{\text{cov}（R_p，R_m）}{\sigma_m^2} \quad （9\text{–}4）$$

其中，cov（R_p，R_m）表示投资组合收益与市场组合收益的协方差；σ_m^2表示市场组合收益的方差。

式（9–4）还可表示为

$$\beta_p = \rho_{p,\,m} \times \frac{\sigma_p}{\sigma_m} \quad （9\text{–}5）$$

其中，$\rho_{p,\,m}$表示投资组合收益与市场组合收益的相关系数，$\rho_{p,\,m}=\frac{\text{cov}（R_p，R_m）}{\sigma_p \times \sigma_m}$；$\sigma_p$表示投资组合收益的标准差；$\sigma_m$表示市场组合收益的标准差。

根据式（9–4）、式（9–5），在计算β系数时除需获取基金的表现数据外，还需有反映市场表现的指标。实际应用中，反映市场表现的指标通常为市场指数收益。根据投资组合理论，市场本身的β系数为1。如果基金投资组合净值的波动小于整个市场的波动幅度，那么β系数小于1；相反，如果基金投资组合净值的波动大于整个市场的波动幅度，那么β系数大于1；通常情况下，β系数越大，投机性越强。

β系数除可用来衡量投资组合相对于基准的风险水平外，还可用来比较两个投资组合的风险水平，或用来观察同一个投资组合动态的风险特征变化情况。

使用β系数的局限性在于：首先，β系数是以CAPM为基础的，而CAPM假设投资组合收益的概率分布为正态分布。但实际上，金融资产的收益率往往不满足正态分布的特征。其次，β系数具有时变性，即会随计算使用的时间区间的变化而变化。尤其是当时间区间较短时，对于基金管理人而言，要在短时间达到特定的β系数是相当困难的。此外，在使用β系数对比投资组合的风险特征时，也需要注意所用数据的时间区间。最后，通常β系数是通过投资组合收益与市场组合收益的历史数据计算得出的，无法反映新的情况变化。例如，当市场组合或投资组合中加入新证券时，其风险特征会随之改变，而原有的历史数据无法反映这种变化。

（二）波动率

基金投资组合波动率通常使用的定义是单位时间收益率的标准差，可用公式表示为

$$\sigma_n=\sqrt{\frac{1}{m-1}\sum_{i=1}^{m}(R_{n-i}-\bar{R})^2} \tag{9-6}$$

其中，σ_n表示第$n-1$天估计的投资组合收益率在第n天的波动率，可用R_i最近m天的观察数据估算；R_i表示基金在第i天的收益率，$R_i=\frac{S_i-S_{i-1}}{S_{i-1}}$；$S_i$表示第$i$天末的基金净值；$S_{i-1}$表示第$i-1$天末的基金净值；$\bar{R}$表示$R_i$的平均值，$\bar{R}=\frac{1}{m}\sum_{i=1}^{m}R_{n-i}$。

单位时间根据具体情况的不同，可使用每日、每周、每月、每季、每年等。不同单位时间的波动率可通过简单的计算进行换算。以公募基金为例（公募基金通常采用日度标准），假设其每日净值增长率或每日收益率相互独立且具有相同的方差，则T个交易日总收益率的方差为T乘以每日收益率方差的积。T个交易日总收益率的标准差是每日收益率标准差的$\sqrt{T}$倍：

$$\sigma_T=\sigma_{day}\sqrt{T} \tag{9-7}$$

实践中，在计算波动率时，通常仅关注交易日数量，因为非交易日无证券交易，其证券交易价格与前一交易日相同。我国A股市场年交易日为240～245天。

【例9-1】表9-1显示了某公募基金每日单位净值，根据前20天对回报率的观察估计第21天的波动率。此时$m=20$，$n=21$，假设一年共有243个交易日。

表9-1　某公募基金日单位净值

天数/天	单位净值/元	当日回报率	天数/天	单位净值/元	当日回报率
0	1.0438		11	1.0883	-0.91%
1	1.0448	0.10%	12	1.0917	0.31%
2	1.0402	-0.44%	13	1.0979	0.57%
3	1.0511	1.05%	14	1.0981	0.02%
4	1.0521	0.10%	15	1.0757	-2.04%
5	1.0616	0.90%	16	1.0958	1.87%
6	1.0548	-0.64%	17	1.1331	3.40%
7	1.0691	1.36%	18	1.1268	-0.56%
8	1.0747	0.52%	19	1.1379	0.99%
9	1.0851	0.97%	20	1.1401	0.19%
10	1.0983	1.22%			

【解析】根据表中数据，通过式（9-6）可估算出第21天该基金的波动率为：$\sigma_n=\sigma_{21}=0.0114$。年化波动率$\sigma_{n,\ annualized}=\sigma_{day}\sqrt{T}=0.0114\times\sqrt{243}=0.1783$。

以波动率为风险指标的不足之处在于，由于基金收益率分布通常不满足正态分布的要求，因此该指标可能不能准确衡量投资组合的风险。

（三）下行标准差

在波动率的计算中，既包括了收益率高于平均值的单位区间的波动，也包括了收益率低于平均值的单位区间的波动。对于某些投资者而言，不良收益情况下的风险更为重要。其中“不良”可定义为低于平均收益水平、低于风险收益基准或任意亏损。此时就需要用到下行标准差（Downside Deviation），用公式可表示为

$$下行标准差=\sqrt{\frac{\sum_{i=1}^{n}(R_i-R_T)^2}{n-1}}，R_i<R_T \tag{9-8}$$

其中，R_i表示第i期基金的收益率；R_T表示目标收益率；n表示基金收益率小于目标收益率的期数。

【例9-2】某基金的收益率小于无风险利率的期数是3，该基金在上述3期的收益率分别为6.5%，8.9%和9.9%，市场无风险收益率为10%，该基金的下行标准差是多少？

【解析】根据式（9-8），基金的下行标准差

$$=\sqrt{\frac{\sum_{i=1}^{n}(R_i-R_T)^2}{n-1}}=\sqrt{\frac{(6.5\%-10\%)^2+(8.9\%-10\%)^2+(9.9\%-10\%)^2}{(3-1)}}$$

$=2.60\%$。

下行标准差的局限性在于计算时需要获取足够多的低于目标收益的数据。若基金投资组合在考察期间的表现一直超越目标，则无法得到足够的数据进行下行标准差的计算。

（四）最大回撤

最大回撤是指在选定时间区间内的任一时点往后推，基金净值走到最低点时收益率回撤的最大幅度，用来描述在指定区间内基金投资组合可能面临的最大亏损，可用公式表示为

$$Drawdown=\max\left(\frac{S_i-S_j}{S_i}\right)，i<j，i，j\in（1，\cdots，t） \tag{9-9}$$

其中，$Drawdown$为最大回撤；S_i为特定时间段t内第i天基金的净值；S_j为特定时间段t内第i天后第j天基金的净值。如图9-2所示，该基金在2008年、2010年的最大回撤分别为45%、25%，这意味着基金分别需要上

涨81.82%、33.33%才能从最低点重新涨回之前的最高点。因此一般来说，在相同的市场情况下，最大回撤越小表示基金的抗跌能力越强，相反则表示基金的抗跌能力越弱。

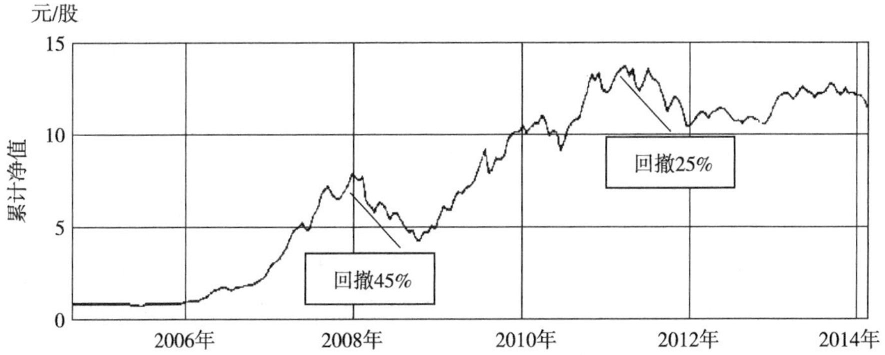

图 9-2　某基金最大回撤

需要强调的是，最大回撤表示的是任一投资者而非特定投资者可能面临的最大亏损。例如，假设某基金产品成立于2008年1月，初始单位净值为1元。2009年8月，该基金单位净值升至2.1元，2012年12月又跌至1.2元。单从业绩来看，2008—2012年，该基金为初始投资者创造了20%的收益，但是在2009年8月购买基金的投资者则亏损了42.80%。这42.80%才能被称为基金的最大回撤。

最大回撤可在任何历史区间用于衡量基金管理人对下行风险的控制能力。区间越长，该指标就越不利，因此在不同基金间使用该指标时应尽量控制在同一评估期间。

作为风险指标，最大回撤的缺点是只能衡量损失的大小，无法衡量损失发生的可能频率。

（五）主动比重

主动比重（Active Share，AS）是一个相对于业绩比较基准的风险指标，用于衡量基金投资组合持仓相对于基准的偏离程度。假设整个市场可投资的股票有 n 只，$w_{p,i}$ 为第 i 只股票在投资组合中的权重，$w_{b,i}$ 为第 i 只股票

在基准组合中的权重，则主动比重可用公式表示为

$$AS=\frac{1}{2}\sum_{i=1}^{n}|w_{p,i}-w_{b,i}| \tag{9-10}$$

由式（9-10）可知，主动比重实际上衡量的是一个投资组合与基准组合的相似度。主动比重为0，意味着该投资组合实际为一个指数基金。主动比重为100，则意味着该投资组合与基准组合完全不同。主动比重越高表示投资组合的表现与基准组合相差越大。

作为风险指标，主动比重的局限性在于：首先，与基准组合不同并不一定意味着投资组合一定会跑赢或跑输基准。其次，与基准组合不同并不一定意味着投资组合的业绩表现一定会与基准组合有显著区别。例如，对于债券型基金而言，由于存在大量相同特性的债券，即使主动比重很高，投资组合的收益与基准组合的收益之间依然可能具有较高的相关性。

（六）跟踪误差

波动率属于绝对风险指标，而跟踪误差则是相对风险指标。跟踪误差的概念与计算已在第四章第二节详细介绍过，此处不再赘述。指数基金的跟踪误差较小，而主动管理基金的跟踪误差较大。该指标可以衡量投资组合的相对风险是否符合预定的目标或是否在正常范围内。

第三节　证券投资基金投资风险管理

一、投资风险管理流程

证券投资基金的主要风险分为投资风险、操作风险和合规风险三大类，其中投资风险占据非常重要的地位。风险并非总是需要避免，有些风险的确需要规避，但有些风险则需要加以监控和管理，因为此类风险是产生收益的基础，只有合理地承担和管理风险，基金才可能获得超额收益。投资风险管理是一个复杂的系统工程，整个投资和运作过程中出现的任何

风险都有可能导致损失。成功实现投资风险管理，最重要的是建立一个科学的风险管理体系并将其严格地贯彻落实到基金管理中去。

基金公司的投资风险管理应遵循以下基本原则：

第一，全面性原则。基金公司投资风险管理必须全面覆盖所有相关部门和岗位，涵盖所有投资风险类型，并贯穿所有相关业务流程和业务环节。

第二，独立性原则。基金公司应设立相对独立的投资风险管理岗位，负责评估、监控和报告公司的投资风险状况。

第三，一致性原则。基金公司在建立投资风险管理体系时，应确保风险管理目标与战略发展目标一致。

第四，适时有效原则。基金公司应根据公司的战略部署等内部环境和市场环境等外部环境的变化及时调整对投资风险的评估。

在上述原则的指导下，基金公司按照投资风险识别、投资风险评估、投资风险应对、投资风险报告和监控及投资风险管理体系评价五个步骤实施投资风险管理（见图9-3）。

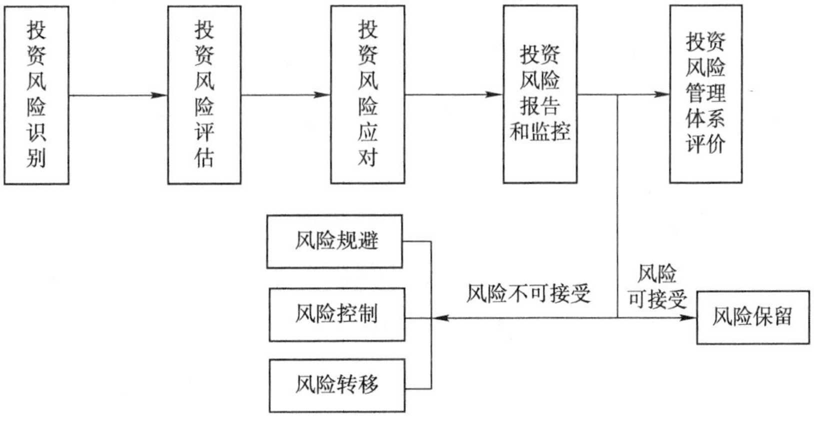

图 9-3　证券投资基金投资风险管理流程

五个步骤的具体运作如下：

第一，投资风险识别是对基金资产投资面临的及潜在的风险源和风险因素加以判断、识别、归类并鉴定风险性质的过程。换言之，就是找到投资风险的所在和找到引起风险的主要因素，并对后果作出定性估计。风险识别可采取“由下自上”“由上至下”或二者结合的方式进行。在投资风险识别的过程中，保持客观的态度是非常重要的。

第二，投资风险评估是对上一步识别出的风险进行定性分析、定量分析或二者结合，确定风险发生的概率和程度，从而明确风险的等级。换言之，就是测评风险带来的影响或损失的可能程度。在风险评估时需要注意的是评估方法前后必须保持一致。

第三，投资风险应对是指在识别风险和分析出风险概率及风险影响程度的基础上，根据风险性质和决策主体的风险承受能力制订的规避、承受、降低或分担风险等的相应防范计划。基金公司应建立清晰的风险事件登记制度和风险应对考评管理制度，明确风险事件的等级、责任追究机制和跟踪整改要求。

第四，投资风险报告和监控是投资风险管理的核心环节。基金公司应建立完善的报告监控体系，对风险指标进行及时、全面、有效的监控，根据风险事件发生的频率和影响程度确定风险报告的方式。风险报告应明确风险性质、风险等级、风险后果及相关部门责任人意见反馈，确保公司管理层能获取真实、准确、完整的风险监控信息，并严格落实各相关部门的职责。

第五，投资风险管理体系评价并非为投资风险管理的最终步骤，但却是其中关键的一步。基金公司应对投资风险管理体系进行定期评价，对系统的安全性、合理性、适用性等进行分析、跟踪、检查、评估和修正，并根据公司内部环境、外部环境的变化补充、修正、完善现有系统。

基金公司管理层在收到投资风险报告后，要对基金面临的风险状况进行整体评估，确认基金现阶段承担的风险是否可以接受。如果风险可以接受，则对风险进行保留。如果风险过高不可接受，则需降低风险。降低风险可采取以下方法：①风险规避。直接放弃可能引发风险的业务，从而完全规避风险。②风险控制。部分放弃可能引发风险的业务，使风险降低到可以接受的范围内。③风险转移。进行风险对冲或购买投资组合保险。

【知识链接9-3】

富国基金管理公司投资风险管理体系

一、投资风险类型

（一）市场风险

（二）信用风险

（三）流动性风险

二、投资风险管理系统工具

（一）Barra Aegis 风险控制系统

（二）Wind 组合风险和业绩归因系统

（三）KM 系统

（四）晨星风格和基金分析系统

（五）恒生系统

三、投资风险控制四道防线

（一）风险控制委员会评估

（二）监察稽核部门独立稽核

（三）部门一线自控和互控

（四）岗位自律、自控和互控

四、投资风险管理目标和成就

（一）在既定的风险承受范围内，实现风险调整后的收益最大化。

（二）公司管理的资产除个别操作失误外，从未发生违规。

资料来源：何孝星等（2018）[297-298]。

二、投资风险管理系统和指标

对投资风险进行防范与管理，必须建立一套从风险识别到风险测量再到风险报告最后到风险控制的防范系统，并要求各部门严格按照该系统进行投资活动。证券投资基金可以通过计算机技术、数据库、软件工具来实现系统化的投资风险管理（见图9–4）。

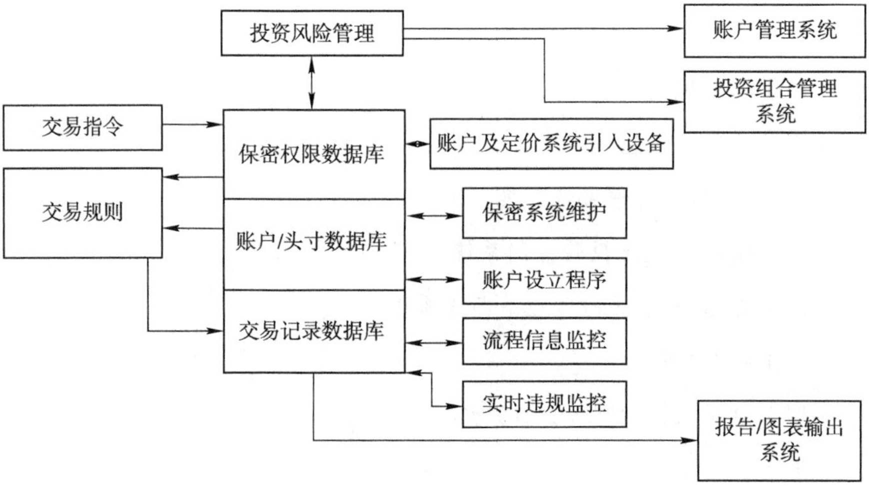

图 9–4　证券投资基金投资风险管理系统

通过上述系统，证券投资基金便可对投资风险进行防范与管理。在具体的操作过程中，证券投资基金一般都设置了自身关注程度不同的风险指标体系，采用定性与定量相结合的方法对投资风险进行测试。表9–2为典型的证券投资基金风险监控表。

表 9–2　证券投资基金风险监控表

指标名称			定义	度量	绿灯	黄灯	红灯
			指标的标准定义	指标的计算公式	达到控制标准	未达到控制标准，需修正	严重未达到控制标准，需立刻采取行动
重点关注指标	合规指标	股票比例					

续表

<table>
<tr><td rowspan="2" colspan="3">指标名称</td><td>定义</td><td>度量</td><td>绿灯</td><td>黄灯</td><td>红灯</td></tr>
<tr><td>指标的标准定义</td><td>指标的计算公式</td><td>达到控制标准</td><td>未达到控制标准，需修正</td><td>严重未达到控制标准，需立刻采取行动</td></tr>
<tr><td rowspan="13">重点关注指标</td><td rowspan="3">合规指标</td><td>债券比例</td><td></td><td></td><td></td><td></td><td></td></tr>
<tr><td>单一股票持有量占其总股本比例</td><td></td><td></td><td></td><td></td><td></td></tr>
<tr><td>单一股票持有市值占基金总值比例</td><td></td><td></td><td></td><td></td><td></td></tr>
<tr><td rowspan="3">市场风险</td><td>标准差</td><td></td><td></td><td></td><td></td><td></td></tr>
<tr><td>β系数</td><td></td><td></td><td></td><td></td><td></td></tr>
<tr><td>跟踪误差</td><td></td><td></td><td></td><td></td><td></td></tr>
<tr><td rowspan="3">流动性指标</td><td>个股集中度</td><td></td><td></td><td></td><td></td><td></td></tr>
<tr><td>单日变现率</td><td></td><td></td><td></td><td></td><td></td></tr>
<tr><td>出清率</td><td></td><td></td><td></td><td></td><td></td></tr>
<tr><td>行业配置指标</td><td>行业集中度</td><td></td><td></td><td></td><td></td><td></td></tr>
<tr><td>债券的利率风险</td><td>调整久期</td><td></td><td></td><td></td><td></td><td></td></tr>
<tr><td rowspan="14">参考指标</td><td rowspan="3">市场风险</td><td>$LPM_0$①</td><td></td><td></td><td></td><td></td><td></td></tr>
<tr><td>$LPM_2$②</td><td></td><td></td><td></td><td></td><td></td></tr>
<tr><td>VaR</td><td></td><td></td><td></td><td></td><td></td></tr>
<tr><td>行业风险</td><td>行业偏离度</td><td></td><td></td><td></td><td></td><td></td></tr>
<tr><td rowspan="3">个股风险</td><td>β系数</td><td></td><td></td><td></td><td></td><td></td></tr>
<tr><td>一定期限内累计涨跌幅</td><td></td><td></td><td></td><td></td><td></td></tr>
<tr><td>一定期限内累计涨跌幅与市场同期涨跌幅比例</td><td></td><td></td><td></td><td></td><td></td></tr>
<tr><td rowspan="2">流动性风险</td><td>大盘股持有市值占基金股票市值比例</td><td></td><td></td><td></td><td></td><td></td></tr>
<tr><td>小盘股持有市值占基金股票市值比例</td><td></td><td></td><td></td><td></td><td></td></tr>
<tr><td>债券的利率风险</td><td>凸性</td><td></td><td></td><td></td><td></td><td></td></tr>
<tr><td rowspan="2">宏观指标</td><td>经济发展速度</td><td></td><td></td><td></td><td></td><td></td></tr>
<tr><td>通货膨胀率</td><td></td><td></td><td></td><td></td><td></td></tr>
</table>

注：①表示投资组合回报率低于目标回报率的概率。

②表示投资组合回报率低于目标回报率的预期平方偏差，将其取根号就是下行标准差。

本章小结

任何投资都有风险，证券投资基金也不例外。证券投资基金面临的投资风险主要包括市场风险、信用风险和流动性风险。市场风险是外在因素导致市场行情不利波动使基金投资组合资产遭受损失的风险，其风险管理要求对所有可能引起投资产品价格变化的不利因子进行识别、防范与控制。信用风险涉及两个维度：一是履约意愿；二是履约能力，其风险管理要求对基金投资产品的交易对手和交易品种的履约作全面的风险评估与防范。流动性风险是指基金建仓或实现收益和投资者赎回基金份额时面临的证券交易的不确定性，其风险管理要求对涉及资产流动性的所有方面进行评估与防范。

风险测度是证券投资基金投资风险管理的基础，其准确程度直接决定了投资风险管理的有效性。选择合适的风险衡量指标是证券投资基金度量风险的基础。常用的风险指标包括风险价值、预期损失、压力测试及其他风险度量指标，如β系数、波动率、下行标准差、最大回撤、主动比重、跟踪误差。每种指标都有各自的优缺点，在实际分析中，常需要借助多个风险指标进行交叉验证。

对投资风险进行防范与管理必须建立一套从风险识别到风险测量再到风险报告最后到风险控制的防范系统，并要求各部门严格按照该系统进行投资活动。按照该思路，证券投资基金投资风险管理流程大致分为5个步骤：投资风险识别、投资风险评估、投资风险应对、投资风险报告和监控及投资风险管理体系评价。

在信息化迅猛发展的时代，这些都可通过计算机技术、数据库、软件工具来实现。

思考题

1. 证券投资基金面临哪些投资风险？这些风险有什么特点？

2. 证券投资基金面临的投资风险都要加以回避吗？为什么？

3. 证券投资基金投资风险的衡量指标有哪些？在实际分析中如何使用这些指标？

4. 某基金经理的公告阐明其管理的1周展望期的95%VaR等于投资组合价值的6%。假设投资者在基金中持有10万美元的份额，该如何理解基金经理的公告？

5. 假设有两项投资，其中任何一项都有0.9%的概率触发1000万美元损失、有99.1%的概率触发100万美元损失，两项投资相互独立。

（1）对于99%的置信水平，任意一项投资的VaR值是多少？

（2）选定99%的置信水平，任意一项投资的ES值是多少？

（3）将两项投资叠加在一起所产生的投资组合对应99%的置信水平的VaR值是多少？

（4）将两项投资叠加在一起所产生的投资组合在99%的置信水平下的ES值是多少？

（5）请说明，此例中VaR不满足次可加性条件和ES满足次可加性条件。

6. 证券投资基金应该如何对其投资风险进行管理？

扫码获取
本章课件

第十章　证券投资基金业绩评价

学习目标

- 了解证券投资基金业绩评价的目的和原则
- 掌握证券投资基金业绩的多种评价指标与方法
- 掌握证券投资基金管理能力评价的方法
- 掌握证券投资基金业绩的归因方法
- 了解国内外证券投资基金业绩评价体系
- 了解全球投资业绩标准

第一节　基金业绩评价概述

一、基金业绩评价的目的

基金业绩评价是指基金评级机构或评价人对基金的投资收益与风险及基金管理人的管理能力开展的评级、评奖或指标排名等。它既是资产管理过程结束后的总体评价，也是资产管理过程中的实时评价。基金业绩评价对基金管理人与基金投资者都具有重要意义。

对于基金管理人而言，基金公司需要对其业绩进行评价以满足信息披露或品牌宣传的需要。另外，基金管理人的投资策略与风格不一，基金公司需要对基金业绩进行量化分析，以便为投资目标匹配、投资计划实施及内部绩效考核提供参考。

对于基金投资人而言，投资者投资基金的目标不一，通过基金业绩评价，投资者可以识别具有投资管理能力的基金经理，为其选择基金提供合适的标准。

二、基金业绩评价的原则

（一）客观性原则

基金业绩评价应一视同仁地对待所有对象，具有明确、一致的评价标准、评价方法及评价程序，评价结果应客观、准确、可重复，避免主观因素的干扰。

（二）可比性原则

基金业绩评价应将同时间段、同等风险（或同等收益）的基金收益（或风险）进行比较，否则对比将无任何实质性意义。

（三）长期性原则

基金业绩评价应注重对基金的长期评价。基金的业绩应具有持续性，任何短期评价都无法准确地将基金经理投资管理的运气和能力区别开。基金业绩评价只有坚持长期性原则，才能真正立足于基金长期投资管理能力的持续性。

第二节　基金总体业绩评级指标与业绩比较方法

一、基金总体业绩评级指标

衡量基金总体业绩的指标大致可分为两类：不考虑风险的收益衡量指标与考虑风险的收益衡量指标，具体如下。

（一）不考虑风险的收益衡量指标

1. 持有期间收益率

（1）收入回报率与资本利得率

投资者购买基金关心的是其在持有期间的获益能力。获利能力或收益率通常由两部分组成：收入回报率和资本利得率。前者包括分红、利息等，后者是指所投资证券价格的增加或减少。

$$持有期间收益率=收入回报率+资本利得率$$

$$=\frac{期间收入}{期初基金份额净值}+\frac{期末基金份额净值-期初基金份额净值}{期初基金份额净值} \quad (10\text{-}1)$$

【例10-1】假设某基金在2016年12月31日的单位净值为2元。到2017年12月31日，基金的单位净值为2.50元，同时每份额发放0.25元分红。问该基金的收益率为多少？

【解析】

$$收入回报率=\frac{期间收入}{期初基金份额净值}=\frac{0.25}{2}=12.50\%$$

$$资本利得率=\frac{期末基金份额净值-期初基金份额净值}{期初基金份额净值}=\frac{2.50-2}{2}=25\%$$

持有期间收益率=收入回报率+资本利得率=12.50%+25%=37.50%

（2）现金流和时间加权收益率

持有期间收益率计算公式成立的前提是基金红利的发放是在持有期间末。现实中，基金持有期间收益率的计算会涉及更复杂的情况：基金可能包含多个投资标的，每个投资标的发放红利或利息的时间不一；基金的投资者在持有期间存在申购或赎回的可能，增加资金的进出。

以股票基金为例，假设某基金在2015年12月31日的净值为1亿元，到2016年12月31日其净值变为1.2亿元。2016年4月15日，有客户申购了2000万元。同年9月1日，基金进行了1000万元的分红。此时要计算基金的收益率，需要把资金进出分为3个区间，分别计算持有期间收益率。每个期间的期末/期初资产净值为对应时间点现金流发生前/后的资产净值，详见表10–1。

表10–1　基金2016年收益率计算

区间	期初资产净值/亿元	期末资产净值/亿元	期间收益率
2015–12–31—2016–04–15	1	0.95	–5%
2016–04–15—2016–09–01	0.95+0.20=1.15	1.40	21.70%
2016–09–01—2016–12–31	1.40–0.10=1.30	1.20	–7.70%

假设投资者在2015年12月31日投资1元购买该基金，则2016年4月15日，这1元遭受5%的损失，变为1元×（1–5%）=0.95元。该投资者继续将0.95元投资于基金，到2016年9月1日，0.95元变为0.95元×（1+21.70%）=1.16元。再假设投资者将原有资金及9月1日的分红全部再投资于该基金，则到2016年12月31日，1.16元变为1.16元×（1–7.70%）=

1.07元。换言之，2015年年底投资的1元到2016年年底增加到1.07元，投资者获得约$\frac{1.07元-1元}{1元}$=7%的收益。将上述过程用数学公式表达为

$$R=[(1+R_1)(1+R_2)\cdots(1+R_n)-1]\times100\%$$
$$=\left(\frac{NAV_1}{NAV_0}\times\frac{NAV_2}{NAV_1-D_1}\cdots\frac{NAV_n}{NAV_{n-1}-D_{n-1}}\right)\times100\% \qquad (10\text{–}2)$$

其中，R_1表示第一次分红前的收益率；R_2表示第一次分红后到第二次分红前的收益率，以此类推；NAV_0表示期初份额净值；NAV_1，…，NAV_{n-1}分别表示各期除息日前一日的份额净值；NAV_n表示期末份额净值；D_1，D_2，…，D_n分别表示各期份额分红。

2. 平均收益率

平均收益率可用于不同基金多期收益率的衡量与比较上，一般可分为算数平均收益率和几何平均收益率，可分别用以下公式表示：

$$R_A=\frac{\sum_{t=1}^{n}R_t}{n}\times100\% \qquad (10\text{–}3)$$

$$R_G=\left[\sqrt[n]{\prod_{t=1}^{n}(1+R_t)}-1\right]\times100\% \qquad (10\text{–}4)$$

其中，R_A表示算数平均数；R_G表示几何平均数；R_t表示第t期收益率；n表示期数。

【例10–2】假设某基金近3年来的收益率分别为10%、15%、20%，应用几何平均法求该基金的年平均收益率。

【解析】$R_G=\left[\sqrt[n]{\prod_{t=1}^{n}(1+R_t)}-1\right]\times100\%$

$$=\left[\sqrt[3]{(1+10\%)(1+15\%)(1+20\%)}-1\right]\times100\%$$
$$=14.93\%$$

算数平均收益率采用了简单的算数平均思想，相较之下，几何平均数运用了复利的思想，考虑了货币的时间价值，通过对时间进行加权来衡量

收益的情况，能够克服算数平均法下收益率的上偏倾向。

例如，某基金的份额净值在2014年年初为1元，年底上升至2元。但2015年年末又跌回至1元。假设其间基金没有分红，此时第一年的收益率为$R_1=\frac{2元-1元}{1元}\times 100\%=100\%$，第二年的收益率则为$R_2=\frac{1元-2元}{2元}=-50\%$。基金的算数平均收益率为$\frac{100\%+(-50\%)}{2}=25\%$，而几何平均收益率为$\left[\sqrt[2]{(1+100\%)(1-50\%)}-1\right]\times 100\%=0$。实际上，投资者尽管进行了两年的基金投资，但其真正拥有的财富并未发生任何变化，净收益率为0。因此几何平均收益率更能反映真实的收益情况，更符合常理。

（二）考虑风险的收益衡量指标

投资者在投资时不仅要考虑投资的收益，还要衡量投资的风险。夏普比率（Sharp Ratio）、特雷诺比率（Treynor Ratio）及詹森α（Jenson's α）是3个考虑了基金的风险和收益的经典绩效评估指标，是改进的风险调整业绩衡量指标。

1. 夏普比率

夏普比率是由诺贝尔经济学奖得主威廉·F.夏普（William F. Sharp）于1966年根据资本资产定价模型提出的经风险调整后的业绩测度指标：

$$S_p=\frac{\overline{R}_p-\overline{R}_f}{\sigma_p} \tag{10-5}$$

其中，S_p表示夏普比率；$\overline{R}_p$表示基金投资组合的平均收益率；$\overline{R}_f$表示平均无风险收益率；σ_p表示基金投资组合收益率的标准差。

夏普比率中分子皆采用平均收益率的原因是，检测期内收益率并非一成不变。分母采用基金投资组合收益率的标准差，表明夏普比率是经风险调整后的收益指标。基金夏普比率越大，说明业绩越好。

需要特别指出的是，当夏普比率的分子为负，即超额收益为负，除以较大/较小的总风险时，比率得到较小/较大的负值，基金业绩反而变得较佳/较差，从而导致对基金业绩的错误评价。例如，基金A的超额收益率

为 -2%，基金投资组合收益率的标准差为0.5%，得出夏普比率为 -4%。基金B的超额收益率同样为 -2%，但基金投资组合收益率的标准差为0.4%，得出夏普比率为 -5%。实际上，两只基金的收益率相同，但基金A收益率的标准差高于基金B，说明基金A的业绩要略逊于基金B。但如果以夏普比率为标准，基金A的业绩反而优于基金B。

2. 特雷诺比率

特雷诺比率由杰克·L.特雷诺（Jack L.Treynor）于1965年提出，其指导思想是根据CAPM，基金经理应消除所有的非系统性风险，因此可以用每单位系统风险系数所获得的超额收益率来衡量基金的业绩：

$$T_p = \frac{\overline{R}_p - \overline{R}_f}{\beta_p} \qquad (10\text{-}6)$$

其中，T_p 为特雷诺比率；β_p 表示系统风险。

与夏普比率类似，特雷诺比率也考虑了风险后的收益指标，且其数值越大，表示基金的业绩越好。

同样值得注意的是，当超额收益为负，除以较大/较小的系统风险时，特雷诺比率得到较小/较大的负值，基金业绩反而变得较佳/较差，从而导致对基金业绩错误的评价。

3. 詹森 α（Jenson's α）

与前项两指标一样，詹森 α 同样也是在CAPM上发展而来的风险调整后的收益指标。但它测量的不是基金的单位风险收益，而是差额回报率，即基金收益中超过CAPM预测值的超额收益，用公式表示如下：

$$\alpha_p = (\overline{R}_p - \overline{R}_f) - \beta_p(\overline{R}_M - \overline{R}_f) = \overline{R}_p - [\overline{R}_f + \beta_p(\overline{R}_M - \overline{R}_f)] \qquad (10\text{-}7)$$

其中，$\overline{R}_M$ 表示市场组合平均收益率。

詹森 α 与特雷诺比率一样，都假设基金投资组合分散化可以抵消全部非系统性风险，仅剩系统性风险，用 β 系数衡量。值得注意的是，该指标仅限于相同风险等级的基金群体比较业绩。

如果詹森α显著大于0，说明基金的实际收益率高于其预期收益率，该基金的业绩比市场对其的期望更好；相反，如果詹森α显著小于0，则说明基金的业绩低于市场对它的期望。

上述3种经典绩效评估指标从不同的风险补偿角度对基金收益进行了调整，使评估结果兼顾风险和收益两个维度。但由于这些指标都建立在CAPM的基础之上，可能存在以下问题导致结果不准确：现实中金融资产的收益率往往呈现“尖峰厚尾”的特征；实际应用的无风险收益率（通常为国债收益率）与理论上的无风险收益率往往存在差异；不存在被普遍接受或使用的完全具有代表性的市场指数；β系数并非固定不变；投资组合的风险与收益之间并非一定为线性关系。

4. M^2测度

针对3种经典业绩衡量方法的局限，国外学者提出了改进方案，其中包括诺贝尔经济学奖得主弗朗克·莫迪利安尼（Fraco Modigliani）和利娅·莫迪利安尼（Leah Modigliani）于1997年提出的M^2测度。

该测度的基本思想如下：对于任一基金投资组合而言，其风险度量指标可以是收益率的方差。由于方差具有线性可加性，可将基金投资组合与一定比例的无风险收益证券组合，使新组合的风险等于市场风险，然后求出新组合的收益率，其与市场组合收益率的差额表示原基金的业绩水平。M^2可用公式表示为

$$M^2 = R_p - R_M \tag{10-8}$$

其中，R_p为新投资组合收益率；R_M为市场组合收益率。

【例10-3】某基金投资组合收益率的标准差是市场收益率标准差的2倍，则可将1/2的基金投资组合和1/2的无风险证券构成一个新的组合，该组合收益率的方差等于市场组合收益率的方差。假设基金投资组合的收益率为20%，无风险证券的收益率为6%，则新组合的收益率为13%，与市场组合收益率10%的差额为3%。

M^2测度大于0，意味着基金收益率超过市场组合收益率；相反，意味

着基金的收益率低于市场组合收益率。

二、基金业绩衡量方法

（一）有基准的业绩衡量方法

在该方法下，最重要的是找到合适的业绩比较基准，然后再使用前述基金业绩评价指标进行对比，从而评估基金业绩的好坏。以下将重点阐述如何寻找合适的基准。

合适的业绩比较基准的首要条件是必须与要评价的基金高度相关，两者的投资类型、投资结构等需相同或类似。在实操中，通常有两类选择基准的做法：

第一，以市场指数为基准。在证券市场上有许多现存指数，它们是事先确定的，与整个或部分市场的运行高度相关。这些指数可直接作为基金业绩的比较基准。但最终选择哪类指数取决于基金的性质、类型，如股票型基金应选择一种与其投资类型相同的股价指数作为基准。

可被作为比较基准的指数很多，如在我国，大家熟知的上证综指、上证50指数、上证180指数、沪深300指数等都属于参考基准。评估方可根据基金的投资情况来选择合适的基准。

以市场指数为基准有利有弊：利在于使用方便，指数是现存的，拿来即可使用；弊在于指数是由特定的证券组合计算得来的，与基金投资类型存在差异，其精准度受到质疑。

第二，以类似基金为基准。针对市场指数作为基准的弊端，一些评估机构开始使用类似基金作为比较基准。所谓类似基金是指一组投资风格相近的基金组合。与指数不同，它是众多现存的风格相似的基金的平均业绩表现，能够反映该基金的运行业绩。

寻找类似基金存在一定规则。在美国，最常用的区分类似基金的方法有招募说明书投资目标分类法、理柏（Lipper）基金分类法和晨星基金分类法。招募说明书投资目标分类法是指每只基金都有自身的投资目标，由此决定了基金的投资风格，因此可根据不同的投资目标将基金分为不同组，这些组即为类似基金。其缺点在于它并不准确：部分基金在实际投资中不完全按照投资目标规定的风格进行投资。理柏基金分类法是理柏公司采用的分类方法，在使用招募说明书投资目标的基础上辅以其他有关信息进行分类，其缺点在于分类过细，使用不便。晨星基金分类法是晨星公司采用的分类方法，根据公司投资风格，按照基金各自的实际投资组合进行调整，其缺点在于基金类别不稳定，易于变化。

使用基准衡量基金业绩存在不可克服的困难，具体如下：

第一，指数的调整。为了更好地反映市场的全貌，市场指数会定期进行调整，这种时变的市场指数降低了其作为业绩比较基准的有效性和可比性。

第二，交易成本。基准收益是理论上可获得的收益，而实际基金投资组合的建立与调整都必须支付一定的交易成本。二者间在进行比较时应注意交易成本的影响。

第三，现金的影响。投资组合中难以避免会保留一定数量的现金，这使市场上涨时，投资组合的表现劣于市场指数，而在市场下跌时，投资组合的表现优于市场指数。

（二）无基准的业绩衡量方法

学术界对于如何选择业绩比较基准存在争论，并对以CAPM为基础发展起来的基金业绩衡量方法提出了质疑。为解决上述问题，有学者提出了事件研究方法或无基准的业绩衡量方法，其中包括的科尔内尔（Cornell，1979）的事件研究模型（Event Study Model，ESM）及科柏兰和梅耶斯（Coperland & Mayers，1982）的事件研究模型。无基准的业绩衡量方法认为，如果基金经理有特殊的选股或择时能力，则基金投资组合中个股的实际收益率应高于预期收益率，相反则说明基金经理不具备证券选择能力。

1. 科尔内尔的事件研究模型

科尔内尔以马科维茨的均值—方差模型为基础，以基金投资组合中每只证券的投资比例为权重计算出的收益率加权平均值作为该基金的期望收益率，用第T期某个基金投资组合的实际收益率与期望收益率之差的平均值构建了ESM：

$$ESM_p^c = \frac{\sum_{t=1}^{T}\sum_{i=1}^{N}\left\{w_{p,i,t}\left[R_{p,i,t} - E(R_{p,i,t})\right]\right\}}{T} \quad (t=1,\cdots,T;\ i=1,\cdots,N)$$

$$E(R_{p,i,t}) = \overline{R}_{p,i,t-1} \quad (i=1,\cdots,N) \tag{10-9}$$

其中，$w_{p,i,t}$表示基金投资组合中第i只证券的投资比例；$R_{p,i,t}$表示基金投资组合第i只证券在第t期的收益率；$R_{p,i,t-1}$表示基金投资组合中第i只证券在第$t-1$期的收益率；$E(R_{p,i,t})$表示基金投资组合中第i只证券在第t期的期望收益率；T表示样本期；N表示基金投资组合中包含的证券数量。

科尔内尔的ESM是对基金业绩评价理论的一次创新，但由于该方法以基金投资组合中证券的事前收益率为基准，容易导致基金经理为提高基金业绩而人为调节基金的事前收益，因此缺乏客观性。

2. 科柏兰和梅耶斯的事件研究模型

科柏兰和梅耶斯认为，科尔内尔的方法使用评价期（事件）前的一段样本区间进行组合期望收益率的估计，这种根据证券的历史表现选择证券的行为容易导致统计上的系统偏误。因此，他们改用评价期（事件）后的一段样本区间进行组合期望收益率的估计，得到以下ESM模型：

$$ESM_p^{CM} = \frac{\sum_{t-1}^{T}\sum_{i-1}^{N}\left\{w_{p,i,t}\left[R_{p,i,t} - E(R_{p,t})\right]\right\}}{T} \quad (t=1,\cdots,T;\ i=1,\cdots,N)$$

$$E(R_{p,i,t}) = \overline{R}_{p,i,t+\tau} \quad (i=1,\cdots,N) \tag{10-10}$$

其中，τ的取值为1或2。

然而，利用后续期间估计的收益率可能无法包括一些未预料到的特殊情形（如公司兼并、收购等），因此会造成估计上的困难。

第三节　基金管理能力评价

基金业绩评级是一个复杂的过程，不但包括基金业绩衡量，而且包括基金的主动管理能力、基金业绩的持续性、基金风格等方面的分析与评估。

一、基金的主动管理能力评估

基金业绩评价是对基金管理人投资管理能力的评价，应尽量客观、真实，正确区分运气与能力。只有能力驱动的业绩才是可持续的。基金投资管理的基本能力是风险管理能力、证券选择能力和时机选择能力。其中风险管理能力是指在控制风险的基础上创造稳定、可持续的超额收益。而超额收益来源于证券选择能力和时机选择能力。证券选择（Security Selection）能力是指基金经理通过选择价值被低估或高估的证券产生额外收益的能力。时机选择（Market Timing）能力是指基金经理根据对市场走势的判断，通过调整证券配置，增加或降低基金投资组合对市场变化的敏感度，从而跑赢基金基准、创造超额收益的能力。

为评价基金的主动管理能力，许多学者从超额收益出发，研究如何使用基金投资组合收益率的时间序列回归模型检测基金经理获取超额收益的能力。这些模型主要包括T-M模型和H-M模型。

（一）T-M模型

T-M模型是由特雷诺（Treynor）和梅泽（Mazuy）于1966年提出的，具体如下：

$$R_p - R_f = a + b(R_m - R_f) + c(R_m - R_f)^2 + \varepsilon_p \qquad (10\text{-}11)$$

其中，R_p表示基金投资组合收益率；R_m表示市场组合收益率；R_f表示无风险收益率；a、b、c为回归系数；ε_p为随机误差项。

该模型为非线性回归模型，其指导思想为：如果基金经理具备时机选择能力，则当市场处于牛市时，基金经理将提高投资组合的风险水平以获得高收益，而当市场处于熊市时，基金经理将降低投资组合的风险水平以避免基金资产暴露在过高的风险之中。因此，回归模型描述的是基金投资组合收益率与市场情况的非线性关系。

如果模型中a显著大于0，说明基金经理具有证券选择能力；相反，则说明基金经理不具备证券选择能力。如果c显著大于0，说明基金经理具备时机选择能力；反之，则表明基金经理缺乏时机选择能力。

（二）H-M模型

H-M模型是1981年由亨里克森（Henriksson）和默顿（Merton）提出的，具体表达式如下：

$$R_p - R_f = a+b\,(R_m - R_f) + c\,(R_m - R_f)\,d + \varepsilon_p \qquad (10\text{-}12)$$

其中，d为虚拟变量，当$R_m > R_f$时，$d=1$，否则$d=0$。

亨里克森和默顿认为，当市场上涨时，$R_m > R_f$，而当市场下跌时，$R_m < R_f$。因此，可以分两条直线对市场超额收益及投资组合超额收益进行拟合。如果基金经理具备时机选择能力，他将在市场上涨时增持高β系数的证券，在市场下跌时增持低β系数的证券。体现在H-M模型中就是，市场上涨时的β系数（$b+c$）将高于市场下跌时的β系数（b）。因此，如果参数c显著大于0，说明基金经理具有时机选择能力。当然，H-M模型也可通过对参数a的显著性检验来判断基金经理是否具有证券选择能力。

二、基金业绩的持续性评价

基金业绩的持续性是指前期业绩较好的基金在未来一段时间内的业绩也会相对较好，而前期业绩较差的基金在未来一段时间内的业绩也会相对较差。由定义可知，基金业绩的持续性评价是以基金过去表现与未来表现间的关系（即基金业绩是否具有可预测性）作为研究基础。通常，基金业绩持续性的检验主要有两类方法：参数检验法和非参数检验法。

（一）参数检验法

参数检验法假设基金业绩服从正态分布。使用最频繁的参数检验法是横截面回归法。该法将整个样本期分为相等的两个子样本期，通过检测基金后期业绩对前期业绩的横截面回归系数是否显著来判断基金业绩的持续性。检验的具体步骤如下：

首先，将样本期分为相等的两个子样本期，分别称为评价期和持续期。由于检验结果可能因期间的不同而不同，因此通常使用“滚动法”构造不同的评价期和持续期。

其次，计算基金在各子期间的业绩。业绩一般使用未经风险调整的收益率来衡量。

最后，利用持续期的基金业绩对评价期的基金业绩进行横截面回归：

$$R_{p,1}=a+bR_{p,0}+\varepsilon \tag{10-13}$$

其中，$R_{p,1}$表示基金在持续期的业绩；$R_{p,0}$表示基金在评价期的业绩；b表示度量基金业绩持续性的回归系数；ε为随机误差。

如果横截面回归中的回归系数b显著为正，表明基金业绩具有持续性；如果回归系数b显著为负，则表明基金业绩出现反转。

（二）非参数检验法

与参数法相比，非参数法无须对基金业绩进行正态分布假设，其主要包括基于双向概率表的检验方法，如麦基尔（Malkiel）于1995年提出的方法，以及Spearman等级相关系数检验法。

1. 麦基尔（1995）提出的检验法

根据麦基尔（1995）的研究，基金业绩持续性可通过双向概率表，利用非参数法来评价。定义第t期收益率高于同类基金中位数的基金为“赢家”，收益率等于或低于同类基金中位数的基金为“输家”。用p表示赢家或输家基金在下一期继续为赢家或输家的概率，且假定基金横截面收益是不相关的。如果基金业绩不具备持续性，则$p=0.5$。如果拒绝$p=0.5$的假设，则表明赢家或输家基金业绩具有持续性或出现反转。由于表示持续成为赢家或输家基金个数的随机变量Y服从二项分布$b(n, p)$，因此可构造一个二项检验，测试p值是否等于0.5。当n足够大（通常$n \geqslant 20$）时，随机变量$Z=\frac{Y-np}{\sqrt{np(1-p)}}$服从标准正态分布。

上述检验的原假设为$p=0.5$，即基金业绩无持续性。在一定的显著水平下进行双尾正态检验。当Z大于或小于临界值时，拒绝原假设，认为基金业绩具有持续性或出现反转；否则接受原假设，认为基金业绩不具备持续性。

2. Spearman等级相关系数检测法

该法对基金前期、后期的业绩进行排序，检测前期、后期基金业绩排名顺序是否存在变化。若前期、后期业绩排名显著正相关，表明基金业绩具有持续性；若前期、后期业绩排名显著负相关，则表明基金业绩出现反转。Spearman等级相关系数ρ的计算公式如下：

$$\rho=\frac{\sum_{i=1}^{N}(r_{i,0}-\bar{r}_{i,0})(r_{i,1}-\bar{r}_{i,1})}{\sqrt{\sum_{i=1}^{N}(r_{i,0}-\bar{r}_{i,0})^2\sum_{i=1}^{N}(r_{i,1}-\bar{r}_{i,1})^2}} \tag{10-14}$$

其中，$r_{i,0}$表示评价期基金i的秩；$\bar{r}_{i,0}$表示评价期同类基金秩均值；$r_{i,1}$表示持续期基金i的秩；$\bar{r}_{i,1}$表示持续期同类基金秩均值；N表示样本基金个数。

原假设为相关系数为0，即基金业绩不存在持续性。在原假设下，t统计量为：$t=\frac{\rho}{\sqrt{\frac{(1-\rho^2)}{(N-2)}}}\sim t(N-2)$。若$t$值小于临界值，则接受原假设，认为基金业绩无持续性；否则拒绝原假设，认为基金业绩具备持续性。

三、基金风格分析

基金风格分析是对基金业绩进行评价的前提。基金风格分析的方法大致分为事前分析和事后分析两种。前者是根据基金招募说明书中的投资目标和投资策略来确定基金的投资风格。而后者则是根据基金在实际运作中表现出的特征来识别基金的投资风格，具体分为基于组合的风格分析和基于收益的风格分析。学术界及实业界的焦点主要集中在事后分析上。

（一）基于组合的风格分析

基于组合的风格分析方法是指在某个时点上先将市场上所有的同类证券，如股票，按照某几项特征（如市值、账面市值比）进行分档，然后再根据每只基金所持股票的各项特征值，计算出该基金在每一项特征上的加权平均值（其中权重为各股在投资组合中的市值比重），并按股票分档点归入某一档，以此确定每只基金在该时点上的投资风格。在此基础上，计算所有基金在每项特征上的平均值，与市场上所有股票在相应特征上的平均值作比较，或计算在每一项特征的各档中，基金净值占全部基金净值的比例，与相应特征的各档中股票市值占股票总市值进行比较，以此评价基金的总体投资风格。

该方法的优点在于简单，只需通过单一的证券分类，按统一的框架就可以确定基金的风格特征。但其最大的缺点是数据的适时性和收集成本。在实践中，该方法被基金公司和评估机构广泛采用。

（二）基于收益的风格分析

基于收益的风格分析是根据基金收益率对各种风格资产收益率的敏感性来确定基金的投资风格。夏普（Sharp）于1992年提出了一个十二因素模型用于基金投资风格分析。该方法在预先设定的一组基金指数上对基金的投资组合回报进行回归，来确定与基金实际行为近似的资产组合，可用公式表示为

$$R_{P,t}=\sum_{j=1}^{n}\beta_{P,j}R_{j,t}+\varepsilon_{P,t} \qquad (10\text{–}15)$$

其中，$R_{P,t}$为基金投资组合P在t时期的收益率；$R_{j,t}$为第j种风格资产在t时期的收益率；$\beta_{P,j}$为投资组合P的收益率对第j种风格资产的敏感系数，$\beta_{P,1}$，$\beta_{P,2}$，$\cdots$，$\beta_{P,n}\geqslant 0$，$\sum_{j=1}^{n}\beta_{P,j}=1$；残差$\varepsilon_{P,t}$表示基金投资组合收益率

与不同风格的基准收益率之差，可用于解释基金的证券选择能力和时机选择能力；$R_{P,t}-\varepsilon_{P,t}$解释了基金的投资风格。

在式（10–15）的基础上，将基金过去若干期的收益率数据与各风格资产的收益率数据进行多元线性回归，并采用最小二乘法估计敏感系数$\beta_{P,t}$，所有敏感系数中最大者对应的资产风格就是该基金的投资风格。

基于收益的分析需要较长时间的数据，需要至少20～36个月基金的业绩，因此该方法不适用于新的投资组合，也不能检验短期内基金风格的变化。此外，该方法依赖于基准指数的选择，当基准指数相关性较低时较准确。

除上述分析方法外，一些学者还运用混沌理论、神经网络等提出了一些全新的基金业绩评价方法。由于这些方法需要较深的数理知识，且评价结果也较为抽象、不易理解，因此难以被接受。迄今为止，传统的基金业绩评价指标仍然较为流行。

第四节　基金业绩归因

基金业绩归因是对基金投资组合获得的超额收益的来源进行归因分解，回答的是“收益从哪里来”这个问题。基金业绩来源多样，如市场时机的选择、行业的选择、个股的选择等。基金业绩归因与基金经理的投资过程紧密相关。

基金业绩归因有多种方式。其中包括对基金绝对收益的归因和对基金相对于业绩比较基准的相对收益的归因。前者是考察各因素对基金总收益的贡献，而后者是通过分析基金与业绩比较基准在资产配置、证券选择等方面的差异，找出基金获得超额收益的原因。

一、绝对收益归因

绝对收益归因考察的是特定期间内每只证券和每个行业对基金投资组合整体收益的贡献。假设考察期间内无任何交易行为，每只证券的贡献为自身的收益率乘以其初始权重，具体如下：

$$C_i=\frac{BMV_i}{\sum_{i=1}^{n}BMV_i}\times R_i \quad (10\text{-}16)$$

其中，BMV是证券期初市场价格；R为期间收益率；C为收益贡献；i表示单只证券收益贡献因素；n为贡献因素总量。绝对收益归因为考察证券和行业收益提供了最直观的方式。

【例10-3】假设某基金投资组合2018年6月的持仓和收益情况如表10-2所示。如果该月内无任何交易及其他费用，那么每只股票及相关行业对基金整体收益的贡献计算如下。

表10-2　2018年6月基金投资组合的持仓及收益情况

股票简称	行业分类	区间涨跌幅	初始权重	收益贡献
中国平安	非银行金融	3.05%	13.08%	0.40%
兴业银行	银行	5.76%	7.34%	0.42%
民生银行	银行	1.87%	7.31%	0.14%
招商银行	银行	7.95%	6.18%	0.49%
贵州茅台	食品饮料	3.07%	5.71%	0.18%
交通银行	银行	4.33%	5.40%	0.23%
浦发银行	银行	3.27%	4.77%	0.16%
万科A	房地产	0.63%	4.77%	0.03%
中国建筑	建筑	0.90%	4.52%	0.04%
海通证券	非银行金融	3.05%	4.36%	0.13%
美的集团	家电	6.14%	4.33%	0.27%
中信证券	非银行金融	2.62%	4.30%	0.11%
北京银行	银行	3.38%	4.05%	0.14%

续表

股票简称	行业分类	区间涨跌幅	初始权重	收益贡献
格力电器	家电	4.71%	4.05%	0.19%
农业银行	银行	3.55%	4.05%	0.14%
伊利股份	食品饮料	4.60%	3.64%	0.17%
工商银行	银行	4.31%	3.23%	0.14%
中国中车	机械	2.35%	3.04%	0.07%
中国太保	非银行金融	4.50%	2.98%	0.13%
国泰君安	非银行金融	3.07%	2.89%	0.09%
基金投资组合		3.67%	100.00%	3.67%

理想状态下，即期间无任何证券交易及费用时，所有股票或行业贡献的总和为基金投资组合总收益。但如果在基金业绩考察期间出现了股票交易，则不能采用式（10-16）计算收益贡献。此外，基金管理运作中会产生各项费用，这些费用对基金投资组合收益也会产生影响。

二、相对收益归因

相对收益归因是考察的是特定期间内基金是如何跑赢或跑输其业绩比较基准的。相对收益归因最常用的是布林（Brinson）模型。基金投资经理在考虑如何战胜基准时，可进行各种不同的资产配置或挑选不同证券。在布林模型中，把资金配置在特定行业的子行业或其他投资组合子集带来的超额收益被称为资产配置效应，而证券选择带来的超额收益被称为选择效应。

布林模型分为两类，布林—胡德—比鲍尔（Brinson-Hood-Beebower，BHB）模型和布林—法赫勒（Brinson-Fachler，BF）模型。现以前者为例说明相对收益归因。

在一个持有期内，基金投资组合第i项投资子集的配置效应为该项投资子集在基准中的收益率乘以该项投资子集在投资组合与基准中的权重之差。用式10-17表示：

$$Allocation(i) = R_i^b \times (w_i^p - w_i^b) \qquad (10\text{–}17)$$

其中，R_i^b为基准中第i项投资子集的收益率；w_i^p为第i项投资子集在投资组合中的权重；w_i^b为第i项投资子集在基准中的权重。

对于基金投资组合而言，资产配置效应为所有投资子集的配置效应之和：

$$\sum Allocation(i) = \sum R_i^b \times (w_i^p - w_i^b) \qquad (10\text{–}18)$$

在一个持有期内，组合第i项投资子集的选择效应为该项投资子集在组合中的收益率和基准收益率之差乘以该项投资子集在投资组合中的权重：

$$Selection(i) = (R_i^p - R_i^b) \times w_i^p \qquad (10\text{–}19)$$

其中，R_i^p为投资组合中第i项投资子集的收益率。

对于基金投资组合而言，选择效应为所有投资子集选择效应之和，即每个投资子集超额收益的加权平均：

$$\sum Selection(i) = \sum (R_i^p - R_i^b) \times w_i^p \qquad (10\text{–}20)$$

【例10–4】某基金及其业绩比较基准的相关数据详见表10–3。基金投资组合和基准均包含股票、债券、现金3个投资子集。在基准中，股票资产为沪深300指数，债券资产为中证全债指数，现金资产为上海银行间同业拆借利率。

表10–3　基金及其业绩比较基准的组成和收益情况

投资子集/基准指数	基金业绩	基金权重	基准业绩	基准权重
股票/沪深300指数	7.28%	70%	5.81%	60%
债券/中证全债指数	1.89%	7%	1.45%	30%
现金/SHIBOR	0.48%	23%	0.48%	10%

基金当月总收益为

(70%×7.28%)+(7%×1.89%)+(23%×0.48%)=5.34%

基准当月总收益为

(60%×5.81%)+(30%×1.45%)+(10%×0.48%)=3.97%

基金获得的超额收益为

5.34%–3.97%=1.37%

其中，配置效应反映的是基金投资组合从60∶30∶10的基准权重变化到70∶7∶23的当前组合权重所引起的收益变化。由式（10–18）得出资产配置带来的贡献为：（70%–60%）×5.81%+（7%–30%）×1.45%+（23%–10%）×0.48%=0.31%。

也就是说，基金的资产配置带来的超额收益为0.31%，即1.37%的总超额收益中，成功的资产配置贡献了0.31%。这是因为在当月股票市场实现5.81%的收益时，基金经理大幅提高了当月股票的投资比重。

选择效应体现在表10–4中。由表10–4可知，基金中股票实现的收益率为7.28%，而基准中沪深300指数的收益率为5.81%，说明基金当月通过选股获得了高于指数的超额收益。债券的收益率为1.89%，而中证全债指数的收益率为1.45%，说明基金在债券选择方面也做得很好。现金收益与基准相同。由式（10–20）可知，选择效应带来的贡献为

70%×（7.28%–5.81%）+7%×（1.89%–1.45%）+23%×（0.48%–0.48%）=1.06%

表10–4 基金各类收益率及其与基准业绩的对比

市场	基金业绩	基准业绩	超额业绩
股票	7.28%	5.81%	1.47%
债券	1.89%	1.45%	0.44%
现金	0.48%	0.48%	0.00%

由上可知，基金该月在资产配置和证券选择两方面均取得了超额收益。但正如前文所述，基金业绩评估需从长期的角度进行。实操中，除对基金月度业绩进行归因分析外，还应对其他时间区间，如一个季度、半年、一年、三年等进行业绩归因，从而更加全面地考察基金管理人的投资管理能力。

【知识链接10-1】

基金选择的结构指标

多数投资者在选择基金进行投资时首先考虑的是基金的业绩指标。不可否认的是，基金以往的业绩在评估基金时是一个非常重要的因素，但仅靠这一指标选择基金进行投资是远远不够的，因为基金发起人为宣传和推广基金，在提供基金以往业绩数据时可能会精心包装，突出好的业绩，淡化差的业绩。再加上外部媒体的报道和渲染，基金表面业绩很容易超过实际业绩。因此，除评估基金业绩指标外，还应当考查基金的结构指标，具体如下表。

结构指标大类	细分结构指标	指标说明
外部结构指标	规模	规模小的基金费用相对较高，在实际操作中的风险承受能力较差，对于投资者而言具有较高的风险
	经理人背景	考察基金经理的个人经历、管理其他基金的经验、投资管理能力是否合格。投资者需重点注意以下两点：首先，前任基金经理的业绩与现任经理无关；其次，基金的管理工作仅为需考虑的众多因素之一
	费用	高昂的费用不意味基金可以给投资者带来相应的高收益，或可以为投资者提供优质的服务。因此投资者在选择基金进行投资时，必须仔细查阅其公开说明及相关资料，明确基金的具体收费情况，尤其是隐性费用
内部结构指标	投资周转率	交易有价证券的频率。投资周转率低意味着基金管理公司的长期投资倾向；投资周转率高则意味着短期投倾向占据主导地位。周转率高的基金的交易成本明显高于周转率低的基金。如果证券市场处于上升阶段，周转率高的基金投资收益会大于这些交易成本，此时周转率高是有利的；相反，如果证券市场处于下降阶段，投资于周转率低的基金较为有利
	现金流量	对于开放式基金而言，现金流量或净申购资金（申购基金的现金超过赎回基金现金的部分）与基金的业绩有密切的关系。研究表明，当某一基金有大量现金注入时，基金的运作呈现良好的发展势头，基金的业绩也呈上升态势；而当此类大量现金注入停止，基金业绩的上升态势也会随之停止，甚至呈现下降状态
	资产结构	在不同的金融工具中，国债的特点是收益稳定、价格波动幅度小、风险相对较小，而股票则是一种高收益、高风险的工具。因此根据不同证券的收益和风险特点，合理搭配股票、债券、现金等对风险防范具有积极作用，尤其是在新兴市场上，投资固定收益证券会相对稳健一些

结构指标大类	细分结构指标	指标说明
内部结构指标	证券结构	基金进行投资组合的目的在于使非系统性风险降至最低或在风险既定的条件下使收益最大化。投资者可根据各基金公布的投资组合，有效地分析和跟踪基金的业绩，判断基金管理人的管理能力，从而进一步了解基金的投资策略、风险和收益
	时间结构	多数基金在投资策略上都在坚持中长线持股的同时，及时根据整个市场大势的变化对所持股票进行必要的减持、增持和调整。通过投资结构的时间组合，不仅可降低非系统性风险，更重要的是可在一定程度上化解系统性风险，主要包括以下几种方法：一是在经济周期的不同阶段进行组合，分别给予不同阶段不同的权重；二是将资金进行长期、中期、短期结合，根据当时的实际情况将长期、中期、短期资金进行合理分配；三是在经济发展和经济衰退时期进行组合

资料来源：何孝星等（2018）139–140。

第五节　国内外证券投资基金业绩评价体系

迄今为止，国内外投资界的大量研究人员提出了各类基金业绩评价方法，形成了不同的基金业绩评价体系。

一、国外证券投资基金业绩评价体系

发达证券市场，如美国，随着基金业的发展，已形成了一些相对成熟的基金业绩评价方法，较知名的有晨星、理柏、标准普尔的基金评价理论。以下将选择前两者进行详细说明。

（一）晨星基金业绩评价体系

美国晨星（Morningstar）公司由乔·曼斯威托（Joe Mansueto）于1984年创立，是目前美国最主要的投资研究机构之一和国际基金评级的权威机构。该公司的基金业绩评价体系侧重于评价基金本身，而非基金管理公司，具体分为两个方面："向后看"的定量分析评价和"向前看"的定性

分析评价。

1. 晨星定量分析评级体系

晨星公司基金业绩评级的立足点在于通过期望效用理论计算出风险调整收益，主要分为以下5个步骤：

（1）计算区间基金收益率

晨星公司采用以下公司计算基金的区间收益率：

$$TR_c=\frac{N_e}{N_b}\times\prod_{i=1}^{n}\left(1+\frac{D_i}{N_i}\right)-1 \tag{10-21}$$

其中，TR_c表示基金的收益率；N_b表示考察期初基金的单位净值；N_e表示考察期末基金的单位净值；N_i表示考察期内时间i发生的单位分红；D_i表示考察期内时间i发生的分红；n表示考察期内发生的分红次数。

（2）计算费用调整后收益

首先，对区间收益率进行调整：

$$LR_c=(1+TR_c)(1-F)(1-R)-S(1-F)\frac{\min(N_b,\ N_c)}{N_b}-1 \tag{10-22}$$

其中，LR_c表示基金区间调整收益率；F表示最大前端费率（前端费率即购买基金时支付的申购费率）；R表示赎回费率；S表示销售费率。

接下来，晨星公司在LR_c的基础上计算每月的调整系数a，进而计算月度费用调整收益率：

$$a=\left(\frac{1+LR_c}{1+TR_c}\right)^{1/T} \tag{10-23}$$

$$LR_t=a(1+TR_t)-1 \tag{10-24}$$

其中，LR_t表示基金月度费用调整收益率；TR_t表示基金月度净值增长率；T表示考察区间包含的月份数。

（3）计算晨星收益MR（Morningstar Return）

$$MR_t=\left[\prod_{i=1}^{T}(1+ER_i)\right]^{12/T-1} \tag{10-25}$$

$$ER_t = \frac{LR_t}{1 + R_{f,\ t}} - 1 \tag{10-26}$$

其中，ER_t为月度经过无风险利率（3个月国库券收益率）调整后的基金收益率；$R_{f,\ t}$表示第t个月的无风险利率。

（4）计算晨星风险调整后收益MRAR（Morningstar Risk-Adjusted Return）

其理论基础来源于期望效用理论：

$$MRAR = \left[\frac{1}{T}\sum_{i=1}^{T}(1 + ER_i) - \gamma\right]^{12/\gamma} - 1 \tag{10-27}$$

其中，γ为风险厌恶系数。晨星公司依据自身经验和市场综合分析，将风险厌恶系数设定为2，以此反映市场典型投资者对风险的容忍程度。此外，通过计算MR与MRAR差额，晨星公司得出了对风险的度量。

（5）评级划分

晨星星级评价结果每月定期更新，并给出3年、5年、10年和整体表现的评级（整体表现为3年、5年、10年结果的加权平均数）。其中，五星为前10%的基金，四星为排名在10%～32.5%的基金，三星为排名在32.5%～67.5%的基金，二星为排名在67.5%～90%的基金，一星为最后10%的基金。

2. 晨星定性分析评级体系

晨星公司认为，影响基金未来的经营能力的一共有5个关键因素：投资团队（People）、投资方法（Process）、基金公司（Parent）、业绩（Performance）和费用（Price）。

（1）投资团队

公司认为基金投资团队的能力至关重要，是使基金取得超越同行的收益率的重要因素。因此，公司重点从投资团队人员能力与经验、人员稳定性、人员性格、团队结构、团队沟通、基金经理工作量、利益相关程度等方面来考量基金的投资团队因素。

（2）投资方法

公司认为对基金进行评价可从基金的投资方法入手，如可从投资证券的选择、组合构建的合理性、投资组合的可复制性等方面考察投资方法的质量，同时检验基金是否有效执行了投资方法，投资组合的分布是否与该方法一致。

（3）基金公司

公司认为基金公司是评价基金的重要环节。因此公司重点考察基金公司的整体实力、风险控制能力、吸引力、薪酬设计和企业文化，从而对基金公司作出评价。

（4）业绩

公司认为过去的业绩并非一定会影响基金未来的表现，因此在定性分析的过程中，公司主要考察基金在不同环境下的持续经营能力及业绩的稳定程度，而赋予业绩评价的权重较小。

（5）费用

公司认为基金费用是预测基金业绩最好的指标之一，因此公司着重评估基金的年度总费用及业绩提成。

晨星公司从上述5个方面入手，通过定性分析对同类基金进行考察并作出以下评价：金（Gold）、银（Silver）、铜（Copper）、中性（Neutral）、负面（Negative）。其中“金”意味着基金获得了晨星分析师最高程度的认可，而“负面”则表示基金缺少一个或一个以上的关键因素，导致竞争力不足。

（二）理柏基金评级体系

理柏公司成立于1973年，于1998年成为路透社全资附属公司，是国际知名的基金研究机构。该公司的评级系统主要通过5个独立的评估标准对同一类别的基金进行评级。

1. 稳定回报

稳定回报反映基金收益的稳定性和风险调整收益。公司使用Hurst-

Holder指数（H指数）及有效回报对基金是否能取得稳定回报进行衡量。[①]其中H指数用于衡量基金业绩的波动性：H指数高（$H \geqslant 0.55$）表示基金业绩波动小，H指数低（$H < 0.55$）则表示基金业绩波动大。有效回报的计算类似于信息比率（Information Ratio，IR），[②]公司在计算中使用其自身编制的全球行业指数收益率替代业绩比较基准。

在排名过程中，公司将同类基金分为3组：$H \geqslant 0.55$，$0.45 \leqslant H < 0.55$，$0.45 < H$。之后在每组中按有效回报递减排序，最后再将高H指数组中有效回报为负的基金放至低H指数组的最后序列中，得到所有基金稳定回报的排序。

2. 保本能力

保本能力反映基金的抗跌能力。公司通过计算考察期内（3年、5年或10年）月度跌幅总额衡量基金的抗跌能力（如果基金当月没有下跌，则用0表示当月跌幅）。

3. 总回报

总回报反映了基金总收益的高低，是投资者最关注的一个指标，其计算与有效回报类似。

4. 费用

费用指的是基金的总体费用率。公司将同类基金按无收费或前端收费、后端收费和机构费率进行细分，再在每一子类中按费率降序排列，评价基金的费用水平。

5. 税收收益

税收收益反映的是基金规避税收的能力。公司使用相对财富指标（税后收益与税前收益之比乘以1000）来衡量税收收益。

---

① H指数最初被英国水文学家霍罗德·埃德温·赫斯特（Harold Edwin Hurst）运用于分析尼罗河的水文情况，后被广泛应用于资本市场的混沌分析，是判断时间序列是否遵循有偏随机游走过程的指标。

② 信息比率计算公式与夏普比率类似，但引入了业绩比较基准，因此是对相对收益进行风险调整的分析指标。

理柏公司每月都会对上述5个指标的评级进行更新，并给出3年、5年、10年和整体表现的评级（整体表现为3年、5年、10年结果的等权重平均数）。其中，Leaders为排名前20%的基金，2级为排名在20%～40%的基金，3级为排名在40%～60%的基金，4级为排名在60%～80%的基金，5级为排名最后20%的基金。

二、国内证券投资基金业绩评价体系

目前，国内的基金业绩评价机构主要有三类：第一类是第三方独立的外资评价机构，如晨星等，这些资深机构的评价方法较成熟；第二类是券商评价机构，如银河证券、海通证券、招商证券等；第三类是国内独立的投资咨询研究机构，如天相投顾等。在众多基金评价体系中，知名度较高、影响力较大的主要包括中国晨星、银河、海通等。这些机构虽均采用收益评价指标、风险评价指标和风险调整后收益指标来总体衡量基金业绩，再根据风险调整后收益指标对基金进行评级，但在具体细节和实际操作上仍存在差异。

（一）中国晨星基金评价体系

中国晨星深圳总部于2003年2月成立。目前该公司为我国具备3年及3年以上业绩数据的开放式基金（货币市场基金和保本基金除外）提供3年或5年风险调整后收益的评级结果。[①]

在进行基金评级前需要对基金进行分类。无论是对基金的收益、风险及风险调整后的收益指标进行评价，还是对基金进行评级，都是在同类基金中进行的。基金的分类方法有“事前法”和“事后法”两类。如前所述，前者是指依据基金契约或章程的规定来确定基金的类型，不考虑基金开始运作后的投资组合特征表现。而后者是指以基金投资组合的实际状况对基金进行分类，注重基金当前的资产配置状况。公司采用“事后法”，

① 详情见晨星网http://cn.morningstar.com。

在一定程度上避免了基金投资对象过于宽泛造成的分类失真状况。

在对基金分类之后，公司对同类基金以收益、风险及风险调整后收益指标为基础进行评价和排名，并依据基于投资者偏好的晨星风险调整后收益（MRAR）进行基金评级。

1. 月度回报率

公司采用月度回报率（Monthly Total Return）衡量基金的收益。月度回报率是指假设将持有基金所得分红均用于投资，且在不考虑税收及交易费用的情况下，投资者持有基金获得的收益。具体可用公式表示如下：

$$TR=\frac{N_e}{N_b}\times\prod\nolimits_{j=1}^{m}Ratio_t\times\prod\nolimits_{i=1}^{n}\left(\frac{D_i}{N_i}\right)-1 \tag{10-26}$$

其中，TR表示基金月度回报率；N_b表示考察期上月末基金的单位净值；N_e表示当月末基金的单位净值；N_i表示第i次分红对应的再投资所依据的基金单位净值；D_i表示计算期内的第i次基金单位分红；n表示计算期内发生的分红次数；m表示计算期内的份额调整次数；$Ratio_t$表示计算周期内第j次份额调整的比率。该公式同样适用于计算其他考察期的回报率，如3个月、6个月、1年、2年、3年、5年等。

此外，如果基金的份额发生拆分等情况，其收益率的计算需进行及时调整。

2. 晨星风险调整后收益

晨星风险调整后收益的衡量以期望效用理论为基础，即投资者更倾向于可预见的低收益而非无法预期的高收益，因此愿意放弃部分预期收益换取确定性较强的收益。在该思路下，根据每个投资组合的期末价值构造效用函数，计算期望效用并按其数值高低对所有的投资组合进行排名。

需要特别指出的是，公司是按照基金在计算期内月度收益率的波动率，特别是下行波动的情况以“惩罚风险”的方式对基金的收益率进行调整：波动越大，惩罚越多。通过该方式，可体现基金月度业绩表现的变化，并注重反映基金资产的下行波动风险，奖励业绩持续稳定者，减少由于基金短期业绩突出而掩盖内在风险的可能性。

MRAR通常用$MRAR(\gamma)$表示，其中γ为描述风险厌恶程度的系数。若不考虑风险因素，则可以用$MRAR(0)$表示。一般情况下，$\gamma>0$。晨星公司认为，$\gamma=2$基本能代表市场典型投资者对风险的厌恶程度。MRAR可进一步分解为收益部分即$MRAR(0)$和风险部分即$MRAR(0)-MRAR(2)$。

3. 晨星星级评价

目前公司仅为具备3年及3年以上业绩数据的国内开放式基金提供评级服务。具体而言，公司会根据各基金截至当月末的过去36个月回报率计算风险调整后收益$MRAR(2)$。各基金按$MRAR(2)$由大到小进行排序：排名前10%的基金为5星；排名10%～32.5%的基金为4星；排名32.5%～67.5%的基金为3星；排名67.5%～90%的基金为2星；最后10%的基金为1星。

（二）银河基金评价体系

中国银河证券是国内最早涉足基金业绩评价研究的券商，在基金研究与评价方面居于国内领先地位，其独立开发的基金研究业务规则、基金评价指标、基金分类体系已成为国内基金行业的标准。该公司2001年推出的基金评级服务，[①]其评级原理与晨星基本类似。

首先，公司采用“事前法”对基金进行分类，操作更简便，但缺点是如果基金实际投资组合特征偏离基金契约或章程规定，会使该分类法失去准确性。

其次，对于基金评级范围，公司要求参评的基金（除货币型基金和指数型基金外）成立至少满3年（156周）且建仓期间（13周）业绩数据不纳入评级范围。换言之，参评基金必须具有169周的净值增长率。

---

① 评级结果详见和讯网http://funds.hexun.com/yinhepingji。

最后，在基金评级原理方面，公司同样以5个星级作为评定基金的标准，但在参数侧重方向和基金分类标准上有所不同。此外，公司采用的评级指标也包括收益评价指标、风险评价指标和风险调整后收益指标。对于收益评价指标，公司综合考虑基金在评价期内的净值增长率、平均季度净值增长率及平均月度净值增长率，并将基金在每个阶段的净值增长率转换为合计标准分。合计标准分越高，基金的收益越高。对于风险评价指标，公司将月度净值增长率的标准差转换为标准分的形式对风险进行评价。标准分越高，基金的风险越大。对于风险调整收益指标，公司综合考虑基金的收益评价和风险评价，将收益评价的得分减去风险评价的得分即得出风险调整收益标准分。风险调整收益标准分越高，基金整体表现越好。

（三）海通基金评价体系

海通证券基金研究所成立于1993年，是国内较早成立的证券专业研究与咨询机构，也是最早从事基金研究的机构之一。目前海通证券的基金评级体系包括基金产品评级、基金经理评级及基金公司评级。①部分评级指标如表10–5所示。

表10–5　海通基金部分评级指标

评级类别	评级指标	指标说明
基金评级	简单收益	采用几何算法计算基金某一期间的净值增长率
	风险调整收益	采用夏普比率、特雷诺比率及信息比率指标，分别代表总风险调整收益、系统风险调整收益和非系统风险调整收益，综合评价基金的历史风险与收益
	持股调整收益	通过重仓股与传统基金评价方法的互动融合对基金进行评价，摆脱了传统评价法仅运用净值表现进行评价的思维定式
	契约因素	运用相对业绩比较的超额收益指标、换手率、投资比例的遵守三大指标衡量基金对契约的遵守情况
基金管理公司评级	简单收益	计算基金管理公司单只基金净值增长率，并以单只基金规模占基金公司参评基金总规模的比重为权重计算基金公司整体收益

① 评级结果详见和讯网http://jingzhi.funds.hexun.com/newpj/htjjpj.aspx。

续表

评级类别	评级指标	指标说明
基金管理公司评级	风险调整收益	计算基金管理公司单只基金的夏普比率、特雷诺比率和信息比率指标，再按照规模加权法计算该公司的总体夏普比率、特雷诺比率和信息比率指标
	规模及增长	考虑基金管理公司总规模及其规模增长率
	公司运作情况	考察基金管理公司及其人员的合规性，股东、高级管理人员、基金经理的稳定性，信息披露和风险控制能力，基金管理公司的治理结构

三、国内外主流证券投资基金业绩评价体系特点

综观国内外基金业绩评价体系，可谓各有所长，孰优孰劣难以作出结论。现根据基金业绩评价开展的重要环节，将国内外主流基金业绩评价体系的特点总结如下：

第一，基金分类。主流基金业绩评价机构注重基金类别细分，一般将基金根据合同、投资策略等进行细化分类，对基础源数据的采集处理要求较高，以此确保分类层级中各基金简单收益率的可比性。

第二，方法模型。在单因素模型的基础上，结合各国的实际情况，开发出多因素模型，以准确度量股票型基金或债券型基金获得的超额收益。

第三，充分考虑了公募基金相对收益的特征。基金业绩评价体系充分考虑了公募基金相对收益的特征，检测每只基金在长期超越基准的能力。其主要目的在于促使基金管理人依照基金合同，努力为投资者创造长期超额收益。

第四，充分考虑了信息有效性因素。在基金业绩评价过程中，为体现近期数据在评价过程中包含最新有效信息的重要性，赋予较近期较高权重，综合考察基金创造超额收益的能力。

第五，在注重考察基金风险管理能力、证券选择能力和时机选择能力的同时，重点关注基金的下行风险。

第六，其他。例如，有些基金机构除了关注收益的因子回归外，还考察了基金组合重仓持有证券的特征。

第六节 全球投资业绩标准

投资业绩的衡量和比较有多种方法，且各国、各地区的标准也有差异，导致最后得出的业绩报告之间缺乏可比性。为有效解决上述问题，CFA于1995年开始筹备成立全球投资业绩标准（Global Investment Performance Standards，GIPS）委员会，主要负责制定单一的业绩呈现标准，以便不同投资管理人之间进行比较及便于基金管理人和潜在客户之间就管理人如何取得业绩结果和未来投资策略等重大问题进行沟通。

自1999年CFA正式批准GIPS为全球投资业绩标准以来，GIPS已逐渐被各国所接受。GIPS委员会制定的标准并非一成不变，而是会随行业的变化不定期对标准进行调整。

一、GIPS的特点

GIPS具有以下几个重要特点：

第一，GIPS是旨在确保投资公司业绩历史得到公平介绍和充分披露的投资业绩报告的道德标准，具有非强制性和自愿参与的属性。

第二，GIPS代表业绩报告的最低标准。当某国家或地区的法律法规或行业标准没有涉及对投资业绩评估或报告要求时，GIPS就作为全球最低要求存在。

第三，GIPS有两套标准。一套为必须遵守的规定，投资管理机构必须在全体一致遵守所有规定的情况下，方可宣称已符合标准。另一套为推荐遵守的行业最高标准。公司在符合GIPS规定的同时应努力遵守最高标准。

第四，为防止机构仅展示业绩良好的投资组合，GIPS规定，投资管理机构应将所有可自由支配于预期投资策略及收取管理费的组合，根据相同策略或投资目标，纳入至少一个以上的组合群。

第五，除成立未满5年的投资管理机构外，所有机构必须汇报至少5年以上符合GIPS的业绩，并每年更新，直至汇报至10年以上的业绩。

第六，GIPS依赖于输入数据的准确性。输入数据的准确性对业绩报告的准确性有重要意义。

第七，运用GIPS旨在达到业绩充分披露和公正介绍的目标。充分和公正的信息披露可能要比GIPS最低要求更高。若某家采用GIPS的投资公司遇到GIPS标准没有专门提及的业绩情况或取决于对GIPS标准的解释，则其有必要提供GIPS要求之外的信息披露。为在业绩报告中完整解释其投资业绩，GIPS委员会鼓励各公司同时提供所有相关补充信息：如遇GIPS与所使用的当地或本国法律法规有矛盾的情况，GIPS标准要求各公司遵守当地法律法规并充分披露该矛盾；GIPS没有提及的业绩评估、估值、归因或覆盖所有资产类别等内容的所有层面。GIPS会随时间不断演变，以体现投资业绩的新增内容。

二、GIPS的构成

GIPS分为5个部分，包括数据输入、计算方法、成分构建、信息披露、报告及公告。

（一）数据输入的相关规定

数据输入的连贯性对有效符合GIPS要求极为重要，也是建立完整、公平、可比较的投资业绩报告的基础。对于数据输入，GIPS具有以下要求：

第一，自2011年1月1日起，投资组合必须以公允价值（而非成本价值或账面价值）进行实际估值。对于交易不频繁或难以获取市价的证券，投资管理机构应采用受广泛认可的其他合理估值方式，并遵守GIPS估值原则。进行估值的时间为月底或月内的最后一个交易日。

第二，2001年1月1日前，投资组合必须至少每季度估值一次。2001

年1月1日后，估值周期由季度改为月度。自2010年1月1日起，投资组合除每月至少估值一次外，还需在发生大额对外现金流的当日进行估值。

第三，自2005年1月1日起，投资管理基金必须采用日会计原则。

第四，固定收益证券和其他有应计利息收入的资产必须采用权责发生制原则。

第五，自2005年1月1日起，对于红利必须采用权责发生制会计原则。

（二）计算方法的相关规定

为实现投资管理公司的业绩报告可比性，需要采用统一的回报率计算方法。对于计算方法，GIPS具有以下要求：

第一，必须采用时间加权总收益率（包括实现的和未实现的回报及损失并加上收入）的方法计算业绩。其中不同时期的回报率必须由几何平均的方式关联：自2005年1月1日起，必须采用经每日加权现金流调整后的时间加权收益率。自2010年1月1日起，必须在所有出现大额对外现金流的当日对投资组合进行估值。

第二，投资组合的收益必须以期初资产值加权计算或采用其他能反映期初价值及对外现金流的方法。

第三，总回报率的计算中必须包括投资组合中持有的现金及现金等价物的回报率。

第四，所有收益的计算必须以扣除所有交易费用后的实际开支为基础，而不得使用估计的买卖开支。

第五，固定收益证券市价的分子、分母必须都加上应计利息。

第六，自2006年1月1日起，投资管理机构必须至少每季度计算一次投资组合群的收益，并使用个别投资组合的收益以资产加权方式计算。自2010年1月1日起，必须至少每月计算一次投资组合群的收益，并使用个别投资组合的收益以资产加权方式计算。

第七，如果实际的直接买卖开支无法从综合费用中确定并分离出来，则在计算未扣除费用收益时，从收益中减去全部综合费用或综合费用中包含直接买卖开支的部分，而不得使用估计出的买卖开支；计算已扣除费用收益时，必须从收益中减去全部综合费用或综合费用中包含直接买卖开支及投资管理费用的部分，而不得使用估计的买卖开支。

（三）成分构建的相关规定

成分是指将代表一种特定目标或策略的数个投资组合集中到一个类别（或一个群）。成分的回报率是指成分中所有投资组合业绩结果的资产加权平均值。建立有意义的资产加权成分对不同时间和不同公司间业绩报告的公平性、连贯性和可比性有重要意义。对于成分构建，GIPS具有以下要求：

第一，所有付费全权委托投资组合必须包含在至少一个成分中。

第二，成分或组合群必须按照相似的投资目标和/或投资策略界定。组合群定义太宽或太窄，均不利于投资者在投资管理机构间进行业绩比较。

第三，投资管理机构应及时将新的投资组合纳入组合群。已终止的投资组合的历史业绩应保留在组合群内，直至管理期限内的最后一个完整汇报期。例如，汇报季度业绩时，7月15日终止的投资组合业绩应保留于截至6月30日的组合群。同理，汇报年度业绩时，投资组合业绩不应保留于当年的组合群，而是保留于上一个完整年度的组合群。

第四，除非有正式修订投资组合的投资目标、范围、策略等适当理由，投资管理机构不可随意将投资组合在组合群间转换。

（四）信息披露的相关规定

信息披露是指各公司将业绩报告中的原始数据进行详细报告，并给业绩报告的最终用户合理的范围来理解业绩结果。对于信息披露，GIPS的部分要求如下：

第一，披露每一时期的全部公司资产。

第二，表明公司是否采取清算日估值法。

第三，说明用来表示业绩的货币比重。

第四，明确财务杠杆或衍生品的存在与否、使用情况和程度。

第五，说明业绩计算是否包括或扣除了管理费及客户付给管理公司或其关联方的其他费用。

第六，披露对红利、利息收入和资本利得应扣税收的详细处理情况。

第七，披露成分投资于不在业绩比较基准中的国家或地区的比例。

第八，描述并报告所有已知的所选择的和基准的汇率数据来源的不一致。

第九，披露公司是否将不付费的投资组合计入成分及成分资产中不付费部分所占的比重。

第十，说明业绩报告是否符合与GIPS要求不一致的当地法律法规及当地标准如何与GIPS相矛盾。

第十一，2000年1月1日前披露任何不符合GIPS的业绩报告，不符合GIPS的时段及此类业绩报告不符合GIPS的原因。

第十二，当某一资产类别从多资产投资组合中分离出去且其回报率作为单一资产成分的一部分被报告时，必须披露分离资产回报率中分配现金的方法。①

（五）报告及公告的相关规定

在完成成分构建、收集并输入数据、计算回报率并落实必要的信息披露后，各公司必须按照GIPS对报告业绩结果的规定，将这些信息记入报告。GIPS对报告及公告的相关规定如下：

第一，下列事项必须报告：至少5年的业绩GIPS合规记录（如公司成立不满5年，则提供自公司成立日起的业绩记录），在提供5年的业绩记录后，公司必须提供额外的年度业绩报告至10年；所有年度的年回报率；投资组合数量及成分中的资产数额和每时段末占公司管理所有资产的百分比；单个投资组合回报率在成分回报率中的分布统计；全公司符合GIPS的标准合规申明；成分成立日期。

① 详情参见GIPS标准网站。

第二，只要公司符合信息披露的要求且自2000年1月1日后未提高不合规记录，公司可将未进行GIPS合规检查的业绩与合规历史进行链接。

第三，未满1年的业绩不得按年计算。

第四，只有符合以下条件时，原公司或关联公司的业绩记录可被链接或用作新建公司或新关联公司的历史记录：仅是公司所有权或名称发生变化；公司拥有所有用以支持计算业绩的记录，其中成分中的所有资产转入新公司，并且原有投资决策程序完全没有变化。

第五，如果一家合规公司收购未合规公司或被一家未合规公司收购，公司有1年期限用以对未合规公司的收购资产进行合规审查。

第六，如果一个成分由多重资产级别组合总分离出的单个资产组合而成，报告必须包括以下内容：分离出的资产源自的成分列表；分离出的资产在每个成分中的百分比。

第七，必须提交与成分回报率同期的体现投资策略或要求的基准的总回报率。如未提交任何基准，报告必须说明为何未披露基准。如公司在业绩报告中更改某特定组合使用的基准，公司必须披露更改日期和原因。如应用惯用的基准或联合应用数个基准，公司必须描述基准的构造和调整程序。

本章小结

基金业绩评价是基金资产管理过程的重要环节。它不仅是资产管理过程结束后对基金管理人投资管理能力的评价，还贯穿于资产管理的全过程，以动态方式对管理人的行为进行实时评价。基金业绩评价对基金管理人和基金投资者都具有重要意义。

为有效地进行基金业绩评价，需坚持客观性原则、可比性原则、长期性原则。

基金业绩评价是一个复杂的过程，涉及基金业绩度量和基金管理能力评价。基金业绩度量包括基金业绩评级指标与方法。对于同一基金管理人而言，使用不同的指标及方法可能得出不同的结果及评估结论。衡量基金业绩的指标大致分为两类：一类是不考虑风险的收益衡量指标，包括持有期间收益率和平均收益率；另一类是考虑风险的收益衡量指标，包括三种经典方法——夏普比率、特雷诺比率和詹森α，以及改进的风险调整方法——M^2测度。衡量基金业绩的方法由有基准的业绩衡量方法和无基准的业绩衡量方法构成。后者主要包括ESM方法。

基金管理能力评价包括对基金的主动管理能力、基金业绩的持续性和基金风格的分析与评估。一般来说，评价基金的主动管理能力可从两方面入手：证券选择能力和时机选择能力。常用的方法有T-M模型和H-M模型。基金业绩的持续性也是评价基金业绩的关键指标，其检测方法主要有两类：参数检验法和非参数检验法。最后，基金风格分析被广泛认为具有价值和适用性，其方法主要分为事前分析和事后分析两种。其中事后分析又具体分为两类：基于组合的风格分析和基于收益的风格分析。

基金业绩归因是对基金投资组合获得的超额收益的来源进行归因分解，回答的是“收益从哪里来”这个问题。基金业绩归因可分为绝对收益归因和相对收益归因两类。后者可使用BHB模型、BF模型进行分析。

迄今为止，国内外投资界大量研究人员提出了各类基金投资绩效评估方法，形成了不同的基金绩效评估体系。其中包括发达证券市场的寡头公司，如晨星、理柏、标准普尔等提供的基金评价和我国较为常见的证券投资基金业绩评价体系，如中国晨星基金评价体系、银河基金评价体系、海通基金评价体系。

由于投资业绩的衡量和比较方法有多种，且各国、各地区的标准存在差异，最后得出的业绩报告之间也缺乏可比性。为有效解决上述问题，GIPS应运而生。该标准的作用是通过制定业绩报告，确保投资表现结果获得充分的声明和披露，并对实际情况作出完整的衡量与体现。

思考题

1. 什么是证券投资基金业绩评价？其目的和原则是什么？

2. 基金业绩评价指标和方法有哪些？如何将二者结合起来评价基金业绩？

3. 什么是证券选择能力和时机选择能力？为什么要对基金管理人的这两种能力进行评价？

4. 假设有两只基金，基金A投资组合与基金B投资组合的期望收益率分别为14%和15%，β系数分别为0.8和1.5。与此同时，无风险利率为5%，市场投资组合收益率为12%。基金A投资组合的年超额收益率标准差为20%，基金B投资组合的年超额收益率标准差为28%。

（1）如果你现在持有市场投资组合，你愿意在上述两只基金中选择哪只基金加入所持有的资产组合？

（2）如果你只能投资于上述两只基金中的一只（假设两只基金存在非系统性风险），你会如何选择？使用夏普比率、特雷诺比率、詹森α中的哪一种指标较为合适？请说明理由。

5. 请运用中国晨星基金评价体系计算“华夏成长证券投资基金”（基金代码：000001）近5年的总回报率、年化收益率及1年期的晨星风险系数。